Re-Imaginando
Um Lugar de Escuta

A Pluralidade da Clínica Contemporânea e os Complexos Culturais

Carmen Lívia PARISE
Guilherme SCANDIUCCI (Org.)

Re-Imaginando
Um Lugar de Escuta

A Pluralidade da Clínica Contemporânea e os Complexos Culturais

SATTVA
EDITORA

SATTVA EDITORA

contato@sattvaeditora.com.br
www.sattvaeditora.com.br

Editora: **Vivian Lerner**

Projeto gráfico, diagramação e capa: **Luiz Zonzini**

Revisão e edição de texto: **Andréa Moraes**

Dados Internacionais de Catalogação na Publicação (CIP)
(Câmara Brasileira do Livro, SP, Brasil)

Re-imaginando um lugar de escuta / organização Carmen Livia G. Parise, Guilherme Scandiucci. -- 1. ed. -- São Paulo : Sattva Editora, 2022.

ISBN 978-65-86420-09-8

1. Análise do comportamento 2. Psicologia junguiana I. Parise, Carmen Livia G. II. Scandiucci, Guilherme.

22-104565 CDD-150.1954

Índices para catálogo sistemático:

1. Psicologia junguiana 150.1954

Aline Graziele Benitez - Bibliotecária - CRB-1/3129

A todos os grupos minorizados, invisibilizados, que
por tantas vezes têm suas vozes caladas.
Tentamos aqui oferecer um espaço de escuta,
reverberação e ampliação aos
"inapreensíveis gritos das coisas insubstituíveis"[1]
que ouvimos de vocês.
É num mundo plural, num futuro
composto de múltiplos centros marginais
que acreditamos.

1. A frase entre aspas é da autoria do poeta Carlos Orfeu, publicada no livro *Invisíveis Cotidianos*

"É a voz da travessia.
A voz que treme em mim é a voz da fronteira...
compreendemos melhor o mundo
quando trememos com ele,
pois o mundo treme em todas as direções".
(Paul B. Preciado)

"E o silêncio escapou ferindo a ordenança
e hoje o anverso da mudez é a nudez
do nosso gritante verso que se quer livre".
(Conceição Evaristo)

Sumário

Apresentação

Re-imaginando um lugar de escuta é uma publicação atual e singular para o campo da Psicologia Analítica - revisita e amplia o conceito de *complexo* de Carl Gustav Jung, que por sua vez, rompeu com a visão da psicanálise tradicional e formulou a compreensão de um inconsciente coletivo, além do pessoal. Samuel Kimbles e Thomas Singer, o último, autor deste livro, levam a ideia de complexo também para o coletivo, ao ultrapassar o campo pessoal, denominado como *complexos culturais.*

Os autores de *Re-imaginando um lugar de escuta*, organizado por Carmen Livia Parise e Guilherme Scandiucci abordam aspectos da cultura ocidental que, ambiguamente, respiramos e negligenciamos. Sofremos, coletivamente, o impacto da violência da desigualdade e da falta de pertencimento de muita gente. Por trazer foco a pessoas comumente não vistas nem ouvidas, afirmamos que este é um livro vivo e nos incita ao exercício de Re-imaginar, a fim de Re-criar uma relação ética e madura com o outro. Esse movimento consiste em escutar àqueles que têm seus discursos distorcidos, sua dor minimizada e reconhecer nossos próprios preconceitos - como seres aptos à transformação e ao desenvolvimento.

Re-imaginando um lugar de escuta é um livro que provocou em nossa linha editorial questionamentos e dúvidas sobre zelar pelo tradicional, por uma estrutura reconhecida ou possibilitar a expressão controversa de uma nova linguagem. O uso da linguagem estruturada pela gramática é a consagrada e utilizada em nossas publicações. Por outro lado, a língua falada responde mais rapidamente às mudanças culturais, é viva, dinâmica, ganha e perde atributos de acordo com o povo e a época e compreendemos que a língua deve estar a serviço de quem a utiliza. Aqui nesse livro, em alguns textos, será encontrada a linguagem de gênero neutro. Mudar a linguagem formal é um tremendo desafio para quem publica. É subverter um sistema consagrado e apostar nessa escolha não foi uma decisão imediata.

Optamos, nesse livro, por publicar a linguagem não formal por entender que transformar uma sociedade injusta é tarefa dos incomodados, para além das palavras, é ação. Engana-se quem crê ser possível afastar-nos da política. Isso é omissão consigo e com a comunidade em que se habita. Pensar a psicologia também como política é a proposta deste livro. Romper a postura cômoda e protegida e encarar as mazelas coletivas, encarar nossa ignorância, nossos preconceitos. Diante disso, como editora, somos também uma estrutura política que responde com escolhas. Reconhecemos nessa obra um escrito original, feito por neojunguianos dispostos a Re-significar as adversidades e vícios do percurso.

Por isso, a Sattva decidiu manter os termos neutros de alguns dos textos, por entender as transformações que clamam. Não sabemos qual rumo linguístico o gênero neutro irá adquirir em português, ainda restam muitas divergências sobre seu uso - o que temos certeza e o que apoiamos é a urgência por mudanças políticas e sociais.

Sigamos em nossa labuta a busca pelo amadurecimento por um mundo em que seja pacífica a convivência entre as mais diversas almas, etnias, corpos e credos.

Vivian Lerner

Prefácio

Este livro nasceu da necessidade que sentimos de discutir temas tão urgentes - e emergentes - que povoam nossas clínicas nos dias de hoje. Mais que isso: nasceu das preocupações vividas nos atendimentos do dia a dia, sempre a nos inquietar e mesmo a nos perturbar. Como escutar essas questões?

Algo está agonizando: o mundo está vivo! Acreditamos que a história de vida das pessoas e a história do mundo que nos cerca e da cultura na qual estamos inseridos se fazem conforme caminhamos e estão em constante transformação, em permanente individuação, e - nesse sentido - nos convocam a estarmos sempre revendo e reimaginando os constructos teóricos e categorias de pensamento que usamos para escutar, compreender e interagir com o tempo no qual vivemos.

Neste sentido ainda, já há algum tempo, viemos observando a necessidade de colocar a psicologia analítica para dialogar, mais diretamente, com o mundo lá fora. Entendemos que somos seres políticos, a psique é política, logo o diálogo com a pólis e suas questões não pode mais ficar para fora de nossos consultórios. Costumamos dizer que temos como utopia trazermos o mundo para o nosso divã (ou nossas poltronas), ao mesmo tempo que queremos expandir nossas clínicas para além das paredes de nossos consultórios e do mundo de dentro de nossos analisandos.

O mundo se transforma e a história se faz à revelia das instituições, das teorias, do ego. Deixar-se afetar pelo que está acontecendo no universo periférico - local onde a vida insiste e se refaz, seja pela necessidade de criação ou de sobrevivência - é uma tarefa da clínica psicológica. Afinal ela, por definição, se inclina ao *logos* da alma. Referimo-nos aqui aos pretos, indígenas e não-brancos em geral, aos LGBTQIA+, a todos aqueles que se veem à margem do funcionamento capitalista e da forma burguesa de viver. A alma está fora do centro e o analista deve estar a seu serviço, como apontou Jung.

Tendo isso em vista, em junho de 2019, fundamos o *Coletivo Aisthesis*. O coletivo nasceu tendo como proposta realizar rodas de conversa em que trazemos temas importante que circulam pela pólis tais como: racismo, feminismo, homofobia, a questão indígena e ecológica, entre tantos outros – para serem debatidas por profissionais do meio *psi* que vem pensando e/ou tendo alguma atuação em relação ao tema e também com pessoas de fora da psicologia que se ocupam de tais assuntos. Essas rodas foram nos abrindo os olhos, o coração e a escuta para muitos atravessamentos que não haviam nos tocado ainda, ou nos haviam tocado de forma muito menos profunda ou sofisticada.

A partir daí nos acendeu o desejo de conversar sobre alguns desses temas mais profundamente e em um formato mais frequente. E então nasceu, no primeiro semestre de 2021, o curso em parceria do *Coletivo Aisthesis* com o *Ijusp* – Instituto Junguiano de São Paulo, intitulado *Re-Imaginando um Lugar de Escuta: A Pluralidade da Clínica Contemporânea e os Complexos Culturais*.

O curso reuniu muitos desses temas sobre os quais vínhamos nos debruçando, bem como uma comunidade pulsante de amigos, colegas, profissionais de diversas áreas, tanto no corpo docente, quanto no público ouvinte/debatedor, que vieram somar conhecimentos e experiências e nos fizeram acreditar em outro mundo – ou pelo menos outra clínica – possível. O curso foi organizado com o total de vinte aulas de duas horas de duração cada, que se transformou neste livro, para nossa alegria. Cada aula contou com um ou dois expositores; algumas delas contaram ainda com um(a) debatedor(a), para provocar questões e fomentar o diálogo junto ao público – seus nomes aparecerão aqui juntamente com o(a) autor(a) do capítulo, que por sua vez nasceu da aula correspondente.

O caminho é longo, sabemos. Mas é bom ter uma comunidade que se proponha a imaginar junto, sem, contudo, deixar de contemplar as diferenças.

Já dizia Hillman que a alma pede por sua comunidade:

> *Quando a análise pode reconhecer que o cidadão tem prioridade sobre o paciente, então a análise pode reverter sua atenção sutil e diferenciada para aquela área na qual Jung e Freud delinearam a individualidade: o coletivo, o instinto gregário, a horda primal, aquela aglomeração e inundação da polis, e o chamado da agora. Então, nosso lema não mais seria apolônico e edipiano, ΓΝΩΘΙ ΣΕΑ ΨΤΩΝ, "conhece-te a ti mesmo"; não mais cogito ergo sum, mas convivo ergo sum – traduzido livremente: "Compartilho, sou de um partido, logo existo".*[1]

Ao fazermos este livro chegar até você é exatamente nisso que estamos apostando: em darmos nossa contribuição no sentido de construirmos uma psicologia pós-junguiana mais contemporânea, mais plural. Uma comunidade que dê voz e legitimidade para os saberes e modos de viver que sempre foram marginalizados e silenciados. Ao fazermos isso, acreditamos que somos convocados a rever nosso modo supostamente universal de estar no mundo. E na medida em que nos deixamos atravessar por outros devires existenciais, novas possibilidades, vamos nos refazendo, nos deixando habitar pelo mundo dos outros. Só assim poderemos caminhar em direção a outros mundos possíveis. Vamos juntes?

---

1. Hillman, J. *Cidade e alma*. São Paulo: Studio Nobel, 1993, p.121.

O Indivíduo e o Coletivo:

Como Chegamos Até Aqui?

Re-imaginando um lugar de escuta - a pluralidade da clínica contemporânea e os complexos culturais

Carmen Lívia PARISE
Guilherme SCANDIUCCI

A Psicologia Analítica se erigiu fundamentada em uma base ampla, sólida e consistente bastante influenciada pelo romantismo do século XIX. No entanto, a tormentosa travessia pelo século XX e início do século XXI, com suas complexidades, transitoriedade e transformações culturais e históricas, clamou por revisão e ampliação de alguns de seus constructos teóricos e intenso diálogo com outros saberes.

Gostaríamos de adentrar esse tema trazendo uma questão espinhosa que está cada vez mais recorrente. De um tempo para cá, nós e muitos analistas brancos que conhecemos, temos recebido o seguinte pedido: "Você teria um analista negro para indicar? Sou/tenho um amigo negro e não queria ser atendido por branco". Geralmente, esse pedido vem acompanhado de relatos de processos analíticos anteriores fracassados, ou que chegaram num limite intransponível, onde o negro em questão não se sentiu ouvido ou compreendido em seu sofrimento. É comum ainda ouvirmos dessas pessoas que o acolhimento que buscavam foi encontrado nos círculos religiosos ou nos movimentos sociais. Daí perguntamos: que sofrimento é esse que, nós, analistas brancos, não estamos podendo escutar? Onde e por que nossa escuta falha? E mais: Por que não nos causa estranhamento termos tão poucos analistas negros para indicar? A psique tem cor, gênero, classe social? Os arquétipos afinal não seriam os mesmos para todos os seres humanos?

Se a psique fala através dos sintomas que produz, podemos pensar que, em um primeiro momento, ela falava nos gabinetes de Viena e de Zurique, através das histéricas e dos esquizofrênicos, que pediam um lugar de pertença e de fala na sociedade da razão, no mundo pós-Iluminismo. Talvez o fato desse inconsciente ter podido falar através de indivíduos, dentro de consultórios, tenha nos disparado a fantasia de que a psique é privada, individual e o inconsciente está dentro dessa psique, que por sua vez, está dentro dos indivíduos. Será?

A própria teoria dos complexos de Jung havia ficado restrita aos indivíduos, ele não a explorou no sentido de compreender a psicopatologia e distúrbios emocionais dos grupos e nações e a relação deste entorno com a psique individual e vice-versa. Embora estivesse atento à interação do indivíduo com seu meio, isso não apareceu na teoria dos complexos. A ideia de complexo cultural será o dispositivo teórico que irá legitimar a importância da compreensão cultural e histórica, inclusive por parte de nós, analistas; dos desdobramentos sociais a que estamos submetidos. Na medida em que tomamos consciência e nos atentamos aos atravessamentos a que nós e nossos pacientes estamos submetidos, somos convocados a rever nossa escuta, a escutar as narrativas que chegam até nós de uma forma diferente, de outras perspectivas e outros lugares. Uma escuta analítica que tem como base as múltiplas vozes que são ou passam a ser genuínas em uma cultura em dado momento histórico.

Em 1962, Joseph Henderson, analista junguiano da primeira geração, postulou o conceito de inconsciente cultural, uma camada do inconsciente coletivo, onde ficariam armazenadas todas as memórias históricas e que expressaria parte da cultura. Temos então Michael Vannoy Adams que, em 1995, apontará para a existência de uma camada coletiva estereotípica, para além da camada arquetípica, no inconsciente, que interferiria nas nossas concepções e percepções individuais e comunitárias. Finalmente, em 2000, Thomas Singer e Samuel Kimbles (este um analista negro) desenvolverão o conceito de complexos culturais. Estes proviriam do inconsciente cultural, que interage com as camadas arquetípicas e pessoais da psique e com a arena do mundo externo compartilhado. Os complexos culturais seriam baseados em experiências grupais repetitivas e históricas que fincaram raízes no inconsciente cultural do grupo. A qualquer momento podem ser ativados no inconsciente cultural e tomar a psique coletiva do grupo e a psique individual ou coletiva de membros individuais do grupo (SINGER E KIMBLES, 2020).

Esta ideia nos parece da maior importância. Em primeiro lugar, ela vem sacudir uma falsa dicotomia presente não só no meio junguiano - mas na cultura moderna e branca - de que existiria uma psique no nosso mundo de *dentro*, regida pelos arquétipos e complexos oriundos deles e uma vida social e histórica *fora* que nada teriam a ver com esse desenvolvimento interno (quando não atrapalham tal desenvolvimento). A ideia agora é que tais mundos estão em estreita relação: os arquétipos como o reino latente de todas as possibilidades inerentes aos temas universais, precisariam da história e da vida cultural para expressarem essas possibilidades. Mais: a história e a cultura alimentariam, forneceriam imagens arquetípicas que individuariam esses arquétipos, no sentido de expandir suas possibilidades. Haveria uma retroalimentação. A psique agora está fora, no mundo, e nós é que estamos nela, somos atravessados por ela. No limite, esta divisão dentro-fora sequer faz sentido. O próprio Jung já tinha este tipo de entendimento, expresso na formulação de ideias como *unus mundus* e sincronicidade, por exemplo (JUNG, 2011).

Mais do que nunca se faz necessário que busquemos ouvir e conhecer a pluralidade dos substratos que permeiam as narrativas que chegam até nós, psicoterapeutas e analistas, e levemos em consideração os preconceitos, estereótipos e anacronismos que atuam e ferem nossa imaginação, desafiando-nos à mudança fundamental de perspectiva para dentro da múltipla imaginação da alma. A clínica necessita ir ao encontro dos muitos lugares e vozes que nos constituem e nos visitam. A atividade imaginativa é um adentrar e ser adentrado, afinal.

À revelia das teorias psicológicas vigentes, o momento cultural que atravessamos e que nos atravessa, vem reivindicando, através de grupos minorizados até então colocados à margem e de movimentos sociais, um *lugar de fala*, um lugar para contar de si, de sua forma de estar no mundo, de como sentem a vida em sociedade atravessando seus corpos, suas peles. Esses grupos nos chamam a fazermos uma crítica honesta ao nosso ponto de vista como único e universal e nos abrirmos para uma pluralidade imaginativa, para além da lógica instituída. Nesse sentido, fazem uma clínica social espontânea. Nós, analistas, precisamos nos deixar atravessar por essa clínica social em *status nascendi*. Esses movimentos nos convocam a um *lugar de escuta*, eles têm muito o que falar. E falam de uma psicologia que, ao universalizar a ideia de humanidade no modelo branco europeu imperialista heteronormativo, cria subumanidades.

Através desses movimentos sociais, novas ideias vão sendo construídas e podem ser pensadas e vividas com a força legitimadora da coletividade. O processo de subjetivação, afinal de contas, passa pelo coletivo, não só pelo indivíduo.

E a clínica com isso?

Talvez seja a hora de olharmos para nossa prática de forma crítica. Hoje outras ideias pedem um lugar de fala. Nós podemos e devemos individuar essa escuta, sofisticá-la, ampliá-la. A clínica pode e deve pedir a conscientização crítica dos analistas sobre si mesmos como seres não universais. Só assim não confundiremos identidade com um identitarismo essencialista. O encontro com o outro precisa ser realmente feito, sem traduzi-lo ao conhecido e sem relegá-lo ao "diferente". Já dizia Jung (2009, p.7):

> [...] quanto mais o conhecimento penetra na essência do psiquismo, maior se torna a convicção de que a multiplicidade de estratificações e as variedades do ser humano também requerem uma variedade de pontos de vista e métodos, para que a diversidade das disposições psíquicas seja satisfeita.

A prática clínica requer o uso dos recursos que temos à nossa disposição para compreender o outro. Esse exercício é também um exercício de comparação, de aproximação entre o eu e o outro, que pode, eventualmente, revelar equívocos.

Equívocos estes que nos convocam a transformar nossos próprios recursos. Se os nossos recursos enquanto psicólogos são nossas teorias, estão se faz necessária a revisão de tais teorias para melhor compreender o outro. Por vezes, essa revisão implicará em derrubarmos antigas convicções e noções que se propunham universais.

Ao nos aproximarmos desse Outro, no entanto, todo cuidado é pouco! Tentaremos manter viva a proposição de que o outro continue existindo como um Outro. Toda cautela é bem-vinda para que esse outro não seja de todo assimilado e integrado no que já é por nós conhecido, pois acreditamos que dessa forma as diferenças entre os modos de existência são apagadas. Temos aprendido com a antropologia contemporânea que não será a integração, mas o confronto, a fricção entre ontologias, entre diferenças que nos permitirá a imaginação política de outros mundos possíveis. Como fruto do confronto entre mundos, novos signos são criados (MARONI, 2021).

Talvez o diálogo com outros saberes se faça mais urgente que nunca. Aprendemos com a antropologia, por exemplo, que se o estruturalismo já nos auxiliou no sentido de alargar nosso entendimento daquilo que era tido como universal, o pós-estruturalismo veio nos anunciar o fim do indivíduo moderno. Onde Aristóteles via um indivíduo absoluto, acabado, idêntico a si mesmo, trabalha-se agora com um indivíduo essencialmente inacabado; nas palavras de Deleuze: um corpo sem órgãos atravessado por fluxos esquizos. Todas essas ideias serão melhor explicitadas e trabalhadas nos capítulos seguintes. Por ora, gostaríamos de dizer apenas que elas conversarão com a teoria junguiana quando esta postula que a energia entre os opostos será a responsável pelo trabalho psíquico de individuação. A fricção entre os opostos será a responsável pelo *tertium non datur*, pelo novo.

Neste contexto, talvez faça mais sentido pensarmos numa escuta porosa, que se deixa atravessar e afetar pelo outro, porém sem apreendê-lo. Escuta mais como um testemunho que como apreensão.

A subjetivação marcada por angústias raciais, por exemplo, parece não encontrar um lugar de escuta satisfatório. É isso que escutamos no exemplo citado no início do texto. E parece-nos que enquanto não validarmos esse aspecto cultural e histórico como fundante, continuaremos difundindo um dispositivo de subjetivação que promete um indivíduo, um indivíduo que oculta as neuroses culturais. Enquanto não abordarmos as questões culturais como válidas e do lugar que elas estão, sem reduzi-las a questões individuais, continuaremos não dando lugar para estes sofrimentos.

Há diversas passagens nas obras coletadas de Jung em que transparecem conteúdos dotados de preconceito racial e de gênero. Jung parecia afirmar uma psicologia da mulher sendo essencialmente diferente da psicologia do homem: a primeira naturalmente ligada a *Eros*; a segunda, a *Logos*. Sabemos da enorme problemática em torno do que era considerado atributo do feminino ou do masculino na Europa de meados do século XIX. O autor também enxergava nos povos africanos e não-brancos em geral uma consciência subdesenvolvida se comparada à europeia, ainda que valorizasse as formas de entendimento do mundo de tais povos. Questões raciais e étnicas aparecem na obra de Jung muitas vezes determinando as qualidades psicológicas de um povo, para além de suas formações culturais, algo inconcebível para a antropologia desenvolvida na segunda metade do século passado.

Jung enfatiza a emocionalidade dos negros, como uma raça toda, em qualquer país: vem associada a impulsos, agressividade, descontrole. Não haveria grandes reflexões por parte do indivíduo negro, e não passa pela cabeça de Jung estudar a filosofia de origem Iorubá, por exemplo, mas sim o que ele enxerga como primitivismo (não é inteiramente negativo, mas provoca uma grande curiosidade dado que o europeu teria perdido essa conexão direta com a alma). A pessoa branca muito emocional é sinal de atenção, possessão do complexo etc. O negro emocional é o natural, normal.

Desnecessário dizer que é preciso rever criticamente Jung, esta é a meta do pensamento chamado de pós-junguiano. A adesão cega a um autor da primeira metade do século XX, como já apontamos, é obviamente problemática. Assim, individuar a teoria é poder deixar de lado afirmações obsoletas e dialogar com a vida como ela acontece hoje. A recorrente justificativa de que Jung era "um autor do seu tempo" é insuficiente.

Alschuler (2011), por exemplo, faz apontamentos críticos interessantes ao analisar algumas obras de Jung. Aponta para a) o exagero das causas psicológicas dos fenômenos políticos (a cura da cisão na psique humana originar-se-ia da retirada das projeções da sombra); b) a ênfase excessiva na realidade da psique (interior) e a não-ênfase na realidade da política (exterior); c) a patologização da política: Jung considera que os movimentos de massa políticos são resultado da cisão patológica entre o consciente e o inconsciente.

Como bem aponta Samuels (1989), Jung precisa dos pós-junguianos, tanto quanto estes precisam dele, para assegurar a continuidade de sua obra. Além disso, Jung quis deixar ao critério de cada um quão "junguiano" gostaria de ser. O processo deve ser circular: material humano gera teoria, que por sua vez promove ilustração para poder ocorrer aplicação ao comportamento humano.

O que deveríamos evitar é o uso das teorias de forma defensiva, que pode levar ao bloqueio de nossos próprios sentimentos e outras formas de percepção. Ou a busca de respostas fáceis, ou de forma puramente lógica para se chegar a um diagnóstico. O problema principal é a frequente tentativa de reificar a linguagem de Jung, tornando concreto, literal e verdadeiro o que é mutável, fluido e vivencial (SAMUELS, 1989).

Como já foi bem difundido no meio da psicologia analítica, temos a chamada escola clássica, desenvolvimentista e arquetípica, que possuem perspectivas diferentes acerca do arquétipo, do self e do desenvolvimento da personalidade. As abordagens clínicas diferem em relação à importância dada para transferência/contratransferência, experiência simbólica do self, e o exame das imagens.

Escreve Samuels (1989, p.40): "As teorias psicológicas que estamos examinando não devem ser vistas como respostas a perguntas sobre a natureza humana, mas sim como instrumentos para guiar uma ação e prática futuras". Ou seja, a teoria só fará sentido ao entrar em contato como as imagens psicológicas produzidas no seu tempo. O objetivo dos autores deste livro é justamente pensar acerca da experiência contemporânea, a partir de seus próprios corpos e vivências pessoais e profissionais.

Pretende-se afastar a "versão da psicologia analítica fundamentalista", como aponta Samuels (2011), pois esta procura controlar o que é válido ou não é, e tende a impor estigmas (por exemplo, mulheres intelectuais rotuladas como "dominadas pelo animus"). "Os fundamentalistas – preservando sua pureza – ignoram tudo o que se passa na psicoterapia e também no mundo das ideias, da política, da cultura e da religião" (id., ibid., p.60).

Alschuler (2011) faz um interessante paralelo entre a psicologia analítica e algumas ideias de Paulo Freire. Traz para a discussão três formas de consciência. Na consciência mágica, a pessoa considera inútil agir, resigna-se ao "destino", esperando a "sorte" mudar. Já na consciência ingênua, a pessoa reflete sobre as causas dos problemas, tende a culpar a si mesma de acordo com a ideologia do opressor que internalizou, ou culpa um opressor individual (intenções egoístas do opressor). Por fim, tem-se a consciência crítica: apesar de reconhecer pontos fracos em si e em seus pares, ele/a abandona a autocomiseração em favor da empatia, da solidariedade e da autoestima coletiva (étnica). Apesar de reconhecer o mal em indivíduos opressores, ele/a compreende que o problema envolve uma história de interesses pessoais e poder político.

O repentino despertar político ocorre para alguns oprimidos como uma "consciência revolucionária". O *Self* e o sistema político ocupam lugares análogos nos dois processos de desenvolvimento pessoal: o psicológico e o político. Nestes processos, tanto o ego quanto a pessoa oprimida são capazes de exercer alguma influência sobre esta força superior – somente o conflito poderá produzir a individuação.

Jung, enfim, reconhece a importância central das imagens (psique é imagem) e seu poder de atrair, de convencer, de fascinar e de dominar. Persegue a ideia de uma alma para além da experiência ou do conhecimento de uma pessoa. Além do mais, é uma alma que manifesta vida própria. Algo para além de nossos instintos individuais, de nossa consciência individual, e de nossas percepções individuais. E tampouco ela poderia ser encontrada em nossas vidas sociais. Mas ela reage às influências provindas de todo campo de experiência humana. "Em outras palavras, se quisermos compreender o que significa 'alma' devemos incluir o mundo [todo]" (JUNG, 2002, p.69). E mais uma vez Jung:

> Ora, o Si-Mesmo compreende infinitamente muito mais do que apenas o eu, como no-lo mostra o simbolismo desde épocas imemoriais: significa tanto o Si-Mesmo dos outros, ou os próprios outros, quanto o eu. A individuação não exclui o mundo; pelo contrário, o engloba (JUNG, 2000, p.162).

Por fim, podemos dizer que a clínica junguiana por si só "não existe". A vitalidade de tal clínica na atualidade se alimentará também de uma postura que visa o deslocamento da noção europeia moderna e unilateral de um autoconhecimento transcendente e encerrado na subjetividade dos sujeitos para um alterconhecimento que se dirija a um mundo anímico que está em relação com o sujeito o tempo todo produzindo modos de ser. Como já dizia James Hillman (1984) as fronteiras da alma são incertas, e trabalho psicológico acontece na relação entre nós e o mundo, um conjunto de processos vivos. A alma sempre pedirá por sua comunidade – o que inclui, necessariamente, levar para dentro dos nossos consultórios, e outros locais de trabalho, o mundo que nos rodeia.

Referências Bibliográficas

ALSCHULER, L. R. Jung e a política. In: YOUNG EISENDRATH, P. DAWSON, T. *Compêndio da Cambridge para estudos junguianos*. São Paulo: Madras, 2011.

HILLMAN, J. *O Mito da Análise: Três Ensaios de Psicologia Arquetípica*. Rio de Janeiros: Paz e Terra, 1984.

JUNG, C. G. *A natureza da psique*. Petrópolis: Vozes, 2000.

__________. *Os arquétipos e o inconsciente coletivo*. Petrópolis: Vozes, 2002.

__________. *A Prática da Psicoterapia*. Petrópolis: Vozes, 2009.

__________. *Psicologia e Alquimia*. Petrópolis: Vozes, 2011.

MARONI, A. *Civilização em Transição: Confronto Entre Ontologias*. In: *JAP Latin America Conference*, São Paulo. 2021.

SAMUELS, A. *Jung e os pós-junguianos*. Rio de Janeiro: Imago, 1989.

__________. Novos desenvolvimentos do campo pós-junguiano. In: YOUNG-EISENDRATH, P. DAWSON, T. *Compêndio da Cambridge para estudos junguianos*. São Paulo: Madras, 2011.

SINGER, T.; KIMBLES, S. A teoria emergente dos complexos culturais. In: CAMBRAY, J.; CARTER, L. (orgs). *Psicologia analítica: perspectivas contemporâneas em análise junguiana.* Petrópolis: Vozes, 2020.

Das raízes coloniais da alma brasileira à ideologia neoliberal. O que a psicologia tem a nos dizer?

Vera Colson VALENTE

A noite anoiteceu tudo...
O mundo não tem remédio
Os suicidas tinham razão.

Aurora,
entretanto eu te diviso, ainda tímida,
inexperiente das luzes que vais acender
e dos bens que repartirás com todos os homens.

(Carlos Drummond de Andrade,
A noite dissolve os homens)

Vivemos um momento particularmente trágico. Na última eleição para presidente da República em 2018, uma parte importante dos poderosos do Brasil decidiram apoiar um candidato de extrema direita que venceu destilando ódio, ressentimento e violência. Viram nele uma oportunidade para implantar os objetivos últimos do neoliberalismo, particularmente o fim de uma pauta de direitos, contando com uma oposição enfraquecida por ações violentas e antidemocráticas que tentaram desmoralizar a esquerda no país. Mais uma vez foram amplificadas as vozes que sempre defenderam no Brasil o que há de mais terrível em nossa sociedade. Com isso, nunca se falou tanto de política em consultórios de psicologia. E nós, estudiosos e trabalhadores dos fenômenos psíquicos, tivemos que sofisticar nossa escuta para acolher melhor com nosso trabalho as consequências desse poder perverso. Não basta agora, mas talvez nunca tenha bastado, uma psicologia que aborde o sofrimento psíquico de cada indivíduo como um processo apenas dele ou do seu núcleo familiar. Precisamos de uma psicologia que se posicione cada vez mais em relação aos complexos, sintomas, patologias e sofrimentos psíquicos vividos coletivamente e que se originam de situações sociais e históricas.

Qual é, porém, a perspectiva da psicologia sobre fenômenos sociais, estudados intensamente por outras disciplinas? Como podemos contribuir para aprofundar as imaginações que nos aprisionam num território delimitado por acordos e conquistas? Como reimaginar uma história a partir da perspectiva das aflições da alma, das atuações de patologias vividas coletivamente, de sintomas que se perpetuam na história, das multiplicidades destruídas pelo discurso dos poderes que calam as imensas diferenças que geram histórias sufocadas? Como reencantar as histórias dos nossos povos, permitindo que venham à consciência os caminhos e falas que exigem e sempre exigiram passagem?

Este artigo parte da ideia, defendida por Jung, de que "tudo é psique" e que, portanto, podemos falar de uma *anima mundi*. Parte também da ideia, explicitada por James Hillman, de que quando falamos de alma, estamos falando de uma perspectiva, de uma imaginação psicológica que está em nós, mas também está nas coisas. Nesse sentido, é possível falar da alma de um grupo, de um povo, de uma cidade, ou de um país. Qualquer fenômeno pode ser olhado psicologicamente no processo tão necessário de fazer alma, como nos ensinou Hillman. Precisamos sair da visão literal que desencantou o mundo e permitiu a transformação de tudo em objetos inanimados. Talvez essa seja a grande contribuição da psicologia: "ver através", ver com a perspectiva da imaginação, que é a perspectiva da psicologia. A imaginação é a linguagem da alma, portanto, da psique.

A partir dessa reflexão é possível falar em alma brasileira? Essa ideia nos ajuda a aprofundar o conhecimento sobre a vivência coletiva de nação que existe dentro de um território delimitado do qual todos nós fazemos parte?

Este texto trabalhará com essa ideia respondendo afirmativamente essa pergunta. Para além de nossas profundas diferenças, podemos falar numa alma brasileira que foi se formando ao longo de 500 anos, fruto de encontros arbitrários, violentos, perversos, mas também criativos e belos, forjando fenômenos culturais únicos e ricos, de resistência e disputa. Essa concepção nos leva para um lugar distante da ideia de identidade, que pode ser entendida apenas como a persona de um lugar, ou de um povo. A busca de uma identidade encobre a diferença, calando mais uma vez o que não quer ser visto pelo poder. A ideia de identidade é autoritária, encaixando tudo e todos numa mesma afirmação. Já a perspectiva da alma chama pelo múltiplo. Ela não é fixa, mas pelo contrário, está em constante movimento. Existe através de embates, encontros, produções, superações, do belo e do doentio. A alma não é o lugar das certezas, das teorias. É o lugar das aflições, das angústias, das poesias, das metáforas. Das imagens e imaginações, expressões primeiras da psique. As certezas se juntam na identidade, abstrações construídas. A alma é o lugar das patologias e das incertezas.

Falar de uma alma brasileira parte apenas do reconhecimento de que o Brasil existe, ele é um fenômeno, dentro do qual nos debatemos. Portanto, pode ser olhado psicologicamente. Todos que aqui vivem compartilham uma mesma história coletiva, mesmo que suas vivências individuais, raciais, étnicas, de gênero, econômicas, sociais confiram lugares muito diferentes nessa mesma história maior.

As raízes coloniais da Alma brasileira

Vivemos em um país ocupado por muitos povos que já estavam aqui desde tempos imemoriais ou para aqui vieram ao longo dos últimos 500 anos. O território brasileiro foi formado pelos interesses perversos e privados de um capitalismo em formação. Os portugueses, franceses e holandeses que chegaram aqui no período colonial, vieram em busca da acumulação de riqueza produzida pela venda e compra de mercadorias. Homens europeus que já se imaginavam donos de seu destino a partir do enriquecimento e do poder que o dinheiro passara a conferir. O antigo mundo de vidas determinadas pelo nascimento, em que o enriquecimento e acumulação de mercadorias nem era bem-visto, o mundo feudal, vivia seus últimos tempos. As novas ideias divulgadas pelo Renascimento, rapidamente se tornaram hegemônicas entre os colonizadores e foram vividas como se fossem as únicas verdadeiras e possíveis. O genocídio indígena, a escravização de milhões, o genocídio de povos africanos, a destruição das matas, das culturas e de muitas linguagens foram o resultado do espírito do capitalismo que se formava e se impôs hegemônico.

E, como sempre acontece, ideias que se tornam hegemônicas escondem sua arbitrariedade e injustiças, porque se naturalizam. Passam a ser vistas como naturais, óbvias. Geram corpos, sentimentos, sonhos, objetivos de vida, maneiras de viver, valores. Os efeitos do poder hegemônico, por mais sofrimento que imponham, por mais psicopatologias coletivas que produzam, por mais injustos que sejam, passam a ser vistos como necessários. Ou mesmo, passam a não ser mais vistos, aparecendo apenas através de sintomas nem sempre identificados. A visão crítica que gera rebeldia e novas ideias é um privilégio que precisa de um tempo. Precisa de uma época que aos poucos amplie a consciência e permita novas imaginações, que eventualmente também possam se tornar hegemônicas. Cabe à psicologia se debruçar sobre a ânsia de adaptação e resiliência que cria comportamentos e ideias coletivas obedientes e que podem até apagar da consciência a dor que cria as muitas formas de servidão. Hoje, o capitalismo acrescido do neoliberalismo que vivemos, produz sujeitos que aceitam uma vida sem direitos, numa corrida incansável e doentia por um lugar ao sol. O sofrimento psíquico gerado por nosso novo mundo, precisa ser ouvido e encontrar um espaço de elaboração e superação.

As raízes que alimentam patologias

Vivemos e trabalhamos em um país que vive uma profunda crise econômica, política e social. As dificuldades se tornaram mais agudas com a eleição de um governo de extrema direita que incentiva o ódio e a intolerância através da polarização e radicalização política. O otimismo de alguns anos atrás acabou e até a construção recente de uma democracia, que começou com a luta contra a ditadura militar, está fortemente ameaçada. A pobreza aumenta sem parar, e o fosso entre ricos e pobres não para de crescer pois, como sempre, qualquer crise econômica atinge mais os pobres.

A pandemia do coronavírus veio aumentar em muito o sofrimento e a dor, com centenas de milhares de mortes. A desigualdade social, nossa patologia mais evidente, não para de aumentar, excluindo uma parte da população de qualquer direito. Os brasileiros nunca falaram tanto de política, independente das suas posições e da profundidade de suas ideias, estimulados pela polarização de opiniões e sentimentos, e através dos novos espaços criados pelas redes sociais. O aparente anonimato e distanciamento do oponente que a internet favorece, somado a crise do Partido dos Trabalhadores, desgastado com as inúmeras acusações de corrupção, fizeram vir à tona uma direita raivosa, que sem constrangimento ou vergonha, grita o que era dito e vivido mais escondido, mostrando a intolerância e o racismo que sempre marcaram nossa história. Ficou claro o incômodo para muitos brasileiros com a pequena ascensão social de uma imensa parcela da sociedade negra, pobre, favelada, nordestina, indígena, quilombola, periférica durante alguns anos, fruto de políticas dos governos de esquerda.

Para uma parte importante da elite econômica e da classe média brasileira, qualquer direito aos mais pobres é vivido como uma ameaça à manutenção de privilégios seculares.

Ideias rígida, preconcebidas, repetidas à exaustão, fruto da raiva, do medo, da prepotência, até do ódio, inundaram nossa sociedade, demostrando mais uma vez, que a nossa vergonhosa e constrangedora desigualdade social não é fruto meramente do acaso ou da ignorância. Mas fruto de políticas públicas ou privadas que refletiram durante séculos o olhar preconceituoso e intolerante dos poderosos do nosso país e de todos aqueles que não se identificam ou empatizam com a maioria pobre, indígena e negra da população. Complexos sociais que se formaram e se fortaleceram nos séculos de nossa história, são atuados sem constrangimento.

Ouvimos sem parar nos últimos anos ideias que abriram espaço para a eleição do governo de extrema direita, atuando como em poucos momentos o racismo secular: "os brasileiros pobres não querem trabalhar", "se receberem o bolsa-família não farão nada", "se são favelados, só podem ser violentos e ligados ao tráfico". "São ignorantes e pouco inteligentes". Se forem para as universidades públicas, vão arruiná-las". "Os índios têm terra demais e não trabalham", "os Direitos Humanos defendem bandidos, bandido bom é bandido morto, viva a violência policial, o armamento da população, os índios fora de suas terras, a disciplina militar, as cadeias cheias de negros e pobres". "Que as rebeliões matem muitos dos que lá estão". "Os movimentos sociais só atrapalham o trânsito e devem ser criminalizados". "Os direitos sociais devem diminuir, mesmo que isso aumente a miséria, a insegurança e a dor". "Onde é que já se viu, Dia da Consciência Negra?". Essas são ideias que nada tem a ver com o olhar psicológico que busca a profundidade e a compreensão e apagam a complexidade. A patologia da alma brasileira se revela através delas.

Felizmente, de umas décadas para cá aprendemos a dar o verdadeiro nome ao que aconteceu durante a colonização portuguesa na terra que será chamada de Brasil, primeiro passo para a elaboração psicológica dos traumas que se reatualizam neuroticamente: temos na nossa origem genocídios, dos maiores da história. Povos indígenas serão mortos pelas novas doenças, pela escravização, pela expulsão das suas terras, pela catequese dos jesuítas, pela destruição das matas. Ao longo dos séculos, os interesses mercantis entrarão pelo território brasileiro, gerando guerras contra os indígenas que nunca terminaram até hoje. Ao mesmo tempo, o novo capitalismo criou um tráfico de escravizados entre a América e a África, em escala jamais imaginada até então. Milhões de pessoas foram trazidas aprisionadas, gerando imensa acumulação de riquezas que continuam nos cofres dos países que fizeram esse tráfico. Muitas das sociedades africanas foram desorganizadas ou destruídas por esse comércio, facilitando no século XIX, a partilha da África pelos países europeus.

O Rio de Janeiro teve o maior porto de entrada de escravizados das Américas, principalmente devido a produção de café no século XIX. Esse porto foi "descoberto" durante obras há pouco tempo. Não havia documentação sobre sua exata localização e nada sobre um verdadeiro cemitério de homens e mulheres escravizados mortos ao chegar ao porto. Costumamos dizer que os brasileiros têm memória curta. Mas a falta de memória é um sintoma do desejo de esquecimento que mantem neuroticamente o poder.

O desenrolar no tempo de dinâmicas psíquicas

Toda essa tragédia deixou e continua a deixar marcas profundas na vivência psíquica da população brasileira até hoje. Independente do lugar social, econômico ou territorial em que esteja, o conjunto da população brasileira vive psicopatologias que se relacionam, se alimentam e se formaram no tempo. Vivemos sob um racismo estruturante vivenciado por todos de alguma forma, gerando sombra e patologias na alma brasileira. Estamos divididos por uma imoral desigualdade social e econômica que gera dissociação histérica e graves defesas psicopáticas, em todos. Sofremos, todos nós, de um profundo sentimento de inferioridade, que gera violência e paranoia. Independente do lugar de privilégio ou de opressão, o conjunto da população, mesmo sem saber, é vítima da mesma história, empobrecidos todos em imaginações e liberdades.

Aqui está uma contribuição possível da psicologia: trabalhar para ajudar a elaborar os complexos culturais que são vivenciados por todos os brasileiros, mesmo que vivam em espaços diferentes e vivenciem privilégios ou não. Ter prazer na opressão ou vê-la como natural é doentio. Sofrer impotente ou reprimir o pensamento crítico ou ato rebelde gera também patologias. A alma brasileira produz o tempo todo sintomas que clamam por reconhecimento e transformação.

A perspectiva da psicologia tem que buscar o que está sendo impedido de existir e que se manifesta por esses sintomas. Temos que dar voz aos excluídos da nossa história, aos pequenos, oprimidos, calados. Aos que não tem poder. Ao estranho e incompreensível da nossa alma coletiva, saindo da explicação fácil e superficial. Também temos que dar voz aos sentimentos e imaginações reprimidos pelo espírito do capitalismo e seus desejos de concorrência, destruição e acumulação de riqueza que tomam muitos de nós, pobres e ricos. Para que de fato novas imaginações mais saudáveis e fraternas venham à tona, o espírito dos mercados também tem que ser combatido. Foram as ideias neoliberais que permitiram que o que há de mais perverso entre nós chegasse ao poder, em nome do lucro e da maior exploração, apoiados pelos que precisam se sentir superiores e não querem renunciar aos seus velhos privilégios.

Por que não conseguimos elaborar nossas antigas patologias ao longo dos últimos 150 anos? Por que não foi possível que novas imaginações mais generosas e saudáveis se tornassem hegemônicas e pudessem se impor ao doentio e ao perverso?

O tempo perdido, a continuidade da dor

Como sociedade, desperdiçamos muitos momentos importantes de elaboração de complexos que criam patologias vividas coletivamente. Na maioria das vezes o ego nacional, formado pelos que detém riqueza e poder, preferiu reprimir com violência sintomas, ou buscou a conciliação tão elogiada entre nós, criando novas formas de convivência com as velhas patologias. Alguns momentos da história brasileira exemplificam bem o fortalecimento de complexos que reproduzem as patologias da alma brasileira, impedindo o surgimento do novo.

O Brasil foi o último país a acabar com a escravidão. A elite do período imperial, principalmente os chamados barões do café, sempre foi pródiga em aceitar regras que vinham da Europa. Mas não a respeito da escravidão. Resistiram o quanto puderam e mantiveram um lucrativo tráfico de escravizados mesmo depois do seu fim legal em 1850, com os traficantes sendo recebidos nos palácios imperiais. Para alguns desses barões, a escravidão não terminaria nunca e investiram seu dinheiro no tráfico até o fim.

Enquanto isso na Europa, particularmente na Inglaterra, as ideias liberais geravam uma nova mentalidade que terá consequências em relação à escravidão. Ela que não será mais bem vista e aceita nos salões da burguesia europeia já no século XIX. Mas a opressão, vista como necessária para os negócios altamente lucrativos de além-mar, só mudou de forma. Os povos africanos antes escravizados, selecionados muitas vezes pelas suas habilidades, passaram a ser vistos como pessoas livres, porém selvagens, inferiores, que precisariam ser civilizados pelos europeus. Os poderosos comerciantes e governantes criavam justificativas mais compatíveis com o pensamento liberal para manter a velha opressão de sempre, que será atualizada durante o neocolonialismo na

África. Os africanos deveriam agradecer aos europeus pela presença nas suas terras ancestrais.

O racismo se fortaleceu e passou a ser útil aos interesses da burguesia europeia. Novas formas de dominação se impuseram na África e na Ásia, sem precisar do velho e lucrativo tráfico de escravizados, mas mantendo sob outras formas a utilização compulsória e violenta de trabalhadores das colônias. Não é difícil imaginar como o racismo, o liberalismo e o neocolonialismo marcaram a fogo a psique dos povos conquistados, mas também adoeceram a psique dos povos conquistadores. O holocausto de europeus durante o nazismo não teria sido possível sem o neocolonialismo, suas ideias racistas, perversas e violentas e sem tantos homens europeus treinados na África e na Ásia durante o século anterior.

Com o racismo, se espalharam também ideias que viam na miscigenação uma forma de inferioridade degenerada. A mistura de raças geraria patologias, sujeitos fracos e pouco inteligentes. No novo colonialismo não deveria haver lugar para miscigenação, pior do que ser negro, era ser mestiço. E os poderosos no Brasil, que sempre desejaram o reconhecimento impossível de sua pureza europeia, viam na evidente miscigenação dos brasileiros a impossibilidade para a ordem ou progresso. Daí o incentivo a vinda de estrangeiros principalmente europeus, para embranquecer e melhorar "a raça" brasileira.

Vieram para as Américas multidões de europeus e asiáticos pobres, expulsos da terra pelos interesses do mercado. O capitalismo, criando permanentemente pobreza e exclusão, gerou e continua a gerar migrações de deserdados que sonham com uma vida melhor. Os negros após a abolição da escravidão, não tinham como competir com esses recém-chegados, na busca por empregos e vida digna. O racismo escolherá os que serão jogados nos últimos lugares da corrida permanente e insana por um lugar ao sol no mundo capitalista. O complexo de inferioridade, tão brasileiro, ganhará novas cores. Uma elite que se quer europeia, mas não é, precisa se ver superior aos recém-chegados mesmos europeus e aos negros que saíam da escravidão, projetando neles sua sombra. Os recém-chegados, vistos como inferiores nos seus países de origem e entre brancos antigos na nova terra, para lidar com a dor do preconceito, encontram outros que passam a considerar mais inferiores do que eles, os negros. As portas da prometida ascensão social do capitalismo estarão praticamente fechadas para os ex-escravizados e seus descendentes durante décadas. O capitalismo que sempre gera multidões inferiorizadas, precisa disso. Permanecem assim ao longo do século XX, os velhos sintomas sobre novas roupagens, gerando dor, ressentimento, mágoa, violência.

É também nesse momento histórico, porém, que dos recantos periféricos da sociedade a alma brasileira começará a ser inundada por novas músicas, danças, deuses, poesias, festas, lutas, corpos, cores, antigas tradições. Quando o encontro dos diferentes foi possível, e isso acontecerá principalmente nas periferias reais ou simbólicas, longe das imaginações do poder hegemônico, a mistura criará beleza e originalidade. Resistência e luta. Nem tudo será racismo, preconceito e desencontro. Hoje podemos imaginar que a alma brasileira, dentro da qual vivemos, é mestiça, enriquecida por tantas vozes fortes e belas.

Mudanças que não mudam, sintomas da alma

A partir da revolução de 1930, reformas importantes criarão novas formas de organização do Estado brasileiro. Os donos da nova indústria e o governo que apoiavam, começaram a organizar a mão de obra necessária para seus negócios. Além de fortalecer também o enfrentamento às ideias socialistas que chegavam da Europa, ameaçando seus privilégios com sonhos de igualdade de direitos e justiça a todos os trabalhadores, a nova identidade que se impôs. Mas ainda por muitas décadas, nada foi feito para transformar o campo brasileiro. Os trabalhadores rurais continuaram excluídos de qualquer direito ou modernização, iniciando a imensa migração de trabalhadores rurais para cidades, substituindo a imigração de estrangeiros. Para os proprietários, esses migrantes tinham a vantagem de virem de regiões muito pobres e abandonadas. Com poucas exigências, a vida na cidade por si só já garantia os sonhos de uma vida melhor. Também não conheciam histórias das lutas socialistas e sindicais de outras terras, com seus sonhos de igualdade de direitos e, quem sabe, de um poder dirigido por trabalhadores. Esses migrantes vindos dos sertões, filhos dos encontros por séculos de brancos, negros e indígenas, se juntam aos negros nas favelas, cortiços, periferias.

É quando a busca por uma identidade nacional pelos que queriam um governo forte criou a ideia de democracia racial a partir dessas periferias, em que pobres de muitas regiões, raças e etnias, passam a compartilhar a vida. Diferente de outros países, no Brasil nunca existiram leis que separassem a população por raça. A imensa desigualdade e separação real ficava e ainda fica escondida pela tradição, pela ideia de mérito, pela competência, ou seja, pelo racismo e preconceitos, que escondem a dinâmica política e econômica. A criação da ideia da existência de democracia racial no Brasil, que ainda convence muita gente, é perversa e típica do mundo capitalista: como no Brasil não haveria racismo, os negros não ascenderiam socialmente porque não se esforçam muito ou porque não são suficientemente inteligentes. Mas, no mundo capitalista a exclusão é necessária para que uma parte acumule. E cada país criará os seus excluídos.

Apesar de novas imaginações mais generosas e fraternas mais uma vez serem descartadas pelo poder, a criatividade da alma brasileira brilha, enquanto a transformação de direitos básicos em leis é adiada em nome da acumulação de riquezas por poucos. Os poderosos de sempre continuam a olhar com desprezo essa parte maior do corpo brasileiro. As defesas psicopáticas, que insistiam em não ver a dor psíquica do outro, se tornavam mais fortes.

Novas imaginações que passam a exigir mudanças

Não é difícil entender por que as ideias socialistas nunca foram fortes no Brasil, apesar de serem sempre o bode expiatório da direita brasileira, quando quer aumentar seu poder. Foi assim quando os poderosos deram o golpe do Estado Novo em 1937, o golpe de Estado militar em 1964 e agora, quando a extrema-direita chegou ao poder e não param de ameaçar as conquistas democráticas das últimas décadas.

O campo político de esquerda, de comunistas, socialistas e anarquistas, surgiu numa Europa que havia se transformado rapidamente com a Revolução Industrial, acabando com os direitos que os costumes e a tradição davam para os trabalhadores rurais, ou urbanos. O feudalismo estava baseado nessas regras tradicionais. Com o capitalismo, a transformação da terra em mercadoria expulsou muitos camponeses das suas antigas moradias, deixando milhões de pessoas sem nenhum direito, tendo que vender em condições perversas seu trabalho em troca de um salário. É nesse ambiente de dor e adoecimento que começam as lutas operárias por ideias que defendiam uma vida melhor com direitos para os trabalhadores. A esses revoltosos, homens e mulheres operários, se uniram outros descontentes que vinham principalmente das universidades e aderiram ao sonho de um mundo não mais capitalista. Sabemos que a elite econômica europeia foi obrigada a recuar nos excessos de exploração, garantindo ao longo do século XX, moradia, sistema de saúde, salários melhores, escolas públicas, sistema de aposentadoria, limites na jornada de trabalho, direito a férias. Na Inglaterra foi formado o primeiro partido de trabalhadores ainda no século XIX, que passou a participar da Câmara dos Comuns ao lado dos representantes da poderosa burguesia inglesa.

Já no Brasil, como em muitos outros países latino-americanos, os trabalhadores rurais não perdiam direitos ao vir para as cidades em busca de emprego. Não se perde o que nunca se teve. A maioria era formada por trabalhadores mestiços, vindos de regiões muito pobres do campo brasileiro. Vinham principalmente do sertão nordestino, fugindo da fome e da seca e encontravam nas cidades do sudeste, condições de vida claramente melhores do tinham antes. Por isso, pelas artimanhas do poder, o campo brasileiro tinha que continuar pobre e os camponeses sem direitos. Ao longo das décadas de 30, 40, 50, 60, o êxodo rural garantiu, para a elite urbana, mão de obra barata, pouco exigente e servil. Sabemos que Getúlio conseguiu o título de pai dos pobres, ao "dar" direitos trabalhistas aos operários empregados, que haviam sido conquistados por muita luta em outras nações. Ideias socialistas sempre foram fracas no Brasil porque exigem imaginações que falam de direitos, não de presentes a serem ganhos.

É esse salto que o pensamento socialista propõe, que poderia ter permitido que novas imaginações mais generosas e includentes pudessem ter superado os complexos culturais que falam de inferioridade, se dissociam da dor sentida pelo outro, criam defesas psicopáticas. A luta por direitos poderia exigir que aqueles que já os tem, comprados através de dinheiro acumulado, ou herdado, fossem obrigados a repensar suas afirmações políticas excludentes, incorporando ideias e vivências mais generosas e inclusivas, que se mantem até hoje à sombra. Os complexos culturais podem passar de geração em geração, perpetuando comportamentos que adoecem a alma.

O autoritarismo reafirmado, a destruição de novas ideias

Um momento importante de belas criações e gestação de novas ideias no Brasil, foram os anos entre duas ditaduras: a de Getúlio Vargas até 45 e a ditadura dos militares que começou em 64. As barbaridades cometidas durante a Segunda Guerra Mundial, na Europa e na Ásia, permitiram que novas ideias políticas fossem pensadas, animando a luta popular em muitas regiões do mundo, inclusive no Brasil. Reivindicações antigas se fortaleceram: luta por aumentos salariais e condições dignas de trabalho, luta por direito ao voto dos analfabetos que eram a maioria ainda, mais vagas nas universidades públicas, direito à moradia digna. As reivindicações partiam do mundo do trabalho. Não é à toa que hoje o neoliberalismo visa destruir essas formas de organização e identidades, louvando o indivíduo que luta sozinho pela sua vida e conquistas.

Também nesse período entre duas ditaduras, surgiu com força no campo a luta pela reforma agrária, tendo à frente as Ligas Camponesas no Nordeste. As lutas populares, principalmente as rurais, serão respondidas com medo paranoico pela direita brasileira e por todos que não queriam perder seus privilégios. O medo de uma revolução socialista, o antigo pesadelo do mundo capitalista, aumentou quando uma parte da classe média urbana, principalmente intelectuais, professores e estudantes universitários passaram a dar um importante apoio a essas lutas populares assumindo o sonho de um Brasil melhor. Tudo isso gerou mudanças, novas ideias e possibilitaram um importante período de criação de novidades culturais: romances, filmes, peças de teatro, músicas, que surgiam interligadas e se autoalimentando, nos ambientes universitários e populares. A mistura no Brasil, em torno de objetivos generosos e fraternos, sempre gerou coisa boa e bela.

Os poderosos no Brasil, a frente de um capitalismo dependente e em crise, perceberam que estavam fracos para enfrentar democraticamente a exigência de mudanças populares que ameaçava seu velho poder. Em 64 apelaram para as Forças Armadas que impuseram uma ditadura militar que durou 21 anos, iniciando uma violenta repressão com prisões, intervenções nos sindicatos, destruição das Ligas Camponesas, fechamento das entidades estudantis, intervenção nas universidades com prisões e perseguição de professores e pesquisadores, instituição da censura que calou artistas, intelectuais e opositores. Em troca acenaram com um Brasil "que vai pra frente", cortando direitos e fortalecendo o ideário liberal, individualista e meritocrático. Ou seja, acabando com o nascente processo de conscientização coletiva de inclusão de desejos e criatividade que exigia reconhecimento e que poderia ajudar a elaborar velhos complexos que ainda se espalham na cultura. O mal foi mais uma vez projetado no outro pelo ego nacional enfraquecido e paranoico. Desta vez os inimigos eram os comunistas, socialistas, sindicalistas, estudantes, artistas, trabalhadores rurais que ousavam falar pela primeira vez em reforma agrária. A concentração de riqueza e poder deveria continuar a qualquer custo e as novas imaginações deveriam ser reprimidas.

Outro momento importante para a elaboração das patologias da alma brasileira foi o período final da ditadura militar e que se estendeu até a promulgação da constituição em 1988. Após duas décadas de governo ditatorial que acabou em meio a uma severa crise econômica a partir de 74, a população brasileira assistiu um expressivo crescimento de lutas populares nas várias regiões do Brasil, que gritavam após tantos anos de repressão política e exclusão de direitos dos mais pobres.

Muitos esquecem que a ditadura também impôs medidas que pioravam o ensino público, destruía o meio ambiente, reprimia indígenas, não investia em habitações populares e era muito conservador na pauta de costumes. O descontentamento estava represado e explodiu a partir de 1977. O velho imaginário hegemônico que vem do período colonial passava a ser questionado por setores em luta na sociedade. Ideias antigas eram combatidas como a exploração econômica sem limites, o comportamento autoritário, a repressão armada contra os descontentes, a inferioridade de raças ou etnias, a homofobia, o machismo, a tortura de corpos que reinara soberana durante a ditadura. Muitas novas ideias se fortaleceram nesses 10 anos através das lutas nos bairros pobres, nas fábricas, no campo, levadas a frente por mulheres, negros, operários, professores, indígenas. As lutas que pediam a redemocratização e justiça social incorporaram vozes silenciadas até então e não apenas organizadas pela antiga identidade de trabalhadores.

A luta que começou contra a ditadura teve vitórias. Pela primeira vez foram incorporadas à constituição de 1988 direitos trabalhistas e previdenciários estendidos aos trabalhadores do campo, terras quilombolas foram reconhecidas, direitos às mulheres foram ampliados, a saúde pública foi estendida para todos, criando a possibilidade do SUS, a educação passa a ser um direito garantido pela constituição. A ordem democrática que foi ampliada em 1988, viu também novidades políticas importantes, como a formação e fortalecimento do Partido dos Trabalhadores que assimilou às ideias socialistas e sindicais uma ampla pauta de direitos individuais e coletivos. Ficaram mais fortes ideias que combatiam racismo e preconceito, machismo e homofobia, velhos sintomas psíquicos, que excluíam a maioria de espaço, voz e direitos. A perspectiva da alma precisa de todos. O Brasil precisa se mostrar em toda a sua possibilidade. A exclusão e silenciamento de uma parte do seu povo, gera patologias e a manutenção de velhos imaginários autoritários e opressores.

Mas, apesar da força que abria espaço para a elaboração de velhos complexos, alguns comportamentos tradicionais conseguiram sobreviver e se afirmar e a passagem da ditadura para o governo democrático acabou perdendo sua força transformadora. A importante luta nas ruas pela anistia ampla, geral e irrestrita foi derrotada no Congresso. Foi aprovada uma anistia que deixou impune os crimes da ditadura, os militares golpistas, os torturadores e assassinos. O movimento das ruas não teve força para exigir a punição dos ditadores. Com isso não se divulgou amplamente uma crítica a ditadura, possibilitando até hoje que uma parte da nossa sociedade continue a apoiar práticas autoritárias, violentas e ditatoriais. No último momento da ditadura, após a derrota no congresso de eleições diretas, parte dos oposicionistas se aliam a antigos segmentos políticos que haviam estado com os militares até esse momento. O fim da ditadura militar em 1985, apesar das lutas populares que abriram espaço para a elaboração de velhas patologias, acabou sendo mais uma vez uma transição conservadora, mantendo no poder os velhos grupos políticos que haviam apoiado a ditadura, não abrindo espaço para novas hegemonias mais saudáveis.

As patologias da alma brasileira e o neoliberalismo

Nas décadas seguintes à nova Constituição, o Brasil viveu profundamente suas contradições. Na primeira eleição direta para presidente da República, após a ditadura militar, a população se dividiu entre Lula, candidato do Partido dos Trabalhadores, de esquerda, que representava os saldos da luta contra a ditadura militar e Collor, de direita, que acabou sendo o candidato da elite econômica, da classe média conservadora e de todos aqueles que não se identificavam com a rebeldia que questionava a ordem e os costumes.

Com a vitória de Collor, ideias neoliberais começaram a chegar ao Brasil. Surgem do novo momento político após o fim da União Soviética, quando o capitalismo liderado pelos EUA se viu vitorioso. Não havia mais a necessidade de fazer concessões aos mais pobres, através da intervenção do Estado na economia para garantir uma divisão de riqueza mais justa. O Estado de Bem-estar Social não seria mais necessário sem o perigo do comunismo. O neoliberalismo vitorioso passava a defender a liberdade e soberania dos mercados e que a concorrência incentivada definisse os vencedores e derrotados tanto entre agentes econômicos, quanto entre indivíduos.

Aos poucos, garantias de direitos conquistados por antigas reivindicações começaram a ser retiradas em muitos países. Principalmente uma nova mentalidade começou a ser construída. Não deveriam mais existir trabalhadores organizados em torno de seus interesses e direitos. Mas indivíduos solitários, responsáveis por suas conquistas individuais através de sua trajetória, empenho pessoal e força própria de trabalho. Os que antes eram vistos como trabalhadores assalariados, que se expressavam através de lutas coletivas, são transformados em empreendedores, colaboradores, pequenos heróis solitários que concorrem com seus iguais. E o sofrimento físico e psíquico é saudado como essencial no mundo do trabalho e dos negócios.

No Brasil, em que nunca houve um Estado de Bem-estar Social, o neoliberalismo chegou defendendo o corte de direitos básicos na parte da população que usufruía de regras e leis que diminuíam um pouco a desigualdade. Os governos a partir de Collor, de centro direita ou centro esquerda, terão que equilibrar as reinvindicações populares e urgentes e os desejos dos que lideram o mercado. O mais importante, principalmente para nós, estudiosos da psique, é observar como o neoliberalismo foi aos poucos construindo sujeitos adaptados às regras do mercado e às novas exigências do trabalho e da construção de si mesmos. Os discursos do poder neoliberal que criam sujeitos heroicos e exaustos, rapidamente são naturalizados e ocultos. E a alma esquecida, adoece.

Em um país em que a maioria da população não parece ter consciência dos seus direitos básicos, não foi difícil a construção de sujeitos submetidos ao poder do mercado neoliberal. Principalmente na classe média, que disputa um lugar ao sol através da tão sonhada ascensão social, as novas exigências foram rapidamente assimiladas. Mas não sem dor. Encontramos diariamente nos nossos consultórios indivíduos cansados, frustrados, narcisistas, deprimidos, ansiosos, sem esperança, que pedem remédios ou palavras que diminuam seu sofrimento psíquico. Tudo isso acabou gerando ressentimento, rancor, preconceito, racismo projetado nos mais pobres ou nos que continuaram a defender direitos coletivos ou novas valores morais. O medo da perda de privilégios continua a fazer vítimas.

O Partido dos Trabalhadores, tentando se equilibrar entre as regras do mercado e as reivindicações populares, abriu espaço para novas leis: cotas para negros e indígenas em empregos e universidades públicas, lei que dava direitos trabalhistas aos empregados domésticos, aumento do salário-mínimo acima da inflação, concessão do bolsa-família. A contradição insolúvel entre as exigências do mercado de individualização e exploração e a luta por direitos coletivos que se manteve forte no Brasil explodiu, quando os governos petistas foram acusados de corrupção. O conservadorismo de costumes, preservado pelos sentimentos de mágoa e ressentimento com o surgimento no cenário político de corpos que exigiam e conseguiam novos direitos, contribuiu para a guinada política que levou à vitória eleitoral do governo de extrema direita na eleição de 2018. Hoje o perigo de um golpe de Estado é real.

Precisamos voltar a sonhar. Talvez dessa vez seja possível um processo mais profundo de elaboração das velhas patologias que tem suas raízes no período colonial. A extrema direita e o neoliberalismo se apoiam na extrema desigualdade tão conhecida por nós. No racismo que indica os derrotados. No desejo de destruição dos povos que insistem em manter suas tradições.

Na repressão e violência contra os que não aceitam as regras dos mercados. Em corpos controlados pelo consumo, pela violência, pelos velhos valores morais pela tortura, defendida sem pudor pelo presidente. Mas que a Aurora chegue. Que traga sentimentos de fraternidade, de defesa da justiça e de igualdade de direitos. Que permita a liberdade para os corpos, em novas caminhos e ideias. A alma brasileira precisa de sua comunidade, de todas as múltiplas identidades que a compõe. Para imaginarmos a perspectiva da alma, que é a perspectiva da psicologia, temos que ver através do coração, nosso órgão que imagina e deseja o mundo. Talvez ainda seja possível...

Brasil: Lost in translation

Pedro PERÚSSOLO

encher a boca com todas as palavras
tanto faz de onde elas vêm
e deixá-las cair por toda parte
doa a quem
doer.

(May Ayim, em *Blues in Schwarz Weiss*, 1995)

A travessia quase acidental de Cristóvão Colombo

Partindo de um *locus* imaginal - o qual se apresenta enquanto um lugar que nos convida a olhar para a alma enquanto uma perspectiva- a descoberta das Américas pode ser contemplada como um desvio de percurso. Logo, neste texto, partiremos do cenário imaginativo enunciado que escolhi denominar de *A travessia quase acidental de Cristóvão Colombo.*

De acordo com o historiador Charles Mann (2012), em seu livro *1493: a descoberta do novo mundo que Cristóvão Colombo criou,* essa rota errante do navegador italiano é considerada o marco inicial do processo de colonização da América do Sul e da América Latina. Contudo, diante deste título, faz-se prudente questionar: que novo mundo é esse que, primeiramente a corrida colonial e depois o Imperialismo, julgavam ter descoberto?

Esta pergunta carrega em si um problema bastante sério que foi trabalhado por teóricos do pensamento pós-colonial, como Aimè Césaire[1] (2010), Frantz Fanon[2] (2008; 1979),

1. Poeta e dramaturgo martiniquense, foi uma importante voz do decolonialismo e do movimento negro. Um de seus trabalhos mais famosos é *Discurso sobre o colonialismo* (1950). Frantz Fanon foi fortemente influenciado pelo pensamento e pela letra de Aimè Césaire, sendo que este é largamente citado nos livros do primeiro.
2. Psiquiatra nascido na Martinica, seus trabalhos mais conhecidos são *Pele negra, Máscaras Brancas* (1952), *Os condenados da terra* (1961).

Gayatri Chakravorty Spivak[3] (2010) e Lélia Gonzalez[4] (2020).

Portanto, o pensamento proposto pelos autores citados acima vai em direção à reflexão de que os povos colonizados em momento algum foram concebidos em sua legítima "outridade"[5], tendo em vista os processos civilizatórios que lhes foram impostos. Contudo, como visto em Marx (1997), o processo de historização tende a cobrar seu preço e, quanto mais se ignora a história, mais as tragédias e farsas tendem a se repetir (in) sucessivamente[6]. O preço a ser pago por nossa geração advém daquilo que as anteriores não fizeram; isto é, não há mais tempo para continuar com a replicação de uma atitude colonizatória e extrativista para com os povos e com o planeta. Essa colocação é sintetizada no trecho colocado abaixo:

> O fato é que a civilização chamada "europeia", a civilização "ocidental", tal como foi moldada por dois séculos de regime burguês, é incapaz de resolver os dois principais problemas que sua existência originou: o problema do proletariado e o problema colonial. Esta Europa, citada ante o tribunal da "razão" e ante o tribunal da "consciência",

3. Crítica literária nascida na Índia. Seu trabalho mais famoso é um texto de 1985 chamado *Pode o subalterno falar?*. Neste a autora versa, através da pergunta retórica do título, sobre os limites coloniais e opressivos que existem na linguagem. Para Spivak (1985) a questão não é se o subalterno pode ou não falar e sim que, independentemente disso, não será lhe concedido lugar de fala e lugar de escuta.

4. Importante autora brasileira que cunhou, entre outros, os termos *amefricanidade* e *améfrica ladina,* os quais se tornaram importantes dispositivos conceituais na discussão sobre o caráter multirracial e pluricultural da América Latina, em contraposição à visão eurocêntrica.

5. Agradeço à Carmen Lívia Parise por ter me apresentado essa terminologia, fundamental na composição conceitual deste texto.

6. Alusão ao famoso aforismo de Karl Marx (1997, p.21) em *O 18 de brumário de Luís Bonaparte,* onde este diz que a história "se repete primeiro como tragédia e depois como farsa."

> não pode justificar-se; e se refugia cada vez mais em uma hipocrisia cada vez mais odiosa, porque tem cada vez menos probabilidades de enganar. A Europa é indefensável (CÉSAIRE, 2010, p.15).

A partir dessa citação, nota-se que o regime europeu operou durante séculos por meio da morte de mundos[7] que não aqueles propagados pela razão catedrática e ortodoxa correspondentes à expansão de seu próprio continente, colocando o resto do globo terrestre em situação calamitosa. Agora que atravessamos um período geológico denominado Antropoceno (ARTAXO, 2014), caracterizado pela Era no qual os humanos tomam o controle do planeta em um mundo cada vez mais destruído e esgotado em recursos ambientais, as catedrais europeias, tidas como divinas outrora, parecem ter virado destroços. Digam olá ao apocalipse, o fim deste mundo é aqui[8]!

Ideias para adiar o fim do mundo?

> Durante mais de dez dias, não tornaram a ver o sol. O chão tornou-se mole e úmido, feito cinza vulcânica, e a vegetação ficou cada vez mais insidiosa e se fizeram cada vez mais distantes os gritos dos pássaros e a algazarra dos macacos, e o mundo ficou triste para sempre. Os homens

7. "Todo povo colonizado — isto é, todo povo no seio do qual nasceu um complexo de inferioridade devido ao sepultamento de sua originalidade cultural -- toma posição diante da linguagem da nação civilizadora, isto é, da cultura metropolitana" (Fanon, 2008, p.34).

8. "Por fim, e sobretudo, não temos a menor ideia do que fazer a respeito. O Antropoceno é o Apocalipse, em ambos os sentidos, etimológico e escatológico. Tempos interessantes, de fato" (Danowski & Viveiros de Castro, 2014, p.35).

> da expedição sentiram-se angustiados por suas recordações mais antigas naquele paraíso. Quase sem falar, avançaram como sonâmbulos por um universo de desassossego (GARCÍA-MÁRQUEZ, 2019, p. 8).

Começo esse pequeno subtítulo, que preferiria não precisar escrever, com um trecho escrito por Gabriel García Márquez em seu celebrado *Cem anos de solidão* (1967). Não poderia deixar de dizer que gostaria que esta epígrafe seguisse pertencendo a Macondo[9] e não atingisse nossas terras, mas, infelizmente, as pretensões que o *Brazil*[10] tinha para o Brasil não tornaram isso possível.

O projeto genocida desenhado pelo *Brazil* para o Brasil finalmente parece estar chegando ao seu triste clímax. As imagens de uma terra inabitável estão dispostas em todos os lugares, a chuva cheira a fumaça e a água tem cor sanguínea. Se em 1992 James Hillman, em seus Cem anos *de psicoterapia e o mundo está cada vez pior* (HILLMAN & VENTURA, 1995), anunciava-nos que a alma do mundo encontrava-se em um estado precário, gostaria de poder dizê-lo que agora a destruição parece ter tomado proporções astronômicas e irreversíveis. Se naquela época um dos nossos problemas que se apresentavam eram os navios cargueiros que poluíam nossos rios com petróleo, hoje é a iminência de um céu desmoronando sobre nossas cabeças que nos rouba o sono[11].

---

9. Cidade fictícia na qual se passa a epopéia da família Buendía em *Cem Anos de Solidão.*

10. Uso esse jogo de linguagem para introduzir novamente a crítica decolonial ao texto, de modo que se elucide ao leitor que a criação de novos mundos perpassa necessariamente pela emancipação da lógica binária de produção-consumo que nos coloca em um regime de exploração contínuo, tal qual o versado por Deleuze e Guattari (2010) em *O anti-Édipo*. (Ver cap. 3).

11. "A floresta está viva. Só vai morrer se os brancos insistirem em destruí-la. Se conseguirem, os rios vão desaparecer debaixo da terra, o chão vai se desfazer, as árvores vão murchar e as pedras vão ra-

Conforme visto no trecho de *A Queda do Céu* (KOPENAWA e ALBERT; 2015), a mitologia dos povos ameríndios convida-nos a olhar para a imagem de uma queda do céu enquanto retaliação à destruição realizada pelos invasores estrangeiros às suas terras e culturas através dos processos de colonização. Deste modo, vejo-me impelido a reiterar, os processos coloniais consistem em mortes de mundos, genocídios das almas de "outrem" - termo usado por Marco Antônio Valentim (2018), em seu *Extramundanidade e sobrenatureza* para referir-se aos povos não-eurocêntricos, sejam estes humanos ou não-humanos – e não cessaram após mais de 500 anos.

Em seu *Ideias para adiar o fim do mundo* (2019), Ailton Krenak postula uma premissa pungente: destruímos nossa própria casa, não fomos capazes de cuidar de nosso quintal. Em suma, não adianta tentar adiar o fim do mundo; este é um mundo em estado terminal.

Perspectivismo ameríndio e antropofagia

O vislumbre de uma antropologia pós-estrutural é proposto por Eduardo Viveiros de Castro (2018) em uma torção contemporânea do pensamento do antropólogo francês Claude Lévi-Strauss. Desse modo, conforme visto em Viveiros de Castro (2018), a ideia de perspectivismo ameríndio consiste

---

char no calor. A terra ressecada ficará vazia e silenciosa. Os espíritos xapiri, que descem das montanhas para brincar na floresta em seus espelhos, fugirão para muito longe. Seus pais, os xamãs, não poderão mais chamá-los e fazê-los dançar para nos proteger. Não serão capazes de espantar as fumaças de epidemia que nos devoram. Não conseguirão mais conter os seres maléficos, que transformarão a floresta num caos. Então morreremos, um atrás do outro, tanto os brancos quanto nós. Todos os xamãs vão acabar morrendo. Quando não houver mais nenhum deles vivo para sustentar o céu, ele vai desabar" (Kopenawa & Albert, 2015, p.8).

na recuperação histórico-cultural das cosmologias pertencentes aos povos humanos e outros-que-humanos que possuem um modelo não etnocêntrico de compreensão de mundo.

Deste modo, pode-se dizer que o perspectivismo ameríndio é atravessado pela ideia de uma ontologia antropofágica, proposição esta que também pertence ao mote central do movimento Modernista brasileiro, que visava a uma produção artística nacional a fim de valorizar nossas origens pré-coloniais e utilizá-las de modo prospectivo. Tais pressupostos são sintetizados por Oswald de Andrade no "Manifesto Antropófago" (2017, p. 49).

> Só a antropofagia nos une. Socialmente.
> Economicamente. Filosoficamente.
> Única lei do mundo. Expressão mascarada
> de todos os individualismos.
> De todos os coletivismos. De todas as religiões.
> De todos os tratados de paz.
> *Tupi, or not tupi that is the question.*
> Contra todas as catequeses.
> E contra a mãe dos Gracos.

Assim sendo, conforme versado por Nodari (2019), a antropofagia situa-se na dobra do capital, visto que é um sistema que intenta dissolver os limites impostos pelo binarismo, o controle de corpos e o cerceamento de terras, bem como contornar os processos civilizatórios. Portanto, "consumir o consumo" (Oiticica, 1973, p. 150) trata-se de engendrar novos modos de povoamento e subsistência para além daqueles que nos são postos, bem como de produzir a diferença no corpo social, de modo que nossa existência reluza em e através de "todos seus poros estourados" (Artaud, 1947, p. 3).

Logo, ser nutrido por uma lógica antropofágica consiste em adotar uma postura ingovernável e se livrar das amarras do inconsciente colonial-capitalístico[12] (Rolnik, 2016) a fim de evitar que o céu caia sobre nossas cabeças e o fim do mundo torne-se uma distopia inadiável (KOPENAWA e ALBERT, 2015; KRENAK, 2019). A grande questão contemporânea parece-me ser a de fazer da fita Möbius[13], de Lygia Clark (2015), uma espécie de *teko-porã* - termo de origem indígena para designar a sociedade do bem-viver, que se define por uma vida harmoniosa entre todos os habitantes da fauna e flora[14].

Brasil: lost in translation

A escolha da expressão *lost in translation* é feita aqui para comunicar sumariamente sobre buracos existentes em nossa constituição histórico-cultural. Ser brasileiro é (des)pertencer a uma linguagem que há muito se perdeu ou jamais se autorizou ser concebida. A história do Brasil é uma história de pedaços que não se encaixam, o que quero dizer com isso é que em algum momento a tradução de quem éramos se perdeu em

12. "(...) designo por "colonial-capitalístico" o regime de inconsciente que corresponde a essa política do desejo, não é apenas porque o capitalismo nasce junto com a empresa de colonização de parte do planeta levada a cabo pela Europa Ocidental, mas também, e sobretudo, porque com sua nova estratégia de poder, o capitalismo vem logrando expandir seu projeto colonial a ponto de englobar o conjunto do planeta" (Rolnik, 2016).

13. Referência à obra de 1964 de Lygia Clark, intitulada *Caminhando,* na qual a artista versa sobre as noções topológicas e imanentes do movimento. Ou seja, tudo que vai, volta, ainda que se estreite a cada curva.

14. Moraes, M. J. D. (2017). Desobediência epistemológica: Ubuntu e Teko Porã: outros possíveis a partir da desconstrução. In A. Correia, S. T. Marques, C. V. Silva, & D. E. Nigro, organizadores, Filosofia francesa contemporânea (pp. 70-81). São Paulo: ANPOF (Coleção XVII Encontro ANPOF).

um dialeto eurocêntrico e dos nossos quintais, antes maiores do que o mundo[15], restam ruínas.

Em seu texto *Tupi or not to be,* Eliane Brum (2016) retoma o pressuposto defendido pelo *Manifesto Antropófago,* de Oswald de Andrade (1928/2017). Contudo, em sua crítica pungente, a jornalista faz uma torção arrojada ao *Manifesto Antropófago,* que foi um marco do movimento Modernista no país, deslocando o "tupi or not tupi, that's the question" (Andrade, 2017, p. 49) para "tupi or not to be".

> O que fazer diante do horror? Retomar a palavra, a que atravessa os muros. Enfrentar o desafio de construir uma narrativa, necessariamente polifônica, sobre o momento, em todos os espaços. Não desviando das contradições, para evitar que elas manchem a limpidez do discurso. Ao contrário. Abraçando-as, porque elas criam o discurso.
> O nome da coisa é a palavra que precisamos encontrar para inventar o Brasil (BRUM, 2016).

A partir dos "nomes das coisas", colocados por Brum (2016), temos a ideia de que não se trata de tentar integrar as diferenças, mas sim de sustentar as "narrativas necessariamente polifônicas" para poder lograr uma existência mais plural. Qualquer atitude integracionista consiste em uma ação leviana que visa apoiar as ontologias excludentes que nos deixam com

15. Alusão ao poema *O apanhador de desperdícios* de Manoel de Barros, contido em seu livro *Meu quintal é maior que o mundo* (2015). A metáfora utilizada se refere especificamente ao seguinte trecho: "(...) Tenho em mim esse atraso de nascença/ Eu fui aparelhado para gostar de passarinhos./ Tenho abundância de ser feliz por isso/ Meu quintal é maior do que o mundo/ Sou um apanhador de desperdícios/ Amo os restos como as boas moscas/ Queria que a minha voz tivesse um formato de canto/ Porque eu não sou da informática: eu sou da invencionática/ Só uso a palavra para compor meus silêncios" (Barros, 2015, p.122).

a mira da arma na testa o tempo todo. No Brasil, emancipar-se das rédeas de um suposto complexo cultural[16] eurocêntrico é viver sendo réu de uma dívida histórica que não foi criada por nós e, por fim, ser acusado de existência dolosa, crime que gera pena de morte perante o necroestado brasileiro.

Por que ser um involuntário da pátria é uma atitude política?

O compêndio de propostas contidas nesse pequeno texto teve por objetivo, tão somente, expor o problema do eurocentrismo e compor um prelúdio de crítica decolonial na e por meio da Psicologia Analítica. Para tal, partiu-se do seguinte pressuposto: o movimento decolonial consiste em um dos fenômenos responsáveis por abrir as portas da alteridade e da existência de **outridades** de modo potente.

Dito isso, optou-se pelo diálogo com a antropologia pós-estrutural, a literatura modernista brasileira e o perspectivismo ameríndio, visto que esses saberes dialogam de modo ressonante com a forma que o *soul making* (em tradução literal "fazer-alma", HILLMAN, 2010) tem se apresentado nos dias de hoje. Além disso, conforme observado nos trabalhos de Jung (2011a), as experiências individuantes consistem em um constante processo relacional de *opus contra naturam*, ou seja, a alma se faz em um registro de antítese, negando àquilo que estava estancado outrora.

Assim sendo, fazer-alma consiste no movimento de devir no mundo de modo único; achar um estilo que nos permita povoar a solidão estética que existe no ato de se traduzir em outros (HILLMAN, 2010). Logo, considerando que a psique consiste num sistema povoado de complexos com diferentes

16. Para entender o conceito de complexo cultural o leitor pode consultar os trabalhos de Singer e Kimbles (2004) e Kimbles (2014).

graus energéticos, isso faz com que sejamos compostos de modo plural (JUNG 2011b; 2011c). Dessa forma, intenta-se operar um resgate à pedra angular sobre a qual a psicologia analítica foi erigida: a aposta na alteridade.

Fecho a explanação com uma provocação colocada por Eduardo Viveiros de Castro (2017, p. 493), em seu texto *Os involuntários da pátria.*

> Os povos originários viram cair-lhes sobre a cabeça uma "Pátria" que não pediram, e que só lhes trouxe morte, doença, humilhação, escravidão e despossessão. Nós aqui nos sentimos como os índios, como todos os indígenas do Brasil: como formando o enorme contingente de Involuntários da Pátria. Os involuntários de uma pátria que não queremos, de um governo (ou desgoverno) que não nos representa e nunca nos representou. Nunca ninguém os representou, àqueles que se sentem indígenas. Só nós mesmos podemos nos representar, ou talvez, só nós podemos dizer que representamos a terra — esta terra. Não a "nossa terra", mas a terra de onde somos, de quem somos. Somos os Involuntários da Pátria. Porque outra é a nossa vontade. Involuntários de todas as Pátrias, desertai-vos!

Por fim, parece-me claro que o movimento que se anuncia é o de subverter os ídolos em prol do direito de existir. Assim sendo, deixo aqui o convite para pensarmos juntos espaços que nos possibilitem refazermos esse movimento de célula revolucionária (HILLMAN & VENTURA, 1995) no pensamento pós-junguiano, a fim de re-autorizar a vida dos Outros que foram silenciados por meio de todas as transgressões coloniais sem ao menos pedir licença. Assim sendo, se outras são nossas vontades, gostaria de terminar meu texto com um convite: vamos todos juntos?

Referências

ANDRADE, O. de. *Manifesto antropófago e outros textos* (J. Schwartz, & G. Andrade, organizadores). São Paulo: Companhia das Letras, 2017.

ARTAUD, A. *Van Gogh: le suicide de la société.* Paris: K Éditeur, 1947.

ARTAXO, P. Uma nova era geológica em nosso planeta: o Antropoceno?. *Revista USP*, (103), 13-24. https://doi.org/10.11606/issn.2316-9036.v0i103p13-24, 2014.

BARROS, M. de. *Meu quintal é maior do que o mundo.* São Paulo: Alfaguara, 2015.

BRUM, E. Tupi or not to be. *El País.* Disponível em https://brasil.elpais.com/brasil/2016/04/25/opinion/1461595521_717873.html. 2016, Acesso em 21/02/20.

CÉSAIRE, A. *Discurso sobre o colonialismo.* Florianópolis: Letras Contemporâneas, 2010.

Clark, L. (2015). *Caminhando.*Disponível em http://www.lygiaclark.org.br., 2015. Acesso em 21 fev. 2020.

DANOWSKY, D., & VIVEIROS DE CASTRO, E. *Há mundo por vir? Ensaio sobre os medos e os fins.* Florianópolis: Cultura e Barbárie Editora, 2014.

DELEUZE, G., & GUATTARI, F. *O anti-édipo: capitalismo e esquizofrenia 1* (1a ed.). São Paulo: Editora 34, 2010.

FANON, F. *Os condenados da terra.* Rio de Janeiro: Civilização Brasileira, 1979.

_________. *Pele negra, máscaras brancas.* [Salvador]: Editora EDUFBA, 2008.

GARCÍA-MÁRQUEZ, G. *Cem anos de solidão.* Rio de Janeiro: Editora Record, 2019.

GONZALEZ, L. *Por um feminismo afro-latino-americano.* Editora Schwarcz-Companhia das Letras, 2020.

HILLMAN, J. *Estudos de psicologia arquetípica.* Rio de Janeiro: Achiamè, 1981.

__________. *Re-vendo a psicologia.* Petrópolis, RJ: Editora Vozes, 2010a.

__________. *Ficções que curam: psicoterapia e imaginação em Freud, Jung e Adler.* Campinas: Verus Editora, 2010b.

HILLMAN, J., & VENTURA, M. *Cem anos de psicoterapia e o mundo está cada vez pior.* São Paulo: Grupo Editorial Summus, 1995.

JUNG C. G. *Psicologia e alquimia.* Petrópolis, RJ: Editora Vozes, 2011a.

__________. *A energia psíquica.* Petrópolis, RJ: Editora Vozes, 2011b.

__________. *A natureza da psique.* Petrópolis: Editora Vozes, 2011c.

KIMBLES, S. *Phantom narratives: The unseen contributions of culture to psyche.* Maryland, Rowman & Littlefield, 2014.

KOPENAWA, D., e ALBERT, B. *A queda do céu: palavras de um xamã yanomami.* Editora Companhia das Letras, 2015.

KRENAK, A. *Ideias para adiar o fim do mundo.* São Paulo: Companhia das Letras, 2019.

MANN, C. C. *1493: a descoberta do novo mundo que Cristovão Colombo criou.* Lisboa: Leya, 2012.

MARX, K. *O 18 de Brumário de Luís Bonaparte.* Rio de Janeiro: Paz e Terra, 1997.

MORAES, M. J. D. Desobediência epistemológica: Ubuntu e Teko Porã: outros possíveis a partir da desconstrução. In A. Correia, S. T. Marques, C. V. Silva, & D. E. Nigro, organizadores, Filosofia francesa contemporânea (pp. 70-81). São Paulo: ANPOF (Coleção XVII Encontro ANPOF), 2017.

NODARI, A. Limitar o limite: modos de subsistência. *Ilha Revista de Antropologia, 21*(1), 68-102. https://doi.org/10.5007/2175-8034.2019v21n1p68, 2019. Acesso em 23/02/20.

OITICICA, H. Brasil diarréia. In F. Gullar, coordenação, *Arte brasileira hoje* (pp. 149-151). Rio de Janeiro: Paz e Terra, 1973.

ROLNIK, S. *A hora da micropolítica.* São Paulo: n-1 edições, 2016.

SINGER, T., & KIMBLES, S. L. (Eds.). *The cultural complex: Contemporary Jungian perspectives on psyche and society.* Londres: Routledge, 2004.

SPIVAK, G. C. *Pode o subalterno falar?*. Belo Horizonte: Editora UFMG. (Trabalho original publicado em 1985), 2010.

VALENTIM, M. A. *Extramundanidade e sobrenatureza: ensaios de ontologia infundamental.* Florianópolis. Cultura e Barbárie, 2018.

VIVEIROS DE CASTRO, E. Reprodução de aula pública: os involuntários da pátria. *Aracê: Direitos Humanos em Revista, 4*(5), 187-193, 2017.

________________________. *Metafísicas canibais: elementos para uma antropologia pós-estrutural.* São Paulo: n-1 Edições, 2018.

Dialética do inconsciente

André DANTAS

**Debatedora:
Patrícia EUGÊNIO**

Em um de seus estudos sobre a alquimia, Jung deixa clara a hipótese de trabalho na qual se baseia o seu método de interpretação.

> O que significavam as declarações dos alquimistas a respeito do arcanum (arcano, segredo) deles, quando o consideramos do ponto de vista da psicologia? Para responder esta questão, devemos lembrar-nos da hipótese de trabalho que estabelecemos para nós mesmos relativa à interpretação dos sonhos: *Imagens oníricas, e em geral qualquer imagem da fantasia são símbolos, isto é, as formulações melhores possíveis de fatos ainda desconhecidos, ou respectivamente inconscientes, que se comportam de maneira compensatória para com o conteúdo da consciência, ou respectivamente para com a atitude consciente.*[1]

Nesse trecho, vemos que Jung está sepre falando das relações compensatórias entre a consciência e o inconsciente ao interpretar as mais diferentes imagens psíquicas, como a *anima*, *animus*, sombra, *persona*, *puer*, *senex*, o herói, o dragão, o vaso alquímico etc. Todas elas são formas que a consciência tem de se relacionar com o inconsciente. Por isso aparecem juntos, aparecem em pares que simbolizam as diferentes formas através da qual a compensação pode ocorrer. O inconsciente e a consciência são, então, as polaridades primeiras e as diversas imagens analisadas por Jung são interpretadas como estilos de manifestação dessa polaridade primária. Mas se penetrarmos naquilo que Jung entende como consciência e inconsciente vemos que aquilo que os define é a predominância de uma gramática regida pela diferença, no caso da consciência, e de uma gramática da unidade no caso do inconsciente.

1. JUNG. C. G, *Mysterium Coniunctionis, Obras Completas Vol XIV/2*, § 427. Petrópolis: Editora Vozes, 1990. Itálicos no original.

> Até onde a lógica humana alcança, a unificação dos opostos equivale a um estado de inconsciência, pois o estado de consciência pressupõe, ao mesmo tempo, uma diferenciação e uma relação entre sujeito e objeto. Onde não existe um "outro", ou ainda não chegou a existir, cessa a possibilidade de se tornar consciente.[2]

Enquanto polaridades, consciência e inconsciente jamais aparecem separados. "Assim chegamos à conclusão paradoxal de que não há um conteúdo consciente que não seja também inconsciente sob outro aspecto. É possível igualmente que não haja um psiquismo inconsciente que não seja, ao mesmo tempo, consciente".[3]

> Não há então formações psíquicas exclusivamente conscientes ou inconscientes. "Não se suponha que o inconsciente esteja enterrado sob muitas camadas e que só possa ser daí tirado após penosa escavação. O inconsciente, ao contrário, flui sempre para o evento psicológico e em tão grande quantidade que se torna difícil às vezes ao observador distinguir quais propriedades de caráter atribuir à personalidade consciente e quais à personalidade inconsciente".[4]

Isso significa que os fenômenos que se atribui ao inconsciente, como os sonhos, por exemplo, se formam privilegiando

---

2. JUNG. C.G, *AION - Estudos Sobre o Simbolismo do Si-mesmo, Obras Completas Vol IX/2,* § 301. Petrópolis: Editora Vozes, 1982.

3. JUNG. C. G, A *Natureza da Pisque,* § 385. "Como mencionamos, o consciente e o inconsciente, como uma espécie de dois-em-um, são o substrato dos processos psíquicos em que ora predomina o inconsciente, como ocorre nos sonhos, ora o consciente, como se passa no estado vígil". VON-FRANZ. ML, *C. G. JUNG: seu mito em nossa época,* p.104. São Paulo: Cultrix, 1995.

4. JUNG. C. G., *Tipos Psicológicos, Obras Completas Vol VI,* § 641. Petrópolis: Editora Vozes, 2009.

a unidade em detrimento da diferença, enquanto as produções da consciência colocam a diferença em primeiro plano. Não há fenômenos exclusivamente regidos pela separação e formações exclusivamente inconscientes regidas pela união, porque consciência e inconsciente estão sempre juntos, jamais dissociados.

Apesar de equacionar a unidade com o inconsciente e a diferença com a consciência, em outro trecho de sua obra Jung afirma que diferença e unidade não são necessariamente sinônimas de consciência e inconsciente.

> O erro da nossa formulação consiste primeiro em termos colocado a Lua simplesmente em lugar do inconsciente, quando isso vale sobretudo para o inconsciente do homem; segundo, em termos deixado de considerar que a Lua não é apenas sombria, quando ela é também um corpo que fornece luz ou, em outras palavras, que ela também pode representar a consciência. Este último é então o caso das mulheres: a consciência da mulher em certo sentido tem mais caráter de Lua do que de Sol. Sua "luz" é a luz mais suave da lua, que antes une do que distingue. Ela não faz, à maneira da luz forte e deslumbrante do Sol, com que os objetos deste mundo, os quais não devem ser confundidos entre si, apareçam naquela forma inexoravelmente distinta e separada, mas reúne muito mais o que está perto e o que está longe em uma aparência enganadora, transforma por suas artes mágicas o pequeno no grande e o elevado no baixo, dilui as cores em um azulado crepuscular e reúne a paisagem noturna em uma unidade jamais suspeitada. Partindo de considerações puramente psicológicas, tentei em diversos outros lugares caracterizar a consciência masculina por meio do conceito de *Logos* e a feminina por meio de *Eros*. Nessa tarefa procurei entender por "Logos" o distin-

> guir, o julgar, o reconhecer, e por "Eros" o colocar-em-relação (relacionar). (...). Se a fórmula da natureza lunar para a consciência feminina puder ser justificada – diante do consensus omnium a respeito disso, seria difícil imaginar que fosse diferente – então também se deveria tirar daí a conclusão que sua consciência é de natureza mais obscura, por assim dizer noturna, e que ela decerto, graças a essa iluminação mais parca, pode deixar de considerar certas distinções nas quais a consciência masculina no máximo ainda tropeça. Requer-se verdadeiramente uma consciência de natureza lunar para passar por cima de tudo o que separa e, por ex., unir uma grande família, falando e agindo de tal modo que não prejudique o relacionamento harmônico das partes para com o todo, e até mesmo o promova. E onde houver um fosso por demais profundo, aí um raio de luar produz a ilusão de que ele não existe.[5]

A separação e união podem estar em primeiro ou segundo plano dependendo do fenômeno em questão. O termo inconsciente não possui então um significado unívoco, pois está intrinsecamente relacionado ao sentido da consciência.

> Deve-se conceder decerto que em nenhum outro setor exista tão grande perigo de o pesquisador se tornar vítima de suas pressuposições subjetivas. Deve ele certamente estar consciente no mais alto grau de sua situação subjetiva. Por mais recente que seja a psicologia dos processos inconscientes, já conseguiu fazer que fossem assegurados certos fatos, que de modo crescente gozam do reconhecimento geral. Entre eles está o fato de a psique apresentar uma estrutura de dados opostos, da qual ela partilha com to-

5. JUNG.C. G, *Mysterium Coniunctionis, Obras Completas Vol XIV/1*, §§ 217, 221. Petrópolis: Editora Vozes, 1985.

> dos os processos naturais. São esses fenômenos energéticos, que sempre provém de um estado menos provável de tensão entre dados opostos. Esta formulação é até de especial importância para a psicologia, pois o inconsciente, de maneira geral, fica hesitando em reconhecer e conceder o caráter de oposição reinante em suas próprias origens, de onde ele tira diretamente a energia que tem. A psicologia, de certo modo, deixou há pouco de caminhar às apalpadelas para atingir essa estrutura...[6]

Inconsciente é aquilo que se opõe à consciência e se em uma determinada representação psíquica a lógica da unidade ocupa o primeiro plano, isso significa, de acordo com essa perspectiva, que o fundo inconsciente é composto pela lógica da diferença. Consciência e inconsciente se definem menos pelos conteúdos e mais pelas relações entre eles. Não se trata do fato de que um conteúdo é consciente, enquanto o conteúdo que o compensa é inconsciente. Em boa parte dos casos ambos são conscientes e, nas psicopatologias, conscientes até demais, visto que se torna impossível ignorar o sintoma por mais que se tente. A consciência que lida com o sintoma a partir da separação, o enxerga como um estrangeiro, como algo que gera estranheza e repulsa. O que ela não tem consciência é da sua unidade com o sintoma, do Eros que os liga.

Inconsciente também pode ser a divisão interna com algo que parece ser uno. Em um dos seus escritos, Jung discorre acerca de um caso clínico em que o inconsciente atua separando a consciência de uma paciente por demais unida a uma amiga.

> Como a relação entre elas é de excessiva intimidade e exclui em demasia outras possibilidades de vida, ambas são nervosas. Apesar de

6. JUNG.C. G, *Mysterium Coniunctionis, Obras Completas Vol XIV/1,* p.XV. Petrópolis: Editora Vozes, 1985.

> uma amizade ideal, suas brigas são violentas, devido à irritabilidade recíproca. Com isso, o inconsciente quer distanciá-las uma da outra. Mas elas não querem perceber isso.[7]

Apesar dessa dinâmica compensatória atuar em uma mulher, poderia ocorrer similarmente em um homem, como de fato ocorreu com Jung, cuja consciência resistiu ao máximo que pode à "necessidade" inconsciente de se distanciar de Freud. Mesmo com todas as manobras utilizadas por Jung para evitar o rompimento, no final ele foi traído por um lapso perspicazmente percebido por Freud.[8]

Representações psíquicas que aparecem separadas para a consciência, são unificadas de modo inconsciente e vice-versa. Pensar a totalidade psíquica a partir de uma *dualógica*, da lógica dual da unidade e da diferença exige que também repensemos o conceito junguiano de símbolo. O símbolo é visto por Jung como uma solução inconsciente para o problema consciente da exclusão dos opostos.

> Na psicologia do indivíduo trata-se sempre, em tal circunstância, de uma situação de conflito doloroso aparentemente sem saída – para a consciência, pois para esta sempre vale o *tertium non datur*. Desta colisão dos opostos a

---

7. JUNG.C. G, *Estudos Sobre Psicologia Analítica, Obras Completas Vol VII,* §127. Petrópolis: Editora Vozes,1981.

8. "Freud aprovou a resenha crítica que Jung fez do livro de Adler, porque isso acabaria com os rumores de que estava tomando o partido deste. Jung replicou que até mesmo os 'camaradas de Adler' o considerariam 'um deles,' e era 'deplorável' que Freud insistisse em tratar a ciência da psicologia como uma 'profissão de fé.' Infelizmente, quando Jung se descreveu como não sendo um dos 'deles,' usou o pronome 'seu' em vez de 'deles.' Num golpe mortal, Freud aproveitou-se disso perguntado se 'o caro dr. Jung' (como agora o chamava) era 'suficientemente objetivo para pensar [no deslize] sem raiva".' BAIR.D, *Jung: Uma biografia. Volume I,* p.308. São Paulo: Globo, 2006.

> psique inconsciente sempre cria uma terceira instância de natureza irracional, inesperada e incompreensível para a consciência. Apresenta-se ela sob uma forma que não corresponde nem ao sim, nem ao não, sendo portanto rejeitada pelos dois. A consciência nada sabe além dos opostos e por isso também não reconhece aquilo que os une.[9]

Mas cabe perguntar aqui de que inconsciente Jung está falando. Do inconsciente masculino ou do feminino?

> A "alma" que se une de novo ao "corpus" é o Um que nasce do Dois como "vinculum" comum a ambos. A alma aparece, portanto, como uma essência de relação. Em sua qualidade de representante do inconsciente coletivo, a anima psicológica também possui o caráter do "coletivo". O inconsciente coletivo tem existência óbvia e universal; assim sendo, toda vez que aparece, ele acarreta uma identificação inconsciente, ou seja, uma "participation mystique". Na medida em que a personalidade consciente nisso estiver aprisionada e não opuser resistência a esse envolvimento, este último vai personificar-se como anima (por ex. no sonho), como uma personalidade parcial relativamente autônoma, que exerce influências essencialmente perturbadoras. Mas depois que uma profunda e demorada crítica e uma dissolução das projeções permitiram que se realize uma diferenciação entre o eu e o inconsciente, a anima vai pouco a pouco deixando de ser uma personalidade autônoma. Desse momento em diante, ela se torna a função de relação entre o consciente e o inconsciente.

9. JUNG. C. G, *Os Arquétipos e o Inconsciente Coletivo, Obras Completas Vol IX/1*, § 285. Petrópolis: Editora Vozes, 2000.

> (...). Devo ressaltar aqui, no que se refere ao equivalente na psicologia feminina, as formulações são fundamentalmente diversas, uma vez que nesse caso não estamos lidando com uma função de relação, mas uma função de diferenciação, isto é, do animus. (...). A alma que no decorrer do opus vem acrescer-se à consciência do eu tem, pois, a marca do feminino no homem, e na mulher a do masculino. A anima dele procura unificar e unir, o animus dela quer diferenciar e entender. É uma rigorosa antítese que na "rebis" alquímica, símbolo de uma unidade transcendente, representa a "coincidentia oppositorum".[10]

Se a consciência feminina é regida por Eros que une os opostos, então o inconsciente atuaria compensatoriamente diferenciando-os, invertendo então aquilo que Jung entende como simbolização. Aqui fica claro também que não podemos pensar o símbolo como a melhor expressão para algo desconhecido, como Jung afirma.

> Todo produto psíquico que tiver sido por algum momento a melhor expressão possível de um fato até então desconhecido ou apenas relativamente conhecido, pode ser considerado um símbolo se aceitarmos que a expressão pretende designar o que apenas é pressentido e não está ainda claramente consciente. Na medida em que toda teoria científica encerra uma hipótese, portanto é uma descrição antecipada de um fato ainda essencialmente desconhecido, ela é um símbolo. Além disso, todo fenômeno psicológico é um símbolo, na suposição que enuncie algo mais e algo diferente que escape ao conhecimento atual.[11]

10. JUNG. C. G, *Ab-Reação, Análise dos Sonhos, Transferência,* §§ 504, 505, 522. Petrópolis: Editora Vozes, 1987.

11. JUNG. C. G, *Tipos Psicológicos, Obras Completas Vol VI,* § 906. Petrópolis: Editora Vozes, 2009.

Afirmar o símbolo como a melhor expressão para algo desconhecido parte de uma visão masculina da psique que equaciona a consciência com separação e o inconsciente como união. O símbolo é a melhor expressão possível de algo desconhecido, porque "a consciência nada sabe além dos opostos e por isso também não reconhece aquilo que os une". Mas para a psique feminina, cuja consciência é regida por Eros, cuja suave luz lunar "antes une do que distingue" e "transforma por suas artes mágicas o pequeno no grande e o elevado no baixo, dilui as cores em um azulado crepuscular e reúne a paisagem noturna em uma unidade jamais suspeitada", a unidade dos opostos não tem nada de misterioso, constituindo, na verdade, o modo como a vida é experienciada cotidianamente. Isso também tem consequências para a noção junguiana de arquétipo.

> Houve alquimistas que admitiram nunca terem conseguido produzir ouro ou a pedra; também eu devo confessar que não resolvi o mistério da *coniunctio*. (...). A descrição da *coniunctio* em palavras humanas é tarefa que pode levar ao desespero, pois se está obrigado a encontrar expressões e formulações para um processo que ocorre "in Mercúrio" e não no plano do pensamento e linguagem humanos, isto é, não na esfera da consciência discernente. Do lado de cá da barreira epistemológica temos de separar os opostos para chegar a uma linguagem compreensível. Temos de constatar que *a* não é *b*, que em cima não é embaixo, que o bom odor do Espírito Santo não é o *malus odor sepulchrocum sive inferni* e que as *nuptiae spiritualis* não são a união carnal dos corpos. Contudo, no acontecimento arquetípico inimaginável, que constitui a base da apercepção consciente, *a* é *b*, mau cheiro é perfume, sexualidade é *amor Dei* tão inevitavelmente quanto a conclusão de que Deus é a *complexio oppositorum* (...). O fato é que as figuras atrás

> da cortina epistemológica, isto é, os arquétipos, são uniões "impossíveis" de opostos, seres transcendentais que só podem ser percebidos através da confrontação com seus opostos. Bom só pode ser entendido como "não mau", dia como "não noite", etc. A alquimia tenta expressar o bom, o esplêndido, a luz, o ouro, o *Incorruptibile et Aeternum* pela *materia vilis* e, por isso, se vê obrigada a falar de morte, *putredo*, *incineratio*, *nigredo*, *venenum*, *draco*, *malus odor*, *pestilentia*, *leprositas*, etc. Uma vez que a *coniunctio* é um processo essencialmente transcendental, isto é, arquetípico, e a nossa atitude mental é ainda essencialmente cristã, enfatizando o Espírito, o Bem, a Luz, o Acima, o espiritualizado, isto é, o sutil, a pureza, a castidade, etc. e separamos tudo isso do seu oposto; contudo somos forçados a mencioná-lo, mesmo que para negá-lo, desprezá-lo ou condená-lo. O oposto está ali porque ele pertence inevitavelmente à realidade transcendental, arquetípica. (...). "In Mercúrio", espírito e matéria são uma coisa só. É um mistério que ninguém jamais resolverá.[12]

Os arquétipos só são uniões "impossíveis" de opostos para a consciência solar masculina. Para a consciência lunar feminina, tal união é o que há de mais evidente na realidade. Se na psique feminina o processo de simbolização atua como uma separação lógica daquilo que aparece por demais unido pelo Eros consciente, então se torna necessário repensar a ideia de símbolo a partir da relação compensatória entre a consciência e o inconsciente. Ao unir uma consciência lunar e um inconsciente solar, um símbolo pode rachar ao meio a unidade erótica consciente, pode trazer discórdia e conflito clareando uma consciência por demais indiferenciada, esclarecendo e iluminando as diferenças

12. JUNG. C. G, *Cartas Volume III*, pp.110,111-112. Petrópolis: Editora Vozes, 2003.

negadas em nome da coesão harmônica. O desconhecido ao qual o símbolo se refere não é a unidade irracional dos opostos racionalmente diferenciados e sim a forma através da qual a psique se autorregula por meio dele. Se o símbolo atua compensando a unilateralidade consciente, então ele é a melhor expressão possível para o modo como a psique está se autorregulando. Trata-se aqui de desmistificar o desconhecido e não de afirmar que tudo é conhecido. O que é desconhecido é o modo como a psique se autorregula em um determinado momento por meio de um determinado fenômeno.

O desconhecido ao qual o símbolo se refere é o modo como um determinado tipo de autorregulação está ocorrendo, o que significa que a negação da consciência implícita no termo *in*consciente é, para a psicologia dialética, uma negação determinada, porque o inconsciente se manifesta de maneira compensatória em relação à consciência. Esse inconsciente que se manifesta é o único que interessa à psicologia dialética enquanto abordagem fenômeno/lógica da psique. O inconsciente que não se manifesta, que não produz efeitos, o inconsciente ao qual se pode apenas especular, está fora da sua alçada.

Como a psicologia é o *logos* da psique, é intrínseco ao seu método que toda e qualquer narrativa interpretada psicologicamente tenha como referência a psique, entendida aqui de maneira junguiana como um sistema que se autorregula por meio das suas oposições. Uma narrativa qualquer se torna, então, psicológica, quando é vista como um símbolo da autorregulação psíquica.

Se desliteralizarmos a sinonímia entre o masculino e o homem, e entre feminino e a mulher, anima e animus se tornam estilos de consciência que podem ser conscientes e inconscientes tanto no homem quanto na mulher. Eles foram literalizados, porque por um longo tempo a cultura não permitiu o desenvolvimento do logos pelas mulheres e o cultivo de Eros pelos homens. Isso também tem consequências para a ideia de inconsciente coletivo, o "local" em que as "uniões impossíveis de opostos", os arquétipos são gerados.[13]

A equalização entre Eros e inconsciente também permeia o conceito de inconsciente coletivo. "O inconsciente coletivo tem existência óbvia e universal; assim sendo, toda vez que aparece, ele acarreta uma identificação inconsciente, ou seja, uma 'participation mystique'".[14] Essa sinonímia transparece o porquê de Jung ter dado tanta importância à mitologia.

> O conto de fadas e o mito expressam processos inconscientes e sua narração produz sempre um rejuvenescimento e uma recordação do seu conteúdo, operando, consequentemente, uma nova ligação entre a consciência e o inconsciente. É sobretudo o médico que sabe o que significa a separação entre as duas metades da psique. Ele a conhece sob o nome de *dissociação da personalidade*, que é a origem de todas as neuroses: a consciência vai para a direita e o inconsciente vai para a esquerda. Como é impossível unir os contrários em seu

13. "Mas até agora ficamos muito presos a determinadas peculiaridades externas das expressões inconscientes, por exemplo, à linguagem arcaica do inconsciente, e levamos tudo ao pé da letra. A linguagem do inconsciente é uma linguagem forte, rica em imagens como podem prová-lo nossos sonhos. Mas esta é a linguagem primitiva, como sempre foi - imagem fiel do mundo rico e colorido. Da mesma forma é constituído o inconsciente. É um reflexo compensatório ou complementar do mundo. Acho que não podemos atribuir ao inconsciente uma natureza puramente instintiva, nem uma realidade metafísica, e muito menos elevá-lo à condição de fundamento universal. Devemos entendê-lo como fenômeno psíquico, exatamente como o consciente. (...) A imagem exterior do mundo nos faz compreender tudo como efeito da atuação de forças físicas e fisiológicas, enquanto a imagem interior do mundo nos faz compreender tudo como resultado da ação de seres espirituais. A imagem do mundo que nos é transmitida pelo inconsciente é de natureza mitológica. Ao invés das leis da natureza encontramos desejos de deuses e demônios, e ao invés dos instintos naturais atuam almas e espírito". JUNG. C. G., *Civilização em Transição, Obras Completas Vol X/3*, § 23. Petrópolis: Editora Vozes, 1993.

14. JUNG. C. G, *Ab-Reação, Análise dos Sonhos, Transferência, Obras Completas Vol XVI/2*, §504. Petrópolis: Editora Vozes, 1987.

> próprio nível (tertium non datur! – não há terceiro termo), é preciso encontrar um terceiro elemento de ordem superior, no qual as partes possam encontrar-se. Como o símbolo provém tanto da consciência como do inconsciente, ele é capaz de unir ambas as partes. O caráter antitético e ideal deles, devido a sua forma, corresponde ao caráter antitético emocional de sua numinosidade. Por isso ele é frequentemente, e desde tempos imemoriais, comparado à água, por exemplo, sob a forma de *Tao*, no qual Yang e Yin se acham unidos. Tao é o "espírito dos vales", o curso sinuoso dos rios. O símbolo de fé da Igreja é a "água da doutrina" (a aqua doutrinae), à qual corresponde a maravilhosa água "divina" da Alquimia, água cujo duplo aspecto se acha representado como duplex, através de Mercúrio.[15]

A forma dos mitos e dos contos de fada é antitética, porque eles são expressões personificadas da tensão entre conteúdos psíquicos que são opostos e complementares. Como são numinosos, os afetos presentes neles são ambivalentes. Enquanto a lógica analítica dissocia os opostos, a lógica simbólica os conecta e, por isso, Jung a compara ao Tao que não só mostra os polos unidos, como os mostra também aparecendo no interior um do outro no momento em que cada um se expande ao máximo.

> A natureza medicinal e renovadora desta água simbólica, sob a forma do Tao ou como água batismal, ou panaceia, revela o aspecto terapêutico das conexões mitológicas a que pertence esta representação. Os próprios médicos de orientação alquímica estavam conscientes de que seu "arcanum" curava, ou pelo menos devia curar, não somente certas enfermidades do

---

15. JUNG. C. G., *AION – Estudos Sobre o Simbolismo do Si-mesmo, Obras Completas Vol IX/2,* §§ 280-281. Petrópolis: Editora Vozes, 1982.

> corpo, como também as da alma; a psicoterapia moderna sabe que há muitas soluções intermediárias, tratando-se no fundo de um problema moral de opostos, racionalmente insolúvel, e que só terá solução mediante um terceiro elemento de natureza superior, isto é, mediante um símbolo que exprima ambas as partes. (...). Os problemas que a integração do inconsciente traz ao médico e psicólogo moderno só podem ser resolvidos dentro da linha histórica que acabamos de traçar, e o resultado equivalerá a uma nova recepção do mito transmitido, sendo, porém, pressuposta a continuidade da evolução. A tendência moderna à destruição e perda de consciência de toda tradição poderá, entretanto, interromper o processo normal de evolução durante vários séculos, e constituir um intervalo de barbárie.[16]

A importância da mitologia para Jung se devia ao fato da sua linguagem privilegiar a unidade em vez das diferenças, invertendo a linguagem conceitual predominante na modernidade. Por privilegiar a unidade, os mitos conseguiam intermediar os opostos separados pela consciência e era essa capacidade simbólica de conectar os opostos que os tornava tão importantes. Por ter criado sua teoria em uma época na qual a separação lógica estava em primeiro plano, Jung acabou por privilegiar, como compensação, a unidade.

> Nunca esperei que minha obra tivesse uma forte ressonância. Ela representa uma compensação frente ao mundo contemporâneo em que vivo e eu precisava dizer o que ninguém quer ouvir. É por isso que tantas vezes, principalmente no começo, sentia-me tão isolado. Sabia que os homens reagiriam pela recusa,

---

16. JUNG.CG, AION – *Estudos Sobre o Simbolismo do Si-mesmo, Obras Completas Vol IX/2,* §§ 281-282. Petrópolis: Editora Vozes, 1982.

> pois é difícil aceitar a compensação de seu mundo consciente. Hoje posso dizer: é maravilhoso que tenha tido tanto sucesso, mais do que jamais esperei.[17]

Mas e quanto aos povos antigos que tinham as narrativas míticas como aquilo que lhes era mais evidente? Se os mitos eram parte do seu cotidiano, se eram a fonte primária de transmissão da tradição, não seria o caso de afirmar que, para eles, a linguagem da unidade ocupava o primeiro plano, como é o caso da psique "feminina"? Jung responde a essa questão afirmando que a consciência primitiva não havia se diferenciado o suficiente e tinha a mitologia como sua realidade cotidiana por ainda estar por demais próxima do inconsciente. Mas de que tipo de inconsciente e de consciência ele está falando? Vemos aqui como Jung, novamente, ignora seu próprio insight a respeito de um tipo de consciência que funciona por meio do Eros ao interpretar as produções das antigas culturas. Jung não pensa que os antigos tinham um tipo de consciência regido por Eros, uma consciência para qual os mitos são a linguagem primária enquanto a linguagem da diferença ficava em segundo plano.[18]Daí porque os antigos valorizavam tantos as produções psíquicas na qual a unidade predominava, chegando a decidir questões importantes para toda a sociedade a partir de sonhos

---

17. JUNG.CG, *Memórias, Sonhos e Reflexões*, p.194. Rio de Janeiro: Editora Nova Fronteira, 1975.

18. "Essas imagens são míticas e, portanto, *simbólicas*, porque expressam a harmonia do sujeito que experimenta, com o objeto experimentado". JUNG. C. G, A *Natureza da Pisque, Obras Completas Vol VIII/2*, § 738. Petrópolis: Editora Vozes,1984.
"Mas a que tipo de linguagem corresponde a maneira de expressar simbólica ou metafórica? *Ela corresponde à mentalidade do homem primitivo, cuja linguagem não possui termos abstratos*, mas apenas analogia naturais e "não-naturais". (...) todo o mundo antigo acreditava, como o primitivo ainda hoje acredita, na *magia por analogia* - pois trata-se aqui do fenômeno psíquico que está na raiz da magia por analogia". JUNG. C. G, JUNG. C. G, A *Natureza da Pisque, Obras Completas Vol VIII/2*, §§ 309, 313. Petrópolis: Editora Vozes, 1984.

e visões. O imperador Constantino, por exemplo, decidiu converter Roma ao cristianismo a partir da visão de uma cruz nos céus na véspera de uma batalha. Até hoje, os integrantes da tribo amazônica dos Achuar decidem o que irão fazer ao longo do dia após contarem os sonhos que tiveram à noite uns para os outros[19], algo completamente absurdo para uma consciência solar que toma decisões a partir de considerações racionais. Quando Davi Kopenawa, um líder Yanomami, afirma que "os brancos dormem muito, mas só conseguem sonhar com eles mesmos", ele está afirmando a oposição psíquica entre a forma de pensar comunitária, onírica, e a forma racional de pensar que dissocia as diferenças individualizando-as. Jung se deparou com a negação de uma forma psíquica pela outra em uma de suas viagens pela África.

> Conversamos certa vez com o *laibon*, o velho chefe *medicine-man*. Ele apareceu vestido com um manto maravilhoso de pele de macaco azul: era um suntuoso traje de cerimônia. Quando o interroguei acerca dos seus sonhos, explicou-me com lágrimas nos olhos: "Outrora, os *laibons* tinham sonhos e sabiam quando haveria guerra ou doenças, se a chuva viria e para onde os rebanhos deviam ser levados". Seu avô ainda sonhara. Mas desde que os brancos haviam chegado à África, ninguém mais sonhava. Não havia mais necessidade de sonhos, pois agora os ingleses sabiam de tudo. Sua resposta mostrou-me que o *medicine-man* perdera sua razão de ser. A voz divina que aconselha o clã tornara-se inútil, pois os ingleses "sabem ainda mais". Outrora o *medidcine-man* negociava com os deuses ou com o

19. "Pouco antes do amanhecer, eles [os Achuar] se reuniam ao redor da fogueira para decidir o que fariam durante o dia em função daquilo que haviam sonhando à noite". DESCOLA.P, *Outras Naturezas, Outras Culturas*, p.11. São Paulo: Editora 34, 2016.

> poder do destino e dava conselhos a seu povo. Exercia uma grande influência, da mesma forma que na Grécia antiga as palavras da Pítia gozavam de uma grande autoridade. Mas agora a autoridade do *medicine-man* fora substituída pela do D.C. [Comissário do Distrito].[20]

O que não significa que o tipo de pensamento no qual a diferença predominava não estivesse presente na psique antiga. Basta olhar para as acuradas observações astronômicas e para monumentos antigos como as pirâmides do Egito e os megálitos de Stonehenge, para vermos a eficiência do raciocínio matemático e técnico na antiguidade. Mas essa forma de pensar capaz de fazer medições acuradas e de criar formas de transportar toneladas de pedras por enormes distâncias, encaixando-as de modo tão preciso, estava a serviço da linguagem da unidade, enxergando divindades nos corpos celestes e construindo monumentos cuja utilidade primária era servir de local para a celebração de rituais para os deuses.

Vemos então que o inconsciente coletivo era, para os antigos, o que a consciência individual é para os modernos. Se colocarmos a psique no centro das nossas reflexões, se colocarmos a relação de movimento autorreguladora como um todo sem inflar a importância de um dos momentos desse movimento, seja o momento da individualidade, seja o da coletividade, desinflaremos a mistificação da atividade produtora de mitos por ela ser uma parte do processo de autorregulação tão importante quanto a individualização. O fato de ter vivido em um momento em que o movimento histórico de individualização estava em primeiro plano, levou Jung a enfatizar a imaginação mítica na tentativa de compensar o desequilíbrio. A imaginação mítica é uma das maneiras de relacionar os opostos, uma em que eles são personificados. O que Jung chama

20. JUNG. C. G, *Memórias, Sonhos e Reflexões,* p.233-234. Rio de Janeiro: Editora Nova Fronteira, 1975.

de arquétipos são, então, formas típicas de antinomias, estilos típicos através dos quais as diversas polaridades psíquicas têm de se personificar.[21]

Ao hipostasiar biologicamente um modo de funcionamento da psique, o modo da unidade, ao invés de abordá-lo como um fenômeno psicológico, como um dos modos que a psique tem de se autorregular, Jung nega seu próprio insight a respeito do aspecto compensatório do inconsciente coletivo.[22] Uma psicologia realmente psicológica, uma psicologia que não tem um ponto arquimediano fora de si, não pode tomar como fundamento um conceito biológico.[23]Não se trata de eliminar o conceito de inconsciente coletivo e sim de fundamentá-lo na própria psique enquanto sistema de autorregulação.

Psicologia não é biologia, é o *logos* da psique e não o *logos* do corpo material. Ao fundamentar produções tão complexas como a mitologia na genética corporal, Jung acaba por repetir a mesma biologização pela qual critica Freud. Em termos ló-

---

21, "É impossível inferir qualquer sistema filosófico a partir do pensamento primitivo da humanidade. Podemos, isto sim, inferir uma quantidade de antinomias que constituem, em todas as épocas e em todas as culturas, o inesgotável fundamento de toda problemática espiritual". JUNG. C. G, *Civilização em Transição, Obras Completas Vol X/3,* § 144. Petrópolis: Editora Vozes, 1993.

22. "Há, porém, um tipo de relação impessoal que exige às vezes uma compensação inconsciente. Em tais casos aparecem imagens coletivas de caráter mais ou menos mitológico. Trata-se, em primeiro lugar, de problemas morais, filosóficos e religiosos que, devido à sua validez universal, provocam compensações mitológicas". JUNG. C. G, *Estudos Sobre Psicologia Analítica, Obras Completas Vol VII,* § 284. Petrópolis: Editora Vozes,1981.

23. "Como já mostrei, a Psicologia se acha em uma situação incômoda, se comparada com outras Ciências naturais, porque lhe falta uma base fora de seu objeto. Ela pode traduzir-se apenas em sua própria linguagem ou copiar sua própria imagem. Quanto mais ela amplia o seu campo de investigação e quanto mais complexo este último se torna, mais lhe faz falta um ponto de vista distinto do seu objeto. (...). Qualquer outra ciência tem, por assim dizer, um objeto exterior a si mesma, o que não acontece com a Psicologia cujo objeto é o sujeito de todas as ciências". JUNG. C. G, A *Natureza da Pisque, Obras Completas Vol VIII/2,* § 429. Petrópolis: Editora Vozes,1984.

gicos, não faz tanta diferença se é a sexualidade ou a genética que é tomada como fundamento, pois em ambos os casos um modo de funcionamento psíquico é abordado como um epifenômeno da vida corporal. Trata-se aqui de seguir o próprio Jung e aplicar a navalha de Occam à teoria psicológica.[24]

> Todas as expressões possíveis e imagináveis, quaisquer que sejam, são produtos da psique. Entre outras coisas, a psique aparece como um processo dinâmico que repousa sobre

24. Essa biologização excessiva é o que leva Jung a abordar masculino e feminino como homem e mulher em vez de repensá-los como símbolos da dialética psíquica. "Se observarmos que a mulher, já na segunda metade do século XIX, começou a assumir profissões masculinas, a tomar parte ativa na política, a fundar associações e dirigi-las etc., será fácil constatar que está pronta para romper com um padrão de sexualidade essencialmente feminino, de inconsciência e passividade aparentes, e fazer uma concessão à psicologia masculina, para erigir-se em membro visível da sociedade. A partir daí ela não precisa mais dissimular-se atrás da máscara de Sra. Fulana de Tal, para conseguir que o homem satisfaça todos os seus desejos, ou para fazê-lo sentir que as coisas não estão correndo como ela deseja. Esse passo para a autonomia social foi uma necessária resposta aos fatores econômicos e outros, mas não passa de um sintoma, não sendo o ponto central da questão. Sem dúvida, é admirável a coragem e abnegação dessas mulheres, e seria cegueira não ver os benefícios trazidos por esses esforços. Mas ninguém pode escapar desta realidade: a mulher, ao abraçar uma profissão masculina, ao estudar e trabalhar como o homem, passa a fazer algo que no mínimo não corresponde à sua natureza feminina, podendo mesmo ser prejudicial. Está fazendo algo que dificilmente seria possível, a menos que fosse chinês: por exemplo, será que ele seria uma boa babá ou uma professora de escola maternal? E quando falo de prejudicar, não me refiro apenas ao dano fisiológico, mas antes de tudo ao dano psíquico. É característico da mulher ser capaz de fazer tudo por amor a uma *pessoa*. Mas as mulheres que se entregam a trabalhos importantes por amor a uma *coisa* são raras exceções, pois isso não coaduna com a sua natureza. O amor pelas coisas é prerrogativa masculina. Mas, como o ser humano reúne em si elementos masculinos e femininos, pode acontecer que um homem viva a parte feminina, e uma mulher a parte masculina. No homem, o elemento feminino fica relegado ao plano de fundo, acontecendo o mesmo com o elemento masculino na mulher. Quando se vive o que é próprio ao sexo oposto, vive-se, em suma, no plano de fundo, como prejuízo do primeiro plano que é o essencial. O homem deveria viver como homem e a mulher como mulher". JUNG. C. G., *Civilização em Transição, Obras Completas Vol X/3*, §§ 242-243. Petrópolis: Editora Vozes, 1993.

> antíteses e sobre o caráter antitético de seus conteúdos, podendo ser representada como uma tensão entre dois pólos. Como os princípios explicativos não devem ser multiplicados além do necessário, e a perspectiva energética foi satisfatória enquanto princípio explicativo das ciências físicas, podemos limitar-nos a ela também no que diz respeito à psicologia. Não há qualquer dado seguro que demonstre que outra concepção seja mais adaptada; além disso, o caráter antitético, a polaridade da psique e de seus conteúdos se revelaram como um dos resultados essenciais da experiência psicológica.[25]

Não multiplicar desnecessariamente os conceitos explicativos, significa fundamentar todo o arcabouço teórico no conceito que Jung diz ser o central de sua psicologia, o conceito de oposição que fundamenta a ideia de uma psique autorreguladora, pois "não há equilíbrio nem sistema de auto-regulação sem oposição. E a psique é um sistema de auto-regulação".[26]

Uma lógica que se deixasse impregnar pela "mais fantástica de todas as leis psicológicas"[27], a enantiodromia, teria que levar realmente a sério a ideia de que algo se inverte em seu oposto no momento em que se torna mais intensamente Si-mesmo, teria que pensar o Si-mesmo de um fenômeno psíquico como um outro-em-si. Nessa lógica enantiodrômica, a consciência e o inconsciente não seriam lugares, mas

---

25. JUNG. C. G, *Memórias, Sonhos, Reflexões*, p.302. Rio de Janeiro: Editora Nova Fronteira, 1975.

26. JUNG. C. G, *Estudos Sobre Psicologia Analítica, Obras Completas Vol VII*, §92. Petrópolis: Editora Vozes, 1981.

27. "O velho Heráclito, que era realmente um grande sábio, descobriu a mais fantástica de todas as leis da psicologia: a função reguladora dos contrários. Deu-lhe o nome de enantiodromia (correr em direção contrária), advertindo que um dia tudo reverte em seu contrário". JUNG.CG, *Estudos Sobre Psicologia Analítica, Obras Completas Vol VII*, §111.

relações de movimento na qual uma afirmação contém uma contra-afirmação como um ponto cego no núcleo do seu ser. O inconsciente seria a negação intrínseca a uma determinada afirmação consciente. Isso significa que temos que repensar os esquemas clássicos da teoria junguiana em que o inconsciente é visto como uma região onde primeiro está a sombra, depois o animus/anima e assim por diante.

A sombra costuma ser definida na teoria junguiana como a personificação de certos aspectos inconscientes da personalidade que poderiam ser acrescentados ao complexo do ego, mas que, por várias razões, não o são. Poderíamos, portanto, dizer que a sombra é a parte obscura, a parte não vivida e reprimida da estrutura do ego, mas isso é só parcialmente verdadeiro. Jung criticava seus alunos quando estes se apegavam aos seus conceitos de maneira literal, citando-os sem saber exatamente do que falavam. Numa discussão, acabou por dizer: "Isto não tem sentido, a sombra é simplesmente todo o inconsciente".[28]

Em um momento a sombra é todo o inconsciente, em outro é a anima que personifica o inconsciente. "Defini a anima como uma personificação do inconsciente, e também como uma ponte que leva ao inconsciente, isto é, *como uma função de relação com o inconsciente*".[29]

No primeiro contato com o inconsciente, com aquilo que nega a afirmação com a qual nos identificamos e que por isso é consciente, ele aparece como sombra, como o inimigo, como algo malévolo, já que tendemos a achar bons os valores com os quais nos identificamos. À medida que o diálogo com a contraposição se aprofunda, a negação se diferencia deixando de ser simplesmente o mal. Isso ocorre, porque a própria consciência também se diferenciou, relativizando sua posição.

---

28. VON-FRANZ. M. L, *A Sombra e o Mal nos Contos de Fadas*, p.11. São Paulo: Edições Paulinas, 1985. Petrópolis: Editora Vozes,1981.

29. JUNG. C. G, *Estudos Alquímicos, Obras Completas Vol XIII*, § 62. Petrópolis: Editora Vozes, 2003.

Dessa maneira, o inconsciente, essa outra forma de consciência que nega a consciência egóica, começa a mostrar sua complexidade aparecendo na forma de outras figuras que se opõem e complementam as múltiplas características com as quais o ego se identifica. O ego é o próprio processo de identificação, o ato de assimilar determinadas características para si enquanto expulsa outras. O ego é o ato de dizer "eu sou isto". Ao dizer que é "isto", ele nega ser "aquilo" que o contradiz. Ao afirmar-se como masculino, ele nega sua feminilidade e todas as características que se opõem ao seu modo de ser masculino, e que precisamente por isso lhes são logicamente internas, tornam-se inconscientes. A identificação ocorre sob um fundo de diferenciação e essa diferenciação é a face assumida pelo inconsciente. "Sabe-se que a máscara do inconsciente não é rígida, mas reflete o rosto que voltamos para ele".[30]

Por isso o esquema extensivo onde primeiro vem a sombra, depois a anima/animus para depois se chegar ao Si-mesmo é o resultado de mais uma compreensão superficial da obra junguiana.

> De 1918 a perto de 1920, tornou-se claro para mim que a meta do desenvolvimento psíquico é o Si-mesmo. A aproximação em direção a este último não é linear, mas circular, isto é, "circum-ambulatória". Uma evolução unívoca existe quando muito no princípio; depois, tudo não é mais que referência ao centro.[31]

Se tudo o que há é uma circum-ambulação ao redor do si-mesmo, então as diversas imagens arquetípicas são manifestações dessa circulação, símbolos dos diversos momentos desse movimento, personificações dos vários modos de relação entre

---

30. JUNG. C. G, *Psicologia e Alquimia, Obras Completas Vol XII*, § 29. Petrópolis: Editora Vozes, 1994.

31. JUNG. C. G, *Memórias, Sonhos, Reflexões*, p.174. Rio de Janeiro: Editora Nova Fronteira, 1975.

o ego e o Si-mesmo. O eixo ego-self seria melhor imaginado como uma espiral do que como uma linha. Como o si-mesmo é uma *coniunctio oppositorum,* trata-se de uma espiral ao mesmo tempo ascendente e descendente, onde o movimento de elevação é o movimento de aprofundamento nas complexidades da oposição.

As imagens arquetípicas da sombra, da anima e do animus são arque/típicas, porque são funções de relação com o inconsciente, são personificações típicas da *arque*, da oposição complementar entre consciência e inconsciente, cuja síntese Jung chamou de Si-mesmo.

Como *arque* é a oposição, ela só é essencialmente idêntica a si mesma ao se atualizar em uma em uma oposição que particulariza a oposição virtualmente universal como exemplo, aquelas entre essência e aparência, virtual e atual, universal e particular, indeterminado e determinado, unidade e multiplicidade, identidade e diferença. Isso ocorre, porque a oposição precisa se opor a si mesma para ser idêntica a si enquanto oposição. E ela se opõe a si para ser si mesma ao se particularizar em uma oposição determinada. Enquanto oposição pura ela só existe como possibilidade. É a existência psíquica que atualiza *arque* em uma forma específica. Essa atualização é o processo autorregulador que emerge a partir do próprio devir psíquico.

Um *arque/tipo* é então aquilo que tipifica a *arque*, é a polaridade através da qual a oposição está se manifestando em um determinado momento. A *arque* é aquilo que não muda e o *tipo* é a forma cambiável por meio da qual a *arque* aparece. Mas não se trata aqui da dualidade metafísica entre a essência imutável e a aparência mutável, pois a aparência é necessária para a essência ser idêntica a si, pois se ela não aparecesse, não seria oposição entre essência e aparência e sim essência pura. Se ela não se atualizasse posteriormente em uma multiplicidade de oposições particulares contingentes, ela não seria oposição entre unidade e multiplicidade, entre virtual e atual, entre *a priori* e *a posteriori*, entre necessidade e contingência, e entre universal e particular e sim pura unidade, pura virtualidade universal necessária e *a priori*. Ela precisa se diferenciar para ser idêntica a si, senão seria só identidade e não oposição entre identidade e diferença. A oposição precisa ser um outro dela mesma para ser si mesma, porque enquanto oposição ela é um outro-em-si. A *arque* se manifesta então como o outro "dentro" do *tipo*, não só unificando as imagens, como diferenciando-as internamente, torcendo os fenômenos por dentro ao impedi-los de serem planos, de serem unos consigo mesmos precisamente por uni-los àquilo que é mais diferente deles, seu oposto.

A *psicologia dialética* é o que a psicologia analítica se torna quando a autorregulação dos opostos é vista como a *arque* do movimento psíquico.

De Que Constructos Teóricos Podemos Dispor?

O que quer a alma do mundo?

Carmen Livia PARISE
Guilherme SCANDIUCCI

DEBATEDORES:
Ana Luísa Teixeira de MENEZES
e Vherá POTY

Para começarmos a adentrar a ideia de *anima mundi*, bem como sua importância no sentido de re-imaginarmos uma psicologia menos antropocêntrica, mais porosa e em relação com o mundo que nos cerca e em cuja alma estamos imersos, traremos aqui dois trechos de dois dos maiores escritores da literatura brasileira.

> Miguilim olhou. Nem não podia acreditar! Tudo era uma claridade, tudo novo e lindo e diferente, as coisas, as árvores, as caras das pessoas. Via os grãozinhos de areia, a pele da terra, as pedrinhas menores, as formiguinhas passeando no chão de uma distância... E tonteava. Aqui, ali, meu Deus, tanta coisa, tudo... O senhor tinha retirado dele os óculos, e Miguilim ainda apontava, falava, contava tudo como era, como tinha visto. Mãe estava assim assustada; mas o senhor dizia que aquilo era do modo mesmo, só que Miguilim também carecia de usar óculos (...) O doutor entendeu e achou graça. Tirou os óculos, pôs na cara de Miguilim. E Miguilim olhou para todos, com tanta força. Saiu lá fora. Olhou os matos escuros de cima do morro, aqui em casa, a cerca de feijão-bravo e são-caetano; o céu, o curral, o quintal; os olhos redondos e os vidros altos da manhã. Olhou mais longe, o gado pastando perto do brejo, florido de são-josés, como um algodão. O verde dos buritis, na primeira vereda. O Mutum era bonito! Agora ele sabia (Guimarães Rosa. Manuelzão e Miguilim. *Campo Geral*).

> Fiquei imóvel, calculando desordenadamente. Estava atenta, eu estava toda atenta. Em mim um sentimento de grande espera havia crescido, e uma resignação surpreendida: é que nesta espera atenta eu reconhecia todas as minhas esperas anteriores, eu reconhecia a atenção de que também antes vivera, a atenção que nunca me abandona e que em última análise talvez seja a coisa mais colada à minha vida - quem sabe aquela atenção era a minha própria vida. Também a barata: qual é o único sentimento

> de uma barata? A atenção de viver, inextricável de seu corpo. Em mim, tudo o que eu superpusera ao inextricável de mim, provavelmente jamais chegara a abafar a atenção que, mais que atenção à vida, era o próprio processo de vida em mim. Foi então que a barata começou a emergir do fundo (Clarice Lispector, *A Paixão Segundo G.H.*).

Nos trechos acima, conseguimos vislumbrar perfeitamente uma aproximação com a proposta aventada por James Hillman, ao nos convocar a reagir ao mundo com o coração imaginativo, a despertar esse coração novamente. Seria através desse novo despertar que o mundo voltaria a ter para nós, humanos, um sentido de surpresa, susto, espanto – condição fundamental para que possamos gestar outros mundos no mundo que habitamos e que nos habita. Esse encontro epifânico e, por vezes, abalador é o que os gregos chamavam de *Aisthesis*, um inspirar, conduzir o mundo para dentro, uma reação estética à imagem (HILLMAN, 2010).

Em *Anima mundi: o retorno da alma ao mundo*, Hillman (1993) recapitulará a ideia da antiguidade na qual o coração era entendido como o órgão da percepção, estando associado às coisas do mundo pelos sentidos. Na Grécia Antiga e na bíblia, por exemplo, ele aparece como o órgão da sensação e lugar da imaginação, cabia ao coração uma função estética. Nas psicologias posteriores, no entanto, em um mundo fortemente marcado e influenciado pela escolástica, pelo cartesianismo e pelo empirismo britânico, o sentir o mundo e o imaginá-lo passam a ser vistos como coisas diferentes, como funções separadas. A consequência de tal separação será trágica. Hillman falará mesmo de um assassinato da alma do mundo, pois na medida em que excluímos o "sentir" da nossa relação com os fatos, passamos a produzir imagens sem corpo e privamos o corpo das imagens. O resultado disso será um mundo desalmado.

Para sentir devemos imaginar e para imaginar com precisão é imprescindível sentir. Quando essas coisas não caminham juntas, separamos o mundo em uma imaginação subjetiva, que está dentro dos sujeitos humanos e um mundo de fatos objetivos e inanimados. Um de nós (SCANDIUCCI, 2014), por exemplo, demonstra como a pixação em São Paulo pode ser enxergada deste ponto de vista. As paredes rabiscadas são queixas de uma cidade tensa e inquieta, são marcas de sua vida, uma das formas de apresentação da alma, *in extremis*. A alma não está somente no classicamente belo, mas na confluência humano-ambiente, na mistura deles (neste caso, na cidade) e no resultado psicologicamente impactante para a vida ali presente.

É importante ressaltar também que quando Hillman fala do coração e do "sentir" não está se referindo a um subjetivismo sentimental (presente, por exemplo, na ideia de que tudo o que sinto é bom). Sua ideia está mais alicerçada à tradição florentina, em especial ao filósofo Marsílio Ficino. Nesse sentido, a proposta de despertar o coração imaginativo e sensitivo da psicologia estaria mais próxima a um deslocar a psicologia de uma reflexão mental rumo a um reflexo estimulante. Hillman falará de um movimento "em direção ao sul", um movimentar o centro da alma do cérebro para o coração, da compreensão cognitiva para a sensibilidade estética. Um movimento de *poiesis*, metafórico e psico-lógico. Estamos em busca de uma psicologia mais venusiana, que gestará um mundo sensível, onde cada coisa sorri, possui fascinação, provoca *aisthesis*.

Na vida imposta pela realidade pandêmica, por exemplo, pudemos constatar como a cidade nos compunha e compõe em boa parte do que somos. Vivendo em São Paulo, podemos dizer que a alma dessa cidade, através dos seus ritmos, seduz, engaja, forja a força das ilusões. No entanto, a cidade das possibilidades ficou em grande parte impossibilitada de expor as suas – moramos nela, mas ficamos impedidos de habitá-la. A despeito do entendimento tão necessário de um estilo de vida nosso, que certamente contribui enormemente para o aparecimento dessa pandemia e de tantas outras enunciadas catástrofes, e do que esse recolhimento forçado possa vir a engendrar em nós, gostaríamos aqui de salientar o quanto a alma do mundo e da cidade produziu estados subjetivos em nós, modos subjetivantes. Por um tempo, moramos em nós e nela, sem poder habitar muitas das suas possibilidades e das nossas também.

Outro ponto importante a ser trazido é que a psicologia que aprendemos teve sua origem no "norte" alienígena. Bebemos em fontes europeias, cuja cosmologia está alicerçada na metafísica, resultando em sistemas conceituais sem imagens estéticas e que não priorizam a experiência. A psicologia necessita levar em conta urgentemente as enfermidades no mundo das coisas: aceitar que elas são feias, vazias, erradas, destituídas de um cosmo que faz sentido. Enquanto habitarmos um mundo de coisas "partidas", continuaremos pondo nosso coração imaginativo à parte, viveremos nesse constante esturpor anestesiado.

Socorro, alguém me dê um coração,
que esse já não bate nem apanha.
por favor, uma emoção pequena,
qualquer coisa que se sinta,
tem tantos sentimentos,
deve ter algum que sirva.

(Alice Ruiz, em *Socorro)*

Tal sintoma não estaria apontando para recuperarmos – ou inaugurarmos- a apreciação de um mundo almado? Já nos lembrava Hillman que a própria morte não está só nas doenças cardíacas e no câncer, ou seja, no mundo de dentro. Ela está também nos aditivos alimentares, nas chuvas ácidas, inseticidas, medicamentos, escapamentos de carro, adoçantes, cadeiras de plástico. A cosmologia banto vai ainda mais além ao nos ensinar que o contrário de vida é a não-vida, o desencanto.

Uma consequência direta dessa nossa arrogância antropocêntrica e de nosso desprezo pela matéria, será o retorno desse reprimido na matéria declarada morta, mas agora no papel da própria Morte, como bem podemos observar durante a pandemia.

Como diz Ailton Krenak[1]:

> A Terra seguir seu caminho é uma possibilidade de desafiar a centralidade que o ser humano se pretende... Se o pensamento dos seres humanos acerca da vida aqui no planeta ficou tão atomizado ao ponto de nós ameaçarmos as outras existências, a Terra pode nos deixar para trás e seguir o seu caminho. Gaia é esse organismo vivo, inteligente, e que não vai ficar subordinado a uma lógica antropocêntrica. Ele dispensa a gente... Inclusive, os eventos que estamos passando agora são indicativos de que esse organismo está reagindo. Estamos experienciando a febre do planeta. O organismo de Gaia está com febre porque nós, os humanos, somos os únicos que temos a capacidade de incidir sobre esse organismo de maneira desordenada. E estamos ameaçando outras vidas, outras existências, causando uma febre neste organismo. É muito didático, não é uma teoria complicada.

Precisamos urgentemente imaginar a psicologia como atividade estética. Necessitamos sofisticar a percepção, provocar e educar o coração sensitivo e imaginativo. Nessa lógica, o trabalho invisível de criar alma encontrará suas analogias na visibilidade das coisas, na sensibilização aos detalhes, na apreciação da inteligibilidade inerente aos eventos.

Uso a palavra para compor meus silêncios.
[...] Meu quintal é maior do que o mundo.
Sou um apanhador de desperdícios:
Amo os restos
Como as boas moscas.
[...] Só uso a palavra para compor meus silêncios.
(Manoel de Barros, O apanhador de desperdícios)

1. Entrevista concedida ao Jornal da UFRGS. https://www.ufrgs.br/jornal/ailton-krenak-a-terra-pode-nos-deixar-para-tras-e-seguir-o-seu-caminho/. Acesso em 20 jul. 2021.

Para caminharmos rumo a essa psicologia estética necessitamos, no entanto, de uma linguagem diferenciada, que possa dizer melhor o que são as coisas e onde, quem e de qual modo preciso elas são como são e não por que são, como surgiram e para quê. Uma linguagem que busque a beleza – ideia aqui entendida como manifestação, exposição dos fenômenos, um faro para a inteligibilidade aparente das coisas, seu som, cheiro, forma. Estaremos assim caminhando para uma psicologia que fale para e através do nosso coração, respondendo à alma das coisas entre as quais nos movemos.

Hillman coloca ainda que o cultivo da reação estética afetará diversas questões da civilização que não passaram por uma resolução psicológica, entre elas ele destaca a ideia de que uma resposta estética aos detalhes nos desaceleraria radicalmente, uma vez que limitaria o apetite pelos acontecimentos, afetaria a inflação, o superdesenvolvimento, as defesas maníacas, o expansionismo da civilização e o tiranismo da cultura.

É preciso que devolvamos a alma ao mundo de forma que o nosso conhecimento do mundo exterior não seja apenas relatório subjetivo dos meus sentimentos. Precisamos retornar à imagem, nossos adjetivos precisam qualificar o mundo, não só o eu. Isso resvalaria também nas noções do que cabe num *setting* analítico. Segundo Hillman, a psicoterapia trabalharia também no sentido de salvar a alma do mundo, não apenas a do homem. Nesse sentido, o movimento ecológico, a política energética, e a alimentação, por exemplo, não seriam vistas mais apenas como atividades somente exteriores, mas também psicológicas.

Basta pensarmos nos recentes desastres ambientais ocorridos em Mariana e Brumadinho, por exemplo. Investigações indicam não ter sido um simples acidente, algo não previsível, e sim um descaso com a segurança, na tentativa de reduzir custos. Além disso, após a tragédia, as empresas não parecem estar dispostas a arcar com os custos para a recuperação do ambiente[2]. Ou seja, a natureza é entendida como recurso, e

2. Ver reportagem do El País: (https://brasil.elpais.com/bra-

como tal será usada (ou destruída) de acordo com a lógica do capitalismo: reduzir custos e baratear a produção. Como aponta Krenak (2020), o rio Doce para sua etnia é o avô da aldeia, um parente, e assim será o relacionamento entre homens e o rio: uma relação entre seres vivos.

Para Hillman (1993), ao voltarmos a habitar um mundo almado, seríamos liberados do desespero pela intimidade, das garras da transferência, da limitada personalização do amor e do medo da solidão. Assim, podemos falar de uma individuação não apenas como realização individualizada do eu, mas também como individuação da matéria, eu e o outro, eu e o mundo em necessária relação. Nessa direção, não seria também a psicoterapia um lugar para a conversa íntima com a matéria? Cada coisa, cada acontecimento como realidade psíquica. Só assim a alma poderá renascer no meio do mundo e, com isso, das profundezas de seu colapso e do nosso, poderá haver um reposicionamento da psicologia.

Referências

BARROS, M. de. O Apanhador de Desperdícios. In: PINTO, M. C. *Antologia Comentada da Poesia Brasileira do Século 21*. São Paulo: Publifolha, 2006.

HILLMAN, J. *O Pensamento do Coração e a Alma do Mundo*. São Paulo: Editora Verus, 2010.

KRENAK, A. Ideias para adiar o fim do mundo. São Paulo: Companhia das Letras, 2020.

LISPECTOR, C. *A Paixão Segundo G.H.* Rio de Janeiro: Rocco, 1998.

ROSA, J. G. *Corpo de Baile*. Rio de Janeiro: Nova Fronteira, 2001.

RUIZ, A. *Paralelas*. Duncan Discos, 2005.

---

sil/2019/01/27/opinion/1548547908_087976.html). Acesso em 26 jul 2021.

Sobre os complexos culturais na psique de grupo e individual

Thomas SINGER

Tradução:
Pedro PERÚSSOLO

Introdução

Sinto-me honrado de ter sido convidado a contribuir com um capítulo para este livro sobre Complexos Culturais no Brasil. Venho desenvolvendo esta teoria há quase duas décadas e essa pesquisa resultou na publicação de seis livros, nos quais mais de noventa acadêmicos de orientação junguiana contribuíram de muitas partes diferentes do mundo. São estes:

1. *The Cultural Complex*: Contemporary Jungian Perspectives on Psyche and Society[1]
2. *Placing Psyche* focuses on Australia.[2]
3. *Listening to Latin America* focuses on Latin America[3]
4. *Europe's Many Souls* focuses on Europe[4]
5. *Cultural Complexes and the Soul of America* focuses on the United States[5]
6. *Cultural Complexes in China, Japan, Korea, and Taiwan: Spokes of the Wheel*[6]

Minha principal área de interesse no desenvolvimento dessa teoria tem sido em buscar compreender como os complexos culturais se manifestam na psique de grupo. Deste modo, estou satisfeito que os organizadores deste livro, Guilherme Scandiucci e Carmen Lívia Parise, tenham focado sua atenção no modo como os complexos culturais ganham vida na psique

1. O complexo cultural: perspectivas junguianas contemporâneas sobre psique e sociedade [tradução livre].
2. Dando lugar à psique (foco na Austrália) [tradução livre].
3. Escutando a América Latina (foco na América Latina). [tradução livre].
4. As várias almas da Europa (foco na Europa) [tradução livre].
5. Os complexos culturais e a alma da América (foco nos Estados Unidos) [tradução livre].
6. Complexos culturais na China, Japão, Coreia e Taiwan: raios da roda [tradução livre].

dos indivíduos nos ambientes clínicos.

Isso nos leva ao primeiro e essencial pressuposto teórico deste projeto: os complexos culturais são onipresentes em sua ocorrência nas sociedades humanas e seu mais importante corolário é a sua expressão, única para cada grupo, lugar e tempo. Assim, afirmamos tanto a universalidade dos complexos culturais de um lado, quanto a especificidade dos seus modos de expressão do outro.

Desenvolvimento da teoria

O objetivo deste capítulo é apresentar ao leitor o conceito de Complexo Cultural. Examinaremos a teoria e eu darei exemplos de como ela pode ser aplicada tanto à psique grupal quanto aos membros individuais dos grupos. No cerne do meu trabalho sobre a teoria do complexo cultural durante as últimas duas décadas está a ideia de que a tradição junguiana tem uma importante contribuição a dar sobre a psique coletiva, bem como possui papel na formação da vida social, cultural e política - considerando que essa psique coletiva está, antinomicamente, conectada e separada da psique individual à qual prestamos muita atenção em nossas psicoterapias e análises. Tal abordagem da psique coletiva levanta a possibilidade de sermos capazes de encontrar uma atitude psicológica que nos possibilite pensar e sentir nossas jornadas através dos eventos coletivos perturbadores insurgentes na política e na sociedade, que nos desafiam todos os dias.

Portanto, iniciaremos nossa discussão observando o *mapa da psique* de Jung de 1926, que agora tem quase 100 anos:

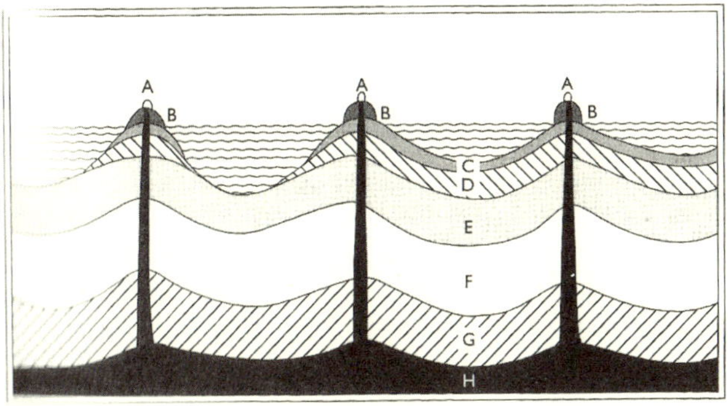

IMAGEM 1
Diagrama da psique como formulada por Jung

A = Indivíduos

B = Famílias

C = Clãs

D = Nações

E = Grupo grande (latino-americanos por exemplo)

F = Ancestrais primatas

G = Ancestrais animais em geral

H = "Fogo central"

Pode-se notar que a figura acima é um *mapa da psique* e consiste em uma forma muito incomum de ver a psique. Não se trata de biologia, não se trata de geologia - mas é retratada de tal forma que a psique parece ter uma "localização" simultaneamente biológica e geológica. Na imagem acima, pode-se notar que Jung coloca a maior parte da psique de modo submerso - exceto por nossos egos insignificantes (A) e sua conexão com as famílias (B) que tremulam logo acima das profundezas aquáticas. Portanto, no *mapa da psique* de Jung, a maior parte do nosso psiquismo se encontra abaixo da superfície da água, isto é, no inconsciente.

As profundezas aquáticas que quero explorar com vocês neste texto são aquelas a que frequentemente nos referimos como *psique coletiva*, cujas partes inconscientes residem na camada que Joe Henderson chamou de *Inconsciente Cultural* - camada esta que neste diagrama reside em algum lugar entre C e E, esse nível da psique que Jung aborda no Volume 10 de suas Obras Completas - *Civilização em Transição*. Observemos alguns dos títulos desse volume:

1. Wotan
2. Depois da catástrofe
3. O significado da linha suíça no Espectro Europeu
4. As complicações da psicologia americana
5. A Índia- um mundo de sonhos

O volume 10 das Obras Completas desvela um lado de Jung que estava profundamente "envolvido com o mundo exterior", seja como um viajante curioso ou como um observador atento às diferenças culturais e psicológicas entre pessoas e lugares em diferentes partes do mundo. Este é o lado de Jung que conviveu com sérios problemas por causa de declarações relacionadas ao caráter nacional e a ascensão do nazismo antes da 2ª Guerra Mundial. Jung estava, ao mesmo tempo, fascinado e com grande horror - com boas razões - pela psique coletiva, sendo que grande parte do século 20 veio a justificar referida ambivalência.

Em tal período, a tradição junguiana permaneceu focada principalmente no indivíduo e no Processo de Individuação. Os eventos coletivos e a psicologia coletiva eram vistos com grande desconfiança até mesmo pela tradição junguiana e a ênfase primária era no individual e no arquetípico - com os aspectos sociais e culturais muitas vezes relegados à sombra em nossa tradição.

No final do século 20, alguns junguianos começaram a expressar mais abertamente preocupação com os conflitos sociais e políticos de nossa época e como eles existiam na psique coletiva e individual. Ainda mais recentemente, muitos outros em nossa tradição tornaram-se curiosos sobre a camada cultural, social ou política da psique e é nessa atmosfera mutante que a teoria dos Complexos Culturais se enraizou. A teoria dos Complexos Culturais é um desdobramento direto da teoria dos complexos originalmente formulada por Jung, que foi aplicada principalmente para compreender a psicologia do indivíduo.

Na década de 1920, quando Jung e seus seguidores estavam pensando em um nome para sua proposta psicológica, Jung sugeriu o nome Psicologia Complexa, a fim de reconhecer a centralidade de sua teoria dos complexos. No entanto, como todos sabemos, esta ficou conhecida como Psicologia Junguiana ou Psicologia Analítica.

Assim sendo, em alguns, mas não em todos os centros de treinamento junguianos ao redor do mundo, os complexos ainda são uma pedra basilar para compreender e tratar a psicodinâmica dos indivíduos. Deste modo, tentamos trazer à consciência os principais complexos que criam distúrbios internos e externos e que interferem no funcionamento saudável de um indivíduo.

Complexos Culturais

O objetivo de introduzir a noção de Complexo Cultural consiste em abrir nossa perspectiva junguiana para explorar melhor os níveis culturais e sociais da psique. Muitos em nossa tradição estão profundamente interessados neste nível das questões humanas, mas nossa teoria e linguagem não abriram muito espaço para tal discussão. Fato é que esse nível da psique permeia todos os aspectos de nosso desenvolvimento como indivíduos e como sociedades, fazendo parte de nossas vidas internas e externas todos os dias.

É também um fato que a linguagem dos arquétipos é extremamente deficiente quando se trata de descrever os aspectos mais específicos e únicos pertencentes a lugar, tempo, grupo e cultura. Considerando sua natureza, imaginamos que os arquétipos estão além dos limites comuns de tempo e espaço, mas evocamos o "*herói*" ou a sombra tantas vezes em nossas explicações dos eventos e forças psicológicas que nossa psicologia começa a se assemelhar aos arredores de qualquer cidade na América onde todos os lugares parecem iguais com seus McDonalds, Walmarts, e Starbucks, consonantemente a esse movimento, nossos outdoors junguianos apregoam a anima/animus, a sombra e o Self. Se toda narrativa acaba sendo sobre o *herói* ou a *sombra*, o que a torna única ou até interessante? Podemos ver os Complexos Culturais como uma parte constituinte significativa do "conteúdo" da psique coletiva, residindo em sua maior parte no inconsciente cultural. Esses complexos culturais dão pertencimento, singularidade e especificidade temporal e espacial para o aparecimento de conteúdos do inconsciente na sociedade e no indivíduo.

A teoria do Complexo Cultural é um espelho e uma extensão da teoria do complexo pessoal que Jung introduziu no início do século XX. Assim como os complexos pessoais formam o conteúdo do inconsciente pessoal, os complexos culturais formam o conteúdo do inconsciente cultural. E os arquétipos formam o conteúdo do inconsciente coletivo. Tento usar essa terminologia de uma forma relativamente precisa porque acredito que uma teoria coerente é útil para fornecer uma estrutura para a compreensão do indivíduo na prática clínica de alguém ou para enquadrar nossos pensamentos sobre a psique coletiva e suas surpreendentes peculiaridades na vida social e política.

A maioria de vocês sabe que a estrutura teórica de Jung é uma mistura de diferentes teorias que ao longo do tempo criaram uma arquitetura não muito diferente daquela de uma casa de campo em ruínas - diferentes seções da teoria foram construídas e adicionadas à estrutura básica ao longo do tempo. Algumas das salas têm mais relevância para alguns junguianos e outras têm mais relevância para outros. Por exemplo, a tipologia é uma teoria profundamente orientadora para muitos, enquanto trabalham para encontrar maneiras úteis de pensar sobre as diferenças entre as pessoas, particularmente nas relações interpessoais. Muitas empresas nos Estados Unidos agora usam rotineiramente testes derivados da teoria tipológica para compreender e treinar seus funcionários.

Uma sala separada da estrutura teórica junguiana em ruínas abriga a teoria complexa que considero extremamente útil para a compreensão de conflitos dentro do indivíduo, conflitos entre indivíduos e conflitos dentro de e entre grupos. Frequentemente penso na teoria complexa como o equivalente junguiano da teoria das relações objetais. Nas últimas duas décadas, temos construído a "sala do complexo cultural" da teoria junguiana para nos ajudar a compreender os conteúdos do inconsciente cultural.

O que é um complexo?

Os complexos pessoais se expressam através de humores poderosos e comportamentos repetitivos. Eles resistem aos nossos esforços mais heroicos de consciência e tendem a coletar experiências que confirmam sua visão pré-existente do mundo. Os complexos são psicologicamente análogos aos sistemas biológicos vegetativos, como os que realizam os processos digestivos ou mantêm a pressão arterial e a frequência cardíaca. Em sua maioria, operam sem nossa percepção consciente. Assim como não temos que pensar sobre a digestão para que ela aconteça, não temos que pensar sobre os complexos que moldam áreas significativas de nossa experiência para que eles façam exatamente isso. Um complexo pessoal ativado pode ter sua própria linguagem corporal e tom de voz. Ele opera abaixo do nível de consciência; não precisamos pensar nos complexos para que realizem seus processos autônomos de estruturação e filtragem de nossa experiência de nós mesmos e dos outros.

Uma outra característica dos complexos que foi elegantemente elaborada por John Perry, é que eles tendem a ser bipolares, ou seja, consistem em duas partes (John Weir Perry, *Emotions and Object Relations*, The Journal of Analytical Psychology, vol. 15, nº. 1, 1970, pp.1-12). Na maioria das vezes, quando um complexo é ativado, uma parte do complexo bipolar emerge do inconsciente e se liga ao ego e a outra parte é projetada no outro. Por exemplo, em um típico complexo paterno negativo, um filho rebelde inevitavelmente encontra o pai autoritário em todo professor, treinador ou chefe que forneça um continente adequado para sua projeção negativa. Essa característica bipolar do complexo leva a uma rodada interminável de escaramuças repetitivas com um outro ilusório - as quais podem ou não se encaixar perfeitamente. Por fim, os complexos podem ser reconhecidos pela certeza simplista específica contida em uma visão de mundo e o lugar que esse outro ilusório tem nesta narrativa. Dizendo de outra forma, é muito difícil conter a tensão de opostos conflitantes que não são facilmente conciliáveis.

Uma colega gosta de contar uma história sobre si mesma que ilustra bem esse fato psicológico. Depois de um dia "sustentando os opostos" no consultório com seus analisandos, ela gosta de assistir aos filmes de John Wayne, nos quais fica claro quem são os bandidos e os mocinhos. Ela ressalta que é muito mais fácil se contentar com a certeza contida em um complexo do que lutar contra a ambiguidade emocional tanto da realidade interna quanto da externa que estão constantemente desafiando o ego.

Os complexos culturais estruturam a experiência emocional e operam na psique individual e coletiva da mesma maneira que os complexos individuais, embora seu conteúdo possa ser bem diferente. Como os complexos pessoais, os complexos culturais tendem a ser repetitivos, autônomos, resistem à consciência e acumulam experiências que confirmam seu ponto de vista histórico.

Os complexos culturais também tendem a ser bipolares, de modo que, quando ativados, o ego do grupo se identifica com uma parte do complexo inconsciente, enquanto a outra parte é projetada no "gancho" adequado de outro grupo. Indivíduos e grupos nas garras de um complexo cultural particular assumem automaticamente uma linguagem corporal e posturas compartilhadas ou expressam sua angústia em queixas somáticas semelhantes ou encontram as mesmas palavras estereotipadas para descrever o ponto de vista do complexo. Finalmente, como os complexos pessoais, os complexos culturais fornecem uma certeza simplista sobre o lugar do grupo no mundo na psique do grupo e do indivíduo.

Como podemos identificar os Complexos Culturais? Como podemos ser objetivos ao determinar o que pode ser qualificado como um complexo cultural? Isso é particularmente desafiador quando alguém está ativamente envolvido em um conflito social e político: é mais fácil ver o próprio grupo como certo e sensato e o grupo oposto como estando capturado em um complexo cultural. Acredito que, em breve, faremos o equivalente aos testes de associação de palavras para identificar complexos culturais em laboratórios neurobiológicos e mapearemos as vias neuronais dos complexos culturais, as quais incluirão localizações anatômicas específicas no cérebro correspondentes à ideação, afeto, memória, imagem e comportamento. Ressaltando, aqui estão algumas das características que caracterizam os complexos culturais:

1. Um complexo cultural se expressa em estados de espírito poderosos e comportamentos repetitivos - tanto em um grupo como um todo quanto em seus membros individuais. Reatividade emocional ou afetiva altamente carregada é o cartão de visita de um complexo cultural.

2. Um complexo cultural resiste aos nossos esforços mais heroicos de consciência e permanece, na maior parte, inconsciente.

3. Um complexo cultural acumula experiências que validam seu ponto de vista e cria um depósito de memórias ancestrais de autoafirmação.

4. Os complexos culturais funcionam de maneira involuntária e autônoma e tendem a afirmar um ponto de vista simplista que substitui a ambiguidade e a incerteza cotidianas por atitudes fixas e frequentemente hipócritas em relação ao mundo.

5. Os complexos culturais têm núcleos arquetípicos; isto é, eles expressam atitudes tipicamente humanas e estão enraizados em ideias primordiais sobre o que é significativo, tornando-os muito difíceis de resistir, refletir e discriminar.

6. Nem todos os complexos culturais são negativos em seus efeitos. Na verdade, os complexos culturais podem servir para fornecer um forte senso de identidade cultural e pertença a um grupo que é essencial para uma sensação de bem-estar. É bom lembrar que Jung considerava o ego um complexo.

Com ingredientes tão voláteis, pode-se ver que os complexos culturais podem ser virulentos, especialmente em sua capacidade de deslocar nossos egos individuais e coletivos diários com a presença de personalidades fragmentadas altamente energizadas e carregadas. Essas subpersonalidades flutuam em torno da psique coletiva através de memórias, imagens, pensamentos, afetos, opiniões, comportamentos, podendo possuir até mesmo modos de se vestir e postura corporal próprias - na maioria das vezes, agem silenciosamente sob a superfície cotidiana das coisas. Contudo, não é preciso muito para compreender que elas emergem com ímpeto, assim tornando conhecido seu ponto de vista ou presença - muitas vezes acabando por polarizar ou dividir a comunidade acerca das questões que carregam.

IMAGEM 2

Complexos culturais em ação em um panorama histórico amplo
Um exemplo de um par bipolar de complexos culturais:
o nascimento do século 21 em 11/09/2001.

Talvez o evento seminal ou o marco de abertura do início do século 21 (pelo menos nos Estados Unidos) foi o bombardeio do World Trade Center e do Pentágono em 11/09/2001. Deste modo, vou usá-lo como um exemplo de como os complexos culturais ganham vida na psique coletiva das nações.

Vou começar minha análise com a imagem de um par bipolar de complexos culturais e trabalhar de trás para frente para compreender seu conteúdo. Por um momento, apenas observem a imagem sem tentar descobrir tudo. Esta imagem foi preparada por Dyane Sherwood para ilustrar um ensaio que escrevi para o *San Francisco Jung Journal* intitulado: *Unconscious Forces Shaping International Conflicts: Archetypal Defenses of the Group Spirit from Revolutionary America to Confrontation in the Middle East*[7]. O ensaio explora a maneira como os complexos culturais operam nas relações internacionais e na psique coletiva, neste caso, no conflito entre o Ocidente e o Islã.

O objetivo da imagem simbólica é demonstrar os diferentes níveis de realidade psíquica em jogo no conflito - e visa mostrar, através de uma colagem, como minha elaboração do modelo de psique de Jung de 1926 funciona nos níveis pessoal, cultural e arquetípico. Talvez vocês já estejam familiarizados com a citação de Wotan por Jung:

> Arquétipos são como leitos de rios que secam quando a água os abandona, mas que podem se reencontrar a qualquer momento. Um arquétipo é como um antigo curso de água ao longo do qual a água da vida fluiu por séculos, cavando um canal profundo por si. Quanto mais tempo flui neste canal, o mais provável é que mais cedo ou mais tarde a água retorne para seu velho leito. A vida do indivíduo como membro da sociedade, particularmente como parte do Estado, pode ser regulada como um canal, mas a vida das nações é um grande rio caudaloso que está totalmente além do controle humano... Assim, a vida das nações flui sem controle, sem orientação, sem saber para onde está indo, como uma pedra

7. Forças inconscientes dando forma a conflitos internacionais: defesas arquetípicas do espírito do grupo da América revolucionária ao confronto no Oriente Médio [tradução livre].

> caindo da encosta de uma colina, até ser parada por um obstáculo mais forte do que ela. Os acontecimentos políticos passam de um impasse a outro, como uma torrente apanhada em ravinas, riachos e pântanos. Todo controle humano chega ao fim quando o indivíduo é pego em um movimento de massa. Então os arquétipos começam a operar, como também acontece na vida dos indivíduos quando são confrontados com situações que não podem ser tratadas em nenhum dos ambientes de maneira familiar (C.G. Jung, "Wotan", *Civilization in Transition, The Cultural Complex and Archetypal Defenses of the Collective Spirit* 27 Collected Works, Vol. 10. Princeton, NJ, Princeton University Press, p. 189).

Todos podemos reconhecer que o antigo "curso de água" do conflito entre cristãos, judeus e muçulmanos está mais uma vez transbordante, com uma torrente que ameaça inundar o mundo. Isso certamente é verdade nos Estados Unidos, Europa e Oriente Médio. Não saberia dizer se essa mesma configuração de forças está se desenvolvendo no Brasil, mas tenho certeza de que seus próprios cursos de água antigos estão transbordando neste momento. Desse modo, podemos dizer algo sobre essa situação do ponto de vista da hipótese do Complexo Cultural?

Os Complexos Culturais podem ter memórias muito longínquas e emoções muito poderosas embutidas neles. Eles adquirem um forte caráter histórico com a passagem do tempo, seja de uma geração para a outra ou ao longo de várias gerações. Essas estruturas se incrustam na consciência e no inconsciente tanto da psique grupal quanto das pessoas pertencentes a esses. Simultaneamente, eles se entrelaçam com os complexos culturais de outros grupos de povos. Na verdade, essas energias carregadas, que se entrelaçam e afetam de complexos culturais inconscientes conflitantes, podem vir a formar as pré-condições para que os eventos humanos se desdobrem com uma fúria que pode ser comparada ao que acontece quando todas as forças da natureza entram em erupção e causam uma tempestade de proporções gigantescas.

Não é exagero da imaginação geopolítica, psicológica e espiritual dizer que vivemos em uma época em que uma rara configuração de complexos culturais dinâmicos se alinha em certa combinação que desencadeia forças destrutivas massivas. A melhor maneira de saber que se está tocando um complexo cultural - seja em um grupo ou em um indivíduo - é pela reatividade emocional que certos tópicos desencadeiam automaticamente. Foi assim que Jung começou a identificar os complexos pessoais - a reatividade emocional de uma palavra-gatilho causava uma perturbação no tempo de resposta dos indivíduos. O mesmo pode ser dito sobre um complexo cultural. Uma marca registrada de um complexo cultural é a reatividade emocional de palavras-gatilho, como "Trump", ou "Bolsonaro", ou "*jihad* sagrada" ou "colonização".

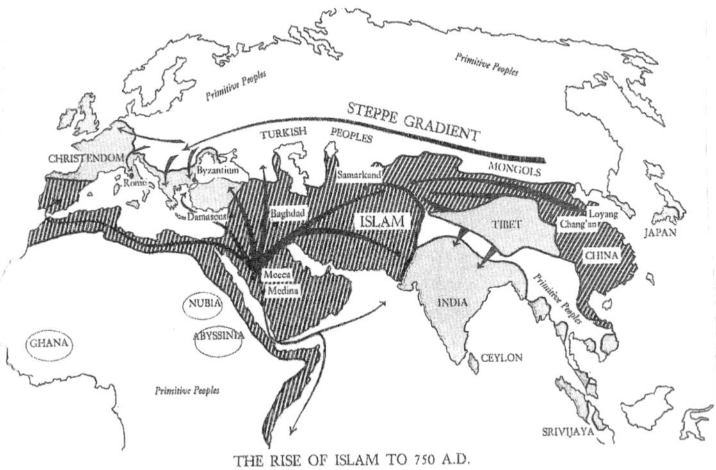

THE RISE OF ISLAM TO 750 A.D.

IMAGEM 3

Vejam este mapa da expansão do Islã para o resto do mundo após a morte de Maomé em 632 d.C. Essa rápida expansão do mundo muçulmano nos chamados "califados" cobriu vastas áreas do mundo conhecido, incluindo partes da Europa. Não é à toa que hoje as pessoas do mundo ocidental temem a criação de califados da mesma forma que as pessoas do Oriente Médio temem as Cruzadas, há uma história anterior de tais expansões.

O COMPLEXO CULTURAL DO OESTE VS. ISLAMISMO

A ascensão do Islã por volta de 750 dC

Contudo, em 1492, essa expansão atingiu o pico. No decorrer do meu pensamento sobre o Islã e o Ocidente, em preparação para uma palestra no Congresso Internacional Junguiano de 2004 em Barcelona, uma data muito específica na história espanhola e mundial veio à mente - uma data que pode ser vista simultaneamente como o meio, o fim e o início de vários complexos culturais interconectados em cujas mãos ainda estamos. Essa não é apenas uma data histórica - pelo contrário, deve ser pensada como uma localização no tempo e no espaço uma personificação real de vários movimentos simbólicos profundos na psique coletiva que se formataram como complexos culturais.

1492 marca a expulsão dos mouros e judeus da Espanha e o fim da presença e domínio islâmicos nesta parte da Europa. 1492 também marca a descoberta da América do Norte por navios espanhóis sob o comando de Cristóvão Colombo (embora esta data não se destaque como um marco de descoberta ou celebração na consciência cultural ou nos complexos culturais dos índios americanos contemporâneos. E, claro, o Brasil tem suas histórias próprias da chegada dos portugueses em 1500 e a história subsequente do que aconteceu aos povos indígenas do Brasil e sua colonização pelos europeus.

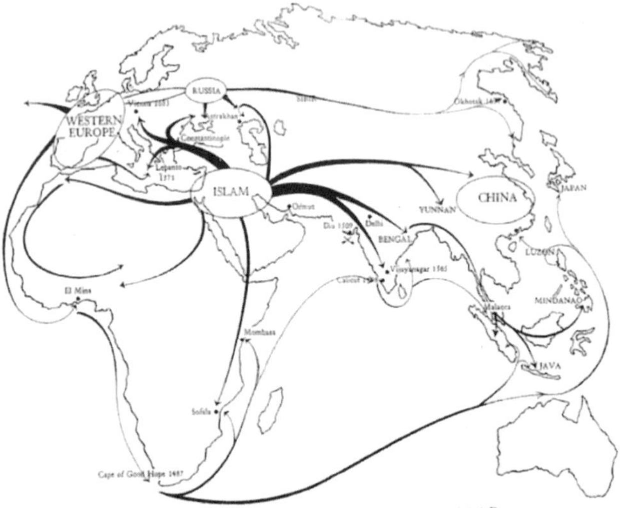

MOSLEM vs. EUROPEAN EXPANSION, 1000-1700 A.D.

IMAGEM 4

O que me fascina neste mapa é que o ano de 1492 pode ser visto como um divisor de águas marcando tanto o início da ascensão do Ocidente quanto o início do declínio do Islã - um movimento paralelo e contrário que vem ocorrendo ao longo de, pelo menos, os últimos 500 anos, gestando os afetos e efeitos dinâmicos que ameaçam nos engolfar hoje. A bipolaridade desse movimento é óbvia, convincente e bastante característica do modo de operação dos complexos culturais - isto é, de como dois grupos são capturados por movimentos conflitantes, opostos e espiralados que são característicos dos complexos culturais.

Se olharmos para a geografia na qual houve o desdobramento desses complexos culturais conflitantes, nos é claro que o Islã se expandiu principalmente por terra e o Ocidente deu um salto ao redor do mundo por mar. Ao seguir a rota marítima, o Ocidente circundou o globo. Ao seguir a rota terrestre, o Islã parecia não ter litoral e ser flanqueado. Não quero ser entendido como quem esteja igualando a origem dos complexos culturais à expansão e contração geográfica das civilizações, mas pode-se ver 1492 como uma data crítica para o início da ascensão do Ocidente e o início do declínio do Islã, e é importante notar que o entrelaçamento coincidente de data e lugar ajudou a moldar as condições maduras para a gênese de complexos culturais potentes.

Os complexos culturais do Islã e do Ocidente

Dizer que a ascensão do Ocidente está no centro de um complexo cultural e que o Islã está no centro de outro obviamente consiste em uma simplificação grosseira. Por exemplo, existem vários complexos locais e regionais que ficam emaranhados nesses megacomplexos culturais. No Ocidente, por exemplo, antigas rivalidades entre franceses, alemães, ingleses e americanos foram acirradas, assim como no mundo islâmico, sunitas, xiitas, curdos e outras rixas tribais foram travadas - e todas essas rixas culturais complexas - ocidentais e islâmicas - foram reunidas para formar as condições e formaram uma "tempestade perfeita" em nível global de complexos culturais em colisão.

Se tomarmos 1492 como um ponto de inflexão na definição da história do Islã e da história do Ocidente e dar origem a dois tipos muito diferentes de complexos culturais, podemos começar a esboçar no mais amplo dos traços algumas das características desses complexos culturais.

Por outro lado, 1492 marca o início da ascensão do "Novo Mundo" com sua "descoberta" das Américas. Além do "Novo Mundo" fornecer o clima certo para a criação de um conjunto de valores notáveis como a democracia, a liberdade e a santidade do indivíduo, também deu origem a um tipo particular de complexo cultural caracterizado - especialmente nos Estados Unidos e sua relativa "novidade" no cenário mundial - por:

1. vício em conquistas heróicas

2. vício em alçar vôos altos

3. vício em velocidade

4. vício em juventude, novidade e progresso

5. vício em inocência

(Esses "vícios" estão bem documentados em Michael Gellert, *The Fate of America: An Inquiry into National Character*, Brassey's Inc., Washington, D.C., 2001).

6. e, o mais importante, uma profunda crença na resiliência do espírito de grupo ocidental - e especialmente, do americano - que pode facilmente se traduzir em arrogância e grandiosidade.

Paradoxalmente, 1492 também marca o início da retirada do Islã do Ocidente - e um longo declínio constante nos últimos 500 anos da capacidade do Islã de tomar iniciativas criativas nos reinos intelectual, econômico e social. Este declínio no poder e influência islâmicos levou a um complexo cultural no mundo islâmico e especialmente em seus grupos de fundamentalistas radicais que podem ser caracterizados por:

1. aderência à pureza

2. adesão ao absolutismo

3. adesão à tradição

4. adesão à incorruptibilidade

Essas quatro primeiras características do complexo cultural do fundamentalismo islâmico refletem-se perfeitamente em seu oposto bipolar, ou seja, o complexo cultural do fundamentalismo cristão nos Estados Unidos. Os próximos dois recursos que desejo destacar são mais exclusivos do complexo cultural do fundamentalismo islâmico:

5. renúncia ao materialismo (tão impressionantemente simbolizado e concretizado ao reverter o vício da América por velocidade, altura e sucesso material contra si mesma no ataque ao World Trade Center, ou ainda, neste *cartoon* recente que ganhou o primeiro prêmio em um concurso iraniano para a melhor representação do presidente Trump com sua jaqueta feita de dólares, sua gravata com a bandeira dos Estados Unidos e seu cabelo em chamas):

IMAGEM 5

6. e, o mais importante, uma ferida profunda no centro de seu espírito de grupo que deu origem ao desespero e à autodestruição suicida. A repetida humilhação está no centro de grande parte da experiência que o mundo árabe tem de si mesmo, e o medo e a raiva da humilhação constituem o sintoma central mais perigoso do complexo cultural islâmico. (Por exemplo, a queda de Saddam Hussein do poder foi vista por grande parte do mundo árabe como outra humilhação árabe nas mãos do Ocidente, em vez do colapso de um tirano implacável).

Se você misturar todos esses ingredientes, verá que temos uma receita verdadeiramente horrível para um amálgama venenoso de complexos culturais que mobilizam enormes energias na vida das nações e no nível grupal da psique do indivíduo. Esses complexos culturais, quando estimulados, podem ativar o que descrevi em outro lugar como "defesas arquetípicas do espírito de grupo".

Defesas Arquetípicas do Espírito de Grupo

Quando um grupo é atacado no seu núcleo e nos seus valores - como os Estados Unidos foram em 11/09/2001 - ou quando um grupo é corroído no seu núcleo e nos seus valores - como o Islã foi nos últimos 500 anos - acredito que as defesas arquetípicas do espírito de grupo são mobilizadas para proteger o espírito de grupo (que se encontra vulnerável e ferido) da mesma forma que Donald Kalsched postulou que pode acontecer com o espírito pessoal do indivíduo traumatizado. Essas defesas arquetípicas ou daimônicas são ferozes e desumanas.

As defesas daimônicas muitas vezes direcionam sua agressão primitiva de volta em direção ao espírito grupal ferido, como é evidenciado na autozombaria e autodegradação escondidas no humor e na autopercepção de qualquer número de grupos minoritários oprimidos. Mas, com a mesma frequência, essas mesmas defesas arquetípicas daimônicas do espírito de grupo podem direcionar sua agressão selvagem contra quem quer que pareça ser uma ameaça ao espírito, valor básico ou identidade do grupo. Encaro essa resposta como uma reação automática, reflexa e, de certa forma, a maneira mais natural da psique do grupo reagir quando se encontra nas garras de um complexo cultural.

Assim, os indivíduos que se tornam a personificação humana das "defesas arquetípicas do espírito de grupo" podem torturar pessoas na prisão. Eles podem decapitar pessoas. Eles podem explodir a si mesmos e aos outros sem levar em conta seu próprio ser pessoal ou aqueles que por acaso estão em seu caminho. Como agentes defensivos de um espírito de grupo ferido, eles não são limitados pelos valores ou preocupações humanas normais. Eles são representantes verdadeiramente impessoais do grupo e de seu espírito ferido.

Considerando a ascensão do islamismo radical em termos do modelo das defesas arquetípicas do espírito de grupo que estou propondo, o islamismo e sua agenda terrorista podem ser entendidos como uma expressão desse padrão defensivo contido em um complexo cultural ativado. Deste ponto de vista, Bin Laden ou, mais recentemente o ISIS, são Daimones - encarnações humanas, mas terrivelmente impessoais, de defesas arquetípicas do espírito coletivo. Seu sonho islâmico de criar um novo "califado" pode ser interpretado como uma projeção geográfica de um desejo de restaurar um espírito muçulmano coletivo ferido por meio da criação de um império que transcenda as fronteiras nacionais - talvez em sua mente isso possa se assemelhar um pouco com o mapa do mundo islâmico em 750 d.C.

O espírito coletivo traumatizado do mundo muçulmano sofreu séculos de humilhação nas mãos de uma civilização ocidental em rápida expansão que capturou a iniciativa científica, tecnológica e materialista que outrora pertenceu ao mundo muçulmano. Através da mais irônica das reviravoltas históricas, porém, o mundo muçulmano - profundamente ferido em sua autoimagem coletiva - acabou com a parte mais rica do petróleo do mundo, que é o combustível atual para os avanços materialistas da civilização ocidental. Este é um exemplo perfeito de como os complexos culturais geram novos complexos culturais.

Como podemos ver do movimento islâmico radical e da resposta do Ocidente a ele (ou, do ponto de vista do Islã, da ascensão do Ocidente e da resposta islâmica a ele), os complexos culturais que acionam defesas arquetípicas do espírito de grupo tendem a ter histórias longas e repetitivas. Em termos de conflito intergrupal, Cristãos, Judeus e Muçulmanos estão nisso por 1200-2000 anos. Negros e brancos na América estão nisso há mais de 300 anos. Freudianos e junguianos estão nisso há quase 100 anos. O que torna os complexos que impulsionam esses conflitos tão potentes é o fato de eles ganharem vida própria, não apenas na resposta do grupo aos ataques ao seu espírito coletivo, mas também na maneira como esses complexos parecem fixar residência permanente no nível cultural da psique nos membros individuais de seus respectivos grupos.

Agora, vamos voltar à imagem do *The Jung Journal* e dar uma olhada em seus componentes individuais:

IMAGEM 6

1. No topo da imagem está a arma definitiva de destruição em massa simbolizada pela Bomba Atômica. Ela forma o pano de fundo arquetípico de todo o conflito.

2. No centro da imagem, vemos como o conflito foi alimentado pela profunda desconfiança de duas potências mundiais projetando a sombra arquetípica uma sobre a outra - na forma humana simbolizada por George Bush e Osama Bin Laden e no nível instintivo simbolizado pelas serpentes. Essas oposições refletem os níveis humano e arquetípico do inconsciente.

3. No nível cultural do inconsciente, pode-se vislumbrar na parte inferior da colagem a longa história do choque de civilizações entre o Islã e o Ocidente, conforme retratado pelas Cruzadas.

4. Os níveis arquetípicos e culturais da psique inconsciente literalmente explodiram no horror de 11 de setembro e no bombardeio de Bagdá.

5. Mais tarde, eles assumiram a forma de atrocidades bárbaras mais pessoalmente identificáveis, perpetuadas umas nas outras por ambos os lados.

Alguns de vocês devem se lembrar quando George Bush desceu do helicóptero presidencial em 16 de setembro de 2001 e disse: "Esta cruzada, esta guerra contra o terrorismo vai demorar um pouco". O uso prematuro da palavra "cruzada" por Bush explorou memórias antigas e influências sobre as guerras medievais entre cristãos e muçulmanos na Terra Santa. O deslize do inconsciente cultural de Bush foi reativo e automático; foi apoiado por uma memória centenária. Uma cruzada é a resposta de nosso complexo cultural a uma *jihad* sagrada. Ao usar a palavra "cruzada", Bush conseguiu pisar em uma das minas terrestres mais perigosas e utilizar palavras que tocaram um complexo cultural situado na psique coletiva do mundo. No uso de uma única palavra, ele conseguiu transformar a luta (conflito) de uma civilização contra outra numa batalha entre o bem e o mal.

Eixos do mal

Um "eixo do mal" é criado quando as culturas e seus complexos colidem. Isso pode acontecer em qualquer lugar - entre o Ocidente e o Islã em escala global, entre Israel e Palestina, entre Taiwan e China, ou entre dois grupos conflitantes em um instituto junguiano - ou entre junguianos e freudianos. A colagem demonstra em forma de imagem como um verdadeiro "eixo do mal" é criado em torno de uma horrível dança de destruição simbolizada pelas serpentes emparelhadas das defesas arquetípicas que se enfrentam quando os espíritos sagrados do grupo são atacados - simbolizado nesta imagem pela Crescente e pela mesquita para o Islã e pelas velas nas culturas cristã e judaica ocidentais.

Quando os valores centrais são atacados como no ataque de 11 de setembro ou na agressão por tropas ocidentais em terras islâmicas, as defesas arquetípicas dos grupos em conflito, "encabeçadas" pelas figuras de Bin Laden e Bush, geram a mais terrível experiência de horror em nível pessoal e coletivo, por trás da qual se esconde o símbolo máximo da destruição moderna - a bomba atômica. Vidas pessoais, valores culturais e forças arquetípicas colidem e competem na psique coletiva.

Um exemplo de complexo cultural na psique de um indivíduo: narrativa de Katherine Kaplinsky e comentário de Tom Singer[8]

Vamos agora dar uma olhada em como um complexo cultural tomou forma na psique de um indivíduo que trabalhou criativamente por meio das camadas entrelaçadas de complexos pessoais e culturais que tinham bases arquetípicas em seu núcleo. Sua história ilustra como tais complexos envolventes

8. Este item está publicado no livro *Psicanálise Junguiana - Trabalhando no espirito de C. G. Jung*", organizado por M. Stein (Petrópolis: Vozes, 2019, pp.65-66). Autorização de reprodução no presente livro concedida pela Editora.

têm o potencial de liberar uma enorme energia psíquica para a individuação por meio de uma experiência transformadora.

O indivíduo, já falecido, era um sul-africano branco que vivia no exterior, professor de uma universidade europeia. A estrutura do complexo cultural se expressou em um sonho recorrente que ele comunicou em uma carta a Katherine Kaplinsky, sua amiga e analista junguiana radicada em Londres, na época da transição democrática da África do Sul para fora do racismo institucionalizado do *Apartheid* em 1994. O sonhador escreve a Katherine:

> Dos 35 aos 40 anos ou mais, tive um sonho recorrente. A experiência do sonho sempre foi agradável. Era muito simples:
> *Um garotinho negro, que de alguma forma eu sabia que era Xhosa (um povo sul-africano), estava sentado em uma praia. A praia era muito grande e muito bonita, com ondas fortes. Se você olhasse para as ondas da praia, pareciam altas, grandes, batendo umas nas outras. Acima delas, o ar estava preenchido de uma névoa leve. O menino tinha cerca de 4 anos. Ele brincava com um monte de búzios, que eram "gado". Ele estava colocando o gado em um curral (cercado africano) feito de areia. Ele estava feliz. Eu não estava presente no sonho. Eu não podia falar com ele, apenas observá-lo....*

O garotinho era um enigma, e demorei muito para entendê-lo. Então, a certa altura, tive um forte conjunto de sentimentos sobre minha identidade, que de alguma forma estava confundido com o fato de ser Xhosa. Percebi que o menino era - de uma forma curiosamente inadmissível - eu mesmo. Acho que foi por isso que não estava presente no sonho, exceto como um observador, incapaz de falar com o menino.

Por que eu era o menino? ... O que descobri foi o seguinte: Na primeira infância, estava com minha mãe e minha irmã mais nova em Ciskei (um estado no sudeste da África do Sul), onde meus primos e tios eram agricultores. Meu pai estava "no Norte" no exército. Naquela época, meu "relacionamento" com minha mãe era terrível. Poder-se-ia dizer que ela tinha ciúme da minha infância porque queria ser cuidada e se ressentia de ter que ser uma mãe responsável. Ela era, para todos os efeitos, uma criança competitiva... apenas uma criança crescida, com grande poder sobre mim. Não tenho nenhuma lembrança significativa do amor dela.

Por outro lado, fui amada e devidamente educada por Rosie, que era uma criada-babá na casa de minha tia ... Dependia dela muito mais do que a maioria das crianças sul-africanas podia depender de suas babás negras, visto que minha mãe optou por sair de seu papel - e porque minha mãe realmente me magoou e me humilhou. Rosie, por outro lado, me amava e era a única fonte de amor incondicional.

Quando descobri isso há alguns anos, experimentei uma espécie de alegria e liberdade ilimitadas. A descoberta de que eu havia sido amado dessa forma foi também a primeira vez que eu reconheci em minha vida adulta que, como todo mundo, eu era "adorável" e que também estava tudo bem amar a mim mesmo.

Eu vim a entender que havia me negado esse reconhecimento por tantos anos (só veio a mim por volta dos 40), porque depois do retorno de meu pai fomos para a Cidade do Cabo onde eu estava sujeito em casa e na escola a um condicionamento racista extremamente forte. Eu simplesmente não podia ter uma mulher Xhosa como minha mãe ... Toda a minha parte negra que havia surgido em Ciskei se tornou inadmissível. Eu não podia me permitir reconhecer a experiência com Rosie. E embora por volta dos 25-30 anos eu tenha desvendado uma grande quantidade de merda racista que foi empurrada para mim nos anos pós-Ciskei, essa parte crítica permaneceu. Afinal, essa parte levantou questões muito fundamentais. Ao mesmo tempo, como o amor de Rosie era tão central para minha sobrevivência emocional, agarrei-me a ele de maneira subconsciente na sequência do sonho.

Eu vi Rosie em Feni quando visitei a região de Ciskei há duas semanas. Foi um encontro maravilhoso. Pude agradecê-la pelo amor que ela me deu naquela época. Ela sabia muito bem o quão importante tinha sido e, muito discretamente, deixou claro que sabia muito sobre as incapacidades de minha mãe. Ela disse que era importante eu ter voltado porque era Xhosa e porque o meu «umbigo está enterrado» em Ciskei. Eu sei o que ela quer dizer.

Então aí está o seu sonho. Faça o uso que puder dele. Compartilho todas as razões usuais para odiar o *Apartheid*, mas tenho minha própria razão adicional... ele me impediu de ter a experiência mais importante da infância, tornando-a inadmissível. Eu não poderia possuir a parte central Negra de mim mesmo. Eu não tive mais esse sonho. Deve ser porque eu posso ter a realidade (Kaplinsky 2008).

Comentário de Katherine Kaplinsky:

O sonho e o "trabalho de elaboração" do sonhador, deixa claro como a interface entre os processos culturais e da individuação criaram conflitos e estresse para ele. O sonhador precisava "possuir" suas experiências com Rosie para ser "verdadeiro" consigo mesmo, e precisava "negá-las" para ser "verdadeiro" com sua família e com a cultura racista branca em que nasceu. No entanto, ele passou a se ressentir das experiências positivas que tivera de "negar" com Rosie. Isso o impulsionou em sua jornada pessoal.

Contudo, antes disso, desenvolveu-se uma espécie de camada de complexos, dissociações e formações sombrias. Em primeiro lugar, ele descreveu sua mãe como tendo sido "terrível". Seu ego infantil, portanto, teve de estabelecer uma estrutura defensiva, um segundo modo de proteção, para sobreviver a um terrível complexo materno. Mas ele também buscou respostas apropriadas em outros lugares - corporais e emocionais - e as encontrou em Rosie (complexo materno positivo). Mais tarde, por "pertencer" e interagir com grupos de referência brancos, aprendeu a "repudiar" Rosie, dando origem a um sentimento de traição e culpa que residia no complexo cultural. Podemos ver, portanto, como os complexos se desenvolveram a partir de uma intrincada rede de afetos, absorvidos pela mãe, por Rosie e outras pessoas íntimas que, por sua vez, participaram e foram inseridas nessa cultura.

Temas referentes a poder e dependência perpassam os complexos pessoais e culturais. O sonhador descreve o "grande poder" que sua mãe exercia sobre ele, necessitando, assim, utilizar de uma estrutura defensiva na relação. Do ponto de vista cultural, houve uma reviravolta interessante. Enquanto os Brancos dominavam e controlavam os Negros economicamente, aqueles também dependiam destes não apenas para seu trabalho, mas também muitas vezes para cuidados emocionais - como era o caso do sonhador. Para manter o status quo, era necessária uma estrutura política rígida, que alimentava o complexo cultural. *Apartheid* significa "separação", significando assim uma polarização da dinâmica do "nós vs. eles" definida pela cor da pele. Como sabemos, todos os tipos de projeções negativas foram dirigidas pela população branca dominante para aqueles com pele não branca. A cor da pele desencadeou reações emocionais e foi a chave para o complexo cultural.

O jogo do gado no sonho era a tentativa do sonhador de se desviar do que ele chamou de "merda racista que foi empurrada para dentro [dele]" e que fazia parte do complexo cultural em que vivia. Isso, por sua vez, afetou seus complexos pessoais.

Os búzios eram vacas de mentira. A transição dos búzios

para as vacas é particularmente inventiva. A dura estrutura defensiva das conchas com um lado feminino inferior tornaram-se criaturas mais suaves que interagiam umas com as outras, fornecendo leite e nutrição. Eles também evacuavam facilmente os resíduos e tinham peles mais soltas. Portanto, dentro do jogo do gado, era como se os búzios/ vacas/complexos estivessem sendo soltos e deslocados para dentro e para fora do kraal/contêiner, permitindo a experimentação e a troca. O sonhador estava encontrando uma maneira de alcançar seu lado oculto e vulnerável.

As cores dos búzios são particularmente significativas quando se trata do complexo cultural da era do *Apartheid*. As conchas dos búzios variam em cores, mas onde o sonhador brincava na praia, elas geralmente eram uma mistura de branco com manchas marrons, pretas ou caramelo. As vacas têm cores semelhantes, geralmente mais definidas - possivelmente endereçando a um fortalecimento da consciência da cor do sonhador, bem como sua luta para afrouxar seus complexos em relação à cor da pele. Ele havia escrito: "... toda a minha parte negra ... tornou-se inadmissível." Seu ego infantil presumira que ele era negro e Xhosa, da mesma descendência que Rosie. Assim, vemos a função transcendente em ação, produzindo símbolos onde a pluralidade de cores em uma única pele - tanto nos búzios quanto nas vacas - ajudou a despotencializar e a afrouxar os complexos pessoais e culturais.

Comentário de Thomas Singer sobre o exemplo de Katherine Kaplinsky:

Existem muitas maneiras de considerarmos este material extraordinário. A seguir, elaborei um diagrama esquemático para ilustrar como o complexo cultural opera, neste caso, em relação aos vários níveis do inconsciente.

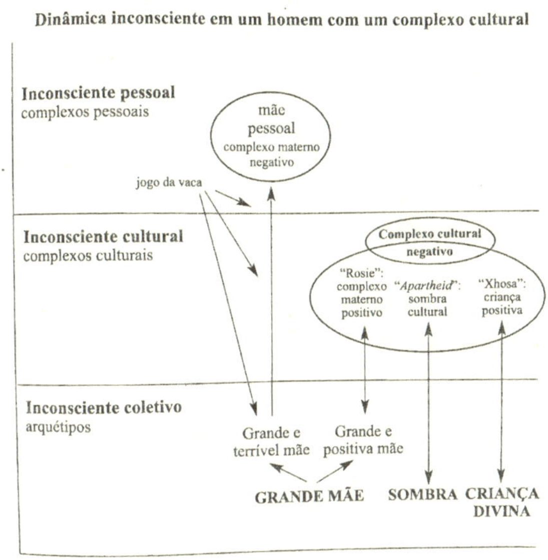

IMAGEM 7

Complexos (pessoais e culturais) e os arquétipos (sombra, grande mãe e criança divina) interagem no sonho recorrente do professor exilado e em seu subsequente trabalho de elaboração. O diagrama tem como objetivo ajudar a entender como um complexo cultural se manifesta na psique e como a energia, outrora aprisionada dentro dele, é liberada, trazendo assim um profundo sentimento de renovação para esse indivíduo. Isso ocorreu, neste caso, por meio de processos oníricos espontâneos e da imaginação ativa.

Dentro do inconsciente coletivo, os padrões arquetípicos agem como pré-condições de modos que uma psique pode ser moldada e desenvolvida. As sementes das oposições polares se originam aqui, incluindo tendências de idealizar e denegrir (dissociar), bem como as energias das sombras e o potencial para a moralidade. Os potenciais para os extremos - a Grande e Terrível Mãe, a Criança Divina etc. - residem aqui.

No inconsciente pessoal desse homem, encontramos os opostos em ação quando ele descreve sua mãe como "terrível" e Rosie como sua "única fonte de amor incondicional". A mãe "toda terrível" e "todo-poderosa" de sua família resultou na construção de uma segunda estrutura de pele defensiva, como se ele tivesse uma casca de búzio *(cowric shell)*. Posteriormente, em Rosie, ele encontrou a "grande mãe positiva" e ela se tornou uma parte essencial de seu processo de individuação - com poderosas implicações culturais.

O inconsciente cultural entrou em ação quando a experiência positiva com Rosie teve de ser negada. O amor de Rosie foi obscurecido pelo complexo cultural negativo que foi acoplado em uma espécie de casamento profano com as projeções sombrias da era do *Apartheid*.

O jogo das vacas - ou jogo dos búzios - foi a brincadeira que facilitou e simbolizou o movimento das energias psíquicas de um nível do inconsciente para outro, levando a uma transformação profunda na psique. A memória/energia inconsciente da "Grande Mãe Positiva" foi obscurecida por décadas pela união profana com a "Sombra" do *Apartheid* e foi, portanto, alojada dentro do complexo cultural negativo no nível do inconsciente cultural. Essa fusão da mãe positiva com a sombra cultural projetada pelo complexo cultural foi finalmente dissolvida, e as energias contidas no complexo cultural negativo foram liberadas e tornaram-se disponíveis para a consciência para outros propósitos.

A experiência reprimida do amor de Rosie, que poderia ter assumido a forma de um complexo materno positivo, agora se tornou disponível para a consciência por meio da figura onírica do menino Xhosa, e o domínio do complexo materno negativo pessoal sobre o ego foi então ainda mais relaxado. Assim, uma nova experiência consciente de sua identidade se tornou possível, e a estrutura que às vezes é chamada de eixo ego-self pode ser restaurada.

Conclusão

Nós seguramos espelhos estranhos virados para nós mesmos e uns para os outros quando começamos a explorar complexos culturais como parte de nosso desenvolvimento individual e grupal. Nossos complexos culturais se confundem não apenas com nossa história e complexos pessoais, mas também com outros complexos culturais. Se não classificarmos nossos complexos culturais e pessoais com cuidado, acabamos - ao menos inconscientemente- nos sentindo responsáveis, identificados ou traumatizados por eventos que pertencem aos nossos complexos culturais muito mais do que ao nosso complexo pessoal.

Deixar de considerar os complexos culturais como parte do processo de individuação coloca um fardo tremendo tanto no domínio pessoal quanto no arquetípico da psique. Uma tremenda energia psíquica no indivíduo e no grupo pode estar ligada a complexos culturais inconscientes, bem como aos conflitos inter e intragrupais que são sua expressão natural.

Conceituar conflitos de grupo intratáveis (mesmo aqueles tão grandes em escala como o Islã e o Ocidente) em termos de complexos culturais nos permite fazer uso de nossa experiência de cem anos com a teoria dos complexos. Muito modestamente, aprendemos através do nosso trabalho com complexos pessoais que não há solução rápida ou solução fácil para os complexos; temos conhecimento sobre o acúmulo de memória estereotipada e comportamento que aumentou em torno de qualquer complexo; e estamos preparados para a autonomia aparentemente infinita e a inconsciência incômoda dos complexos.

Ao falar da resolução de complexos pessoais, Jung advertiu: "Um complexo só pode ser realmente superado se for vivido em sua plenitude. Em outras palavras, se quisermos nos desenvolver ainda mais, temos que atrair para nós e beber até a última gota aquilo que, por conta de nossos complexos, mantivemos à distância" (Jung 1954/1959, vol. 9: 184: 98-99). Aplicando essa mesma sabedoria aos complexos culturais, certamente tivemos experiências recentes no Brasil, na Síria, no Afeganistão, na Inglaterra, nos Estados Unidos e em vários "pontos quentes" ao redor do mundo sobre a necessidade de beber "até a última gota" os conteúdos dos nossos complexos culturais.

Formular esses fenômenos em termos de complexos culturais é, portanto, uma prescrição pesada, em vez de uma panaceia; mas também nos permite apreciar e abrir mais espaço na psique do indivíduo para um nível que não pertence nem à experiência pessoal nem às profundezas arquetípicas e nos permite uma maneira de trabalhar em direção a uma compreensão mais profunda do papel dos complexos culturais na estruturação das respostas psicológicas de indivíduos e grupos em face de conflitos particulares.

O que me parece ainda mais importante é que a teoria dos complexos culturais e suas defesas arquetípicas do espírito de grupo sugerem que Jung não estava totalmente correto quando disse: "... hoje em dia particularmente, o mundo está por um fio tênue, e esse fio é a psique do homem" (Jung 1977: 303). Pode-se dizer que uma peça importante foi deixada de fora desse notável *insight* primordial. O destino do mundo não depende, de fato, do fio da psique individual.

Em vez disso, o surgimento de uma teoria dos complexos culturais sugere que uma compreensão da psique individual por meio de sua consciência não será suficiente. O próprio grupo precisará desenvolver uma consciência de seus complexos culturais. Talvez cada cultura prejudicada - seja balcânica, americana, negra, branca, palestina, israelense, iraquiana, católica, judia, junguiana, freudiana, homens, mulheres (a lista é infinita quando você começa a pensar em termos de complexos culturais) precise aprender a beber até a última gota seus próprios complexos, assim como os de seus vizinhos, aliados e inimigos. Para estabelecer as defesas arquetípicas do espírito de grupo, a própria psique coletiva e seu espírito frequentemente traumatizado (às vezes imaturo ou atrofiado) precisam se individuar - e isso não é trabalho de um indivíduo sozinho ou de um processo de análise apenas.

Complexo político-ideológico brasileiro

Rubens BRAGARNICH

O Brasil não é para principiantes.

Antonio Carlos Jobim (1927-1994)

Introdução

O célebre aforismo traz uma advertência ao leitor desavisado a respeito do tamanho do desafio que é compreender a alma brasileira em toda sua pujante e inextrincável complexidade.

De fato, a despeito da localização no hemisfério Sul, *achado* e colonizado dentro da lógica expansionista do capitalismo mercantilista europeu do século XVI como uma colônia de exploração, sustentada pelo trabalho escravo africano e na espoliação física e cultural dos povos originários, o Brasil tem história e geografia próprias.

Difícil compreender o nosso imaginário e as suas variantes; a formação das mentalidades; o funcionamento das classes sociais e seus estamentos; o comportamento das nossas elites, seus conflitos e suas alianças; o sofrimento dos povos originários defraudados em suas culturas particulares e suas raízes ainda em nossos dias; do impacto estruturante de 350 anos de escravidão dos povos africanos e da sua rejeição visceral que chamamos racismo estrutural; do lugar dos excluídos; dos vulneráveis e marginalizados; da atitude política das classes intermediárias progressistas ou conservadores (as vezes proto-fascistas) e de seus embates; da participação intermitente das forças armadas nos conflitos civis e sociais, muito além de sua função institucional de órgão de Estado.

Parte deste trajeto formou uma identidade brasileira tão diversa e paradoxal quanto a sua extensão e grande população, vivendo na turbulência de insegurança social, com os níveis de violência impressionantes, empobrecimento, com baixos indicadores em educação básica, saneamento, moradia, distribuição de renda e condições de trabalho. Essa nação disfuncional, degradada, é dilacerada por conflitos intergrupais, dissociações estereotípicas e políticas e grandes complexos culturais.

Para atender essa necessidade imperiosa de compreensão das variáveis políticas, sociais, econômicas e culturais, a psicologia junguiana desenvolveu várias vertentes desde os anos 1980, em direção ao mundo sociocultural com uma "sociologia interna" (SINGER, KIMBLES, 2004), num movimento complementar à tradição arquetípica e simbólica.

Antecedentes históricos da abordagem social e cultural

A partir das pegadas de C. G. Jung, abrem-se cinco grandes correntes de interesse sociocultural, a saber:

1) Erich Neumann (1905-1960) seguido, no Brasil, por Carlos Byington (1933-2019) sobre a teoria do Self Cultural;

2) A Psicologia Arquetípica de James Hillman (1926-2011), Raphael Lopez Pedraza (1930-2011), Patricia Berry (1943-), de viés clínico fenomenológico, enraizada na alma do mundo, que propôs uma psicologia imaginal, sempre com uma atitude crítica e exercendo competente análise da psicologia das cidades e seu dinamismo;

3) A obra crítica e política de Andrew Samuels e a fundação da IAJS (Internacional Association for Jungian Studies) em 2002. O pioneirismo e consistência crítica deste autor ficaram evidenciados em sua extensa obra, sua atividade política e o seu ativismo explícito. Chama a atenção o seu enfrentamento histórico da sombra de Jung e da Psicologia Analítica, na discussão institucional e pública do pressumido antissemitismo, racismo e eurocentrismo de Jung.

4) Joseph Henderson e a perspectiva do inconsciente cultural nos anos 1960, reelaborada por Michael Vannoy Adams (1996) com suas formulações sobre a dimensão coletiva e o Inconsciente Estereotípico, de forte implicação nas avaliações sociopsicológicas.

5) Thomas Singer (2004) e Samuel L. Kimbles (2000) e a teoria dos Complexos Culturais.

Trata-se assim, de um jeito ou do outro, do reconhecimento tácito da condicionalidade sociocultural nos fenômenos psíquicos e da força do espírito da época sobre o espírito das profundezas (JUNG, 2010).

Todos os caminhos acima mencionados apontam para a compreensão da psique coletiva e sua complexidade, embora apenas a terceira, a quarta e a quinta correntes desafiem os limites epistemológicos e metodológicos da tradição junguiana, oferecendo opções de abordagem psicossocial onde a História realmente ocupa um lugar decisivo de articulação teórica. O nosso interesse está voltado para articulação entre as três abordagens últimas acima citadas: dos Complexos Culturais, do Inconsciente Estereotípico e da aborddagem política de A. Samuels e a perspectiva psicossocial da IAJS.

Esse desdobramento sócio-histórico do movimento junguiano internacional foi corroborado pelas observações de Samuels & Carpani reportando ao que chamaram de o espírito da terceira geração de junguianos, os *neojunguianos*, que alia crítica social ao rigor clínico junguiano (CARPANI, 2020).

O grande desafio contemporâneo é compreender fenômenos culturais a um só tempo respeitando a multiplicidade de variáveis envolvidas da psique individual e coletiva, as camadas arquetípicas, estereotípicas e culturais com os complexos pessoais e tentando evitar os reducionismos sempre que possível.

Em direção à abordagem psico-socio-cultural

A despeito de seu grande apreço pela História, Jung era um pensador introvertido, intuitivo, kantiano, de tradição pré-moderna que, embora preservando o empírico e o fenomenal, dedicou-se a criatividade do inconsciente profundo, aos símbolos, às metáforas, às alegorias e ao pensamento alquímico. As suas análises de fenômenos políticos e sociais de grande profundidade pela ação mitopsicológica dos arquétipos do Inconsciente Coletivo para compreender os fenômenos políticos não foram felizes em contemplar devidamente os demais fatores econômicos e sociais. Não é demais reiterar que seus fundamentos filosóficos, epistemológicos e metodológicos não permitiam uma abordagem deste tipo.

O caminho para o olhar sociocultural foi aberto por Joseph Henderson, que ofereceu um lugar destacado para a cultura através do conceito de Inconsciente Cultural em 1962. Henderson propôs uma camada no inconsciente como uma área da memória histórica que estaria situada entre o inconsciente coletivo e o pessoal, de onde afloram os arquétipos e se estruturam consciente e inconscientemente as produções rituais, religiosas, culturais e suas representações simbólicas estruturantes para o desenvolvimento da personalidade e da individuação.

Seguindo Henderson, Michael Vannoy Adams (1996) em *The Multicultural Imagination: "Race", Color and the Unconscious*, aprofunda o inconsciente cultural e elabora uma composição mais rica da categoria coletiva, formada por arquétipos e por estereótipos, diferenciando a camada arquetípica de viés naturalista (trans- histórico, transcultural e trans-étnico) da camada estereotípica, *menos natural* (histórica, cultural e étnica).

Finalmente, apareceu em 2000 a teoria dos complexos culturais introduzida pela primeira vez nos EUA, no livro *The Vision Thing: Myth, politics and psyche in the world*, organizado por Thomas Singer, que busca entrelaçar realidades arquetípicas, políticas e psicológicas.

Para Singer (2000, p. 5-7), a psique coletiva possui uma dimensão espiritual, o espírito da época

> (Zeitgeist), que não é reduzido à sociologia ou à economia; pelo contrário, é uma força autônoma possuidora de uma sabedoria milenar. O mito desse nível mais profundo pode ser compreendido como a história central e unificadora de um determinado grupamento humano e nele grupos narram suas histórias de origem, do seu lugar no tempo e no espaço, suas derrotas, as forças criativas para poder renovar e reinventar seu mundo. À vista disso, a camada mítica nesse nível nutre a base da vida cerimonial, social e política (SINGER apud BRAGARNICH & MOTA, 2021).

É no artigo *The Cultural Complex and the Myth of Invisibility* que Thomas Singer e Samuel Kimbles descrevem o conceito de complexo cultural a partir do conceito de complexo de tonalidade afetiva desenvolvido por Jung, (1903-1907) destinado a compreensão dos conflitos grupais mobilizados por questões como etnia, raça, gênero, orientação sexual, classe e religião.

> [...] Quando somos capturados pelos complexos culturais é como se estivéssemos sidos pegos por algo emocionalmente pegajoso organizado por tipo de sentimento oriundo da vida grupal e movido na lógica de "nós contra eles" (BRAGARNICH & MOTA, 2021).

Esses sentimentos conectam cada indivíduo por meio de uma narrativa social e de experiencias traumáticas dos mais diversos tipos de grupos, o que pode nos levar ao desentendimento, ao ressentimento, à vingança e ao sentimento de culpa em círculos viciosos que atravessam gerações e se atualizam sem transformação (Kimbles, 2000, p. 159). O estudo sobre a aplicação da teoria dos complexos culturais aparece no *The Cultural Complex Contemporary Jungian Perspectives on Psyche and Society*, extraordinária e icônica coletânea de artigos de diversos junguianos oriundos de todos os continentes organizadas pelos autores norte-americanos.

De modo geral, os complexos culturais se baseiam em grupos humanos que experienciaram conflitos contínuos ao longo da história que causam vivências traumáticas e se enraízam como complexos coletivos no inconsciente individual de todos, quando podem "sequestrar" a psique do grupo:

> [...] esses complexos de grupo têm a ver com trauma, discriminação, sentimentos de opressão e inferioridade nas mãos de outro grupo agressor - embora os "grupos ofensivos" sejam frequentemente, sentindo-se discriminados e tratados injustamente. Complexos de grupo enchem a paisagem psíquica e são tão facilmente detonados quanto as minas terrestres literais que se espalham pelo globo e ameaçam a vida - especialmente a vida jovem - em todos os lugares (SINGER& KIMBLES, 2004, p. 7).

COMPLEXOS CULTURAIS E ESTEREÓTIPOS GRUPAIS

Os "indicadores de complexo" mencionados por C.G.Jung em seu trabalho experimental de 1903-1909 no Burghölzli Hospital (JUNG, 1989, O.C. IV) são relativamente os mesmos para os complexos culturais coletivos aqui articulados aos fatores estereotípicos:

1) Automatismo psíquico que demonstra constância e organização do núcleo cognitivo mnemônico, promovendo a estabilidade e a reprodução dentro de padrões vivenciais e atitudinais;

2) A presença de carga afetivo-emocional significativa para a expressão do complexo constelado;

3) Capacidade de responder a estímulos do mundo e do corpo eliciadores da constelação;

4) possibilidade de diferentes graus de autonomia na consciência;

5) possibilidade de contágio ideoafetivo e emocional no indivíduo pela invasão do complexo na consciência e no objeto depositário externo, onde recai a projeção (Perry, 1970); 6) Memória constante de fatores históricos traumáticos; 7) adoção de narrativas redutivas que reiteram e confirmam a crença, a ideologia ou o discurso relativo ao fenômeno vinculado, que são abastecidos e estimulados pelas redes sociais:

> O extraordinário desenvolvimento da tecnologia de informação e sua universalização, o trânsito e compartilhamento de informações podem ser replicados exponencialmente através das redes sociais com suas poderosas implicações no imaginário coletivo e na formação de mentalidades, fortalecendo ou diluindo estereótipos e formação de opinião (BRAGARNICH, 2021 A, pg. 2).

No âmbito do imaginário cultural brasileiro encontramos dissociações em complexos culturais e simultaneamcnte a resistência a processos de conscientização, muitas vezes ligados aos complexos pessoais e não raro associados a fatores estereotípicos ativos no cotidiano do brasileiro.

Dentro da lógica do complexo cultural que se repete sem transformação, há um elemento substitutivo e artificial, expresso na formulação recorrente de mitos refundacionais políticos para a nação. Exemplos não faltam: Nova República, Nova Política, Velha Política, o "Nunca antes neste país" petista, o Estado Novo dos anos 1930 no governo Vargas, etc.

Vargas buscou validar a perspectiva elaborada por Gilberto Freyre (1900-1987), de 1933, a obra *Casa-grande & Senzala*, que tematizava a contribuição da população ameríndia, negra e mestiça no processo de desenvolvimento da cultura brasileira (FREYRE, 2003, p.33) exaltando as três raças originárias brasileiras e os benefícios da miscigenação cultural: "[...] que largamente se praticou aqui corrigiu a distância social que de outro modo se teria conservado enorme entre a casa-grande e a mata tropical; entre a casa-grande e a senzala."

Freyre sonhava uma identidade nacional, mas não esconde as profundas fraturas entre os brancos colonizadores, os índios autóctones e negros escravizados. O antropólogo Kabengele Munanga se opõe à visão adocicada de Freyre: "[...] não privilegia na sua análise o contexto histórico das relações assimétricas do poder entre senhores e escravos, do qual surgiram os primeiros mestiços." Embora valorize a cultura da comunidade negra, simultaneamente, elogia um universalismo idealista que encobre o processo de diluição da cultural negra com o abandono das tradições culturais de grupos étnico-raciais (MUNANGA, 2009, p. 80).

Hoje temos pesquisas que investigam a alma brasileira e seus complexos culturais, como o pioneiro trabalho da analista Denise Ramos sobre complexo cultural originado da escravidão (RAMOS, 2006) e a sua contribuição para os estudos sobre corrupção política como indício de complexo cultural brasileiro (RAMOS, 2004, p. 102-122).

Silva & Serbena (2021) abordam criticamente a teoria dos Complexos Culturais, enfatizando o aspecto da sociologia interna envolvida.

Em *Alma Brasileira: Luzes e Sombra* Boechat (2014) trabalha com os nossos complexos culturais. Em 2018, temos textos inéditos para pensarmos mais uma vez as entranhas da psique brasileira, presente na obra *Desvelando a alma brasileira: Psicologia Junguiana e Raízes Culturais* (OLIVEIRA, 2018), com artigos que abordam com mais profundidade os complexos culturais e traumas.

O *Complexo cultural e brasilidade*, de Boechat (2018), partiu da crônica *As Quatro Grandes Nós Górdios da cultura brasileira: o colonialismo, o holocausto indígena, a escravidão e a corrupção* de Leonardo Boff e a partir daqui, sugere a existência de quatro equivalentes com complexos culturais: (1) complexo cultural do colonialismo, (2) complexo cultural do holocausto indígena, (3) complexo cultural da escravidão e (4) complexo cultural da corrupção.

Percebemos que deve haver muitos outros complexos culturais ativos na psique coletiva brasileira, todos vinculados a experiência com o outro diferente por etnicidade, condição socioeconômica (classe social, populações urbanas e rurais sem teto, populações favelas ou comunidades, provenientes de regiões específicas brasileiras), asiáticos, judeus, árabes, estrangeiros, indivíduos de diferentes seitas e comunidades religiosas, como islâmicos, judaicos, evangélicos ou grupos pertencentes a segmentos específico (militares, policiais civis) ou grupos identitários de atividade profissional, grupos LGBTQIA+, de gênero ou unidos por ideais comunitários. Podemos associar também a ação de estereótipos ligados ao fenômeno do tribalismo urbano descrito por Michel Maffesoli (1996).

Grande parte dos chamados preconceitos são expressões de estereótipos psíquicos, com os quais crescemos e que podem ser partes de complexos culturais relacionados ao étnico, raça, gênero, religião, e construídos na história transgeracional com os traumas, ferimentos, humilhações, ressentimentos de toda ordem, com os correspondentes sofrimentos dos indivíduos do grupo e que *não* conseguem ser elaborados.

O COMPLEXO COLETIVO POLÍTICO-IDEOLÓGICO

As ambivalências presentes na psique coletiva brasileira indicam a presença de um complexo sempre pronto a ser constelado a partir do desenrolar nos governos do Brasil desde a Independência em 1822 e na Proclamação da República e Abolição dos escravos, coetâneos, em 1889 e 1888.

Durante estes 130 anos foram diversos golpes de estado, estados de exceção, ditaduras, suspensão de direitos individuais, intervenções no funcionamento público onde, de alguma maneira, houve a participação das Forças Armadas brasileiras. Elas parecem um elemento sociopsicológico irrefutável.

No imaginário brasileiro, sempre predominou a imagem positiva com relação as Forças Armadas, vistas como patrióticas, garantidoras, apolíticas e por vezes como saneadoras dos problemas causados por políticos civis, políticas socialistas ou comprometidas com processos de corrupção. Entretanto, a partir da Revolução de 1964 e seus desdobramentos de violência política, perseguição e tortura, até 1985 com o movimento de abertura Diretas Já, causou tremendos danos físicos, patrimoniais e emocionais para grupos políticos populares de oposição ao regime militar, abastecendo o complexo político ideológico brasileiro que brotara dos movimentos sindicais do ano 1920, ditadura de 1930, perseguição aos militantes dos partidos comunistas colocados na ilegalidade.

Todos aqueles que sofreram com estes movimentos repressivos das elites agrária, industrial, financeira contra a sociedade civil que lutaram por justiça social, reforma agrária, equidade, melhores condições de trabalho, contra a carestia adicionados a todos os egressos do genocídio indígena e dos negros, pardos e mestiços, imigrantes excluídos em seus países de origem, organizados ou não, formam o fundamento básico do complexo político ideológico.

Aqui o núcleo traz emoções revividas de memórias históricas de intenso sentimento de injustiça, imagens carregadas de afetos das feridas e traumas que habitam o inconsciente de segmentos populacionais que viveram diretamente os traumas, seus parentes e amigos, e revividos por gerações sem que tenha havido a devida elaboração psíquica.

No complexo coletivo político-ideológico encontramos, especialmente, aqueles atingidos e familiares de remanescentes de violações de direitos humanos, egressos de cárcere e tortura das ditaduras brasileiras, vítimas e familiares de exilados, familiares de desaparecidos de períodos de ditadura, remanescentes de guerrilha (Araguaia). O polo oposto eventualmente pode constelar no psiquismo de agentes da repressão e eventualmente de ações de tortura ou da burocracia que possam se sentir também vítimas e ou injustiçados e ou com estresse laboral, como policiais civis e militares envolvidos nas operações de repressão.

O complexo abarca todos aqueles envolvidos em militância e ativismo de esquerda ou de direita, progressistas, liberais ou conservadores, que se sintam envolvidos e que sejam passíveis de constelar energia suficiente para mobilizar fantasias, emoções, ações várias como divulgações de informações, panfletagens, participações organizadas de cunho político ou manifestações públicas coletivas.

O complexo coletivo político-ideológico brasileiro pode ser ainda receptáculo de todos aqueles atingidos psicologicamente pelos processos geradores dos complexos culturais: holocausto indígena, escravidão, colonização e corrupção, bem como os estigmatizados por preconceitos e estereótipos culturais por motivo já mencionado que respondam à ativação e constelação do complexo.

A Lei de Anistia de 1979 anistiou todos aqueles que tenham cometido crimes políticos, eleitorais ou conexos, que perderam seus direitos políticos, servidores públicos afastados de suas funções, dirigentes sindicais e praticantes de atentados a bomba, mas acabou favorecendo indevidamente agentes públicos responsáveis por prática de tortura e demais crimes contra indivíduos presos.

Nem mesmo as reparações financeiras por lei concedidas aos exilados e presos políticos do regime militar, não conseguiram apaziguar as dores de alma dos feridos.

A Comissão Nacional da Verdade criada em 2011 cuja missão era apurar as violações ocorridas desde 1946 a 1988 por agentes públicos ou indivíduos com apoio do Estado, cujo relatório foi exarado em 2014 pode ser considerada uma tentativa de elaborar o complexo coletivo político-ideológico através do esclarecimento e reconhecimento dos atos cometidos.

Um caminho de superação é através da organização e da luta pelo poder político que mitigue as dores e o sofrimento, através do atendimento de uma agenda básica de direitos civilizatórios, com a esperança de cura das feridas psíquicas, imersa em violência social e de Estado e injustiças perpetradas contra segmentos e populações das diferentes raças e etnias, da pobreza extrema, do sofrimento da ralé socialmente construída (SOUZA, 2017), de todos os racismos e preconceitos.

Os aspectos positivos da vivência do complexo coletivo político-ideológico apontam para o fortalecimento da coesão identitária e possibilidade de estabelecimento de vínculos afetivos, sensação de pertencimento grupal pela descoberta dos mesmos valores e narrativas sociais, econômicas e políticas.

ELABORAÇÃO DO COMPLEXO COLETIVO POLÍTICO-IDEOLÓGICO

Como elaborarmos o complexo cultural?

Do ponto de vista coletivo, a organização e estruturação institucional de grupos com a sua atividade de militância e ativismo político possa constituir um caminho salutar de elaboração do sofrimento do complexo, embora paradoxalmente, aprofunda a vivência das emoções do complexo pela dogmatização ideológica, exaltação emocional que concorre com manutenção e incremento do complexo cultural.

O ativismo e a participação dos grupos e simpatizantes através de redes sociais e eventos públicos, neste caso, parece extremamente tóxico, recrudescente e sem elaboração. Isso se manifesta, por exemplo, pela replicação acrítica de notícias inautênticas (*fake news*), por conflitos intensos com repercussão de exaltação ou abatimento psicológico, como também pelos limiares de nível mental que predispõe à contaminação afetiva narrativas redutivas, de forte apelo emocional.

Do ponto de vista clínico, trata-se de um tema bastante difícil de manejar analiticamente devido a vários fatores, dentre os quais, a tendência em encarar o fenômeno sociopolítico eivado de concretude e literalidade, como objeto de projeção de complexos pessoais, compensações e *atuações* psíquicas.

De fato, a tradição junguiana desde as primeiras gerações de profissionais da saúde mental, preconizava não lidarmos diretamente com os fenômenos sócio-históricos; até o início do século XXI essas temáticas eram acolhidas, mas devidamente evitadas ou tratadas hermeneuticamente. As necessidades da contemporaneidade os libertaram dos clichês psicológicos e convocou a geração junguiana para a reflexão e o enfrentamento.

Imagina-se que o caminho seja similar à elaboração dos complexos pessoais, que liberam energias aprisionadas com as memórias das dores e sofrimentos e possam ser gradualmente integradas no campo de consciência.

Boechat (2018) sugere os complexos culturais podem diminuir a força de atuação a partir do momento que se torna possível sua consciência, possibilitando uma possível e gradual integração no campo da consciência. Assim sendo, trazermos à memória ideo-afetiva é um dos caminhos fundamentais que permite a elaboração simbólica das vivências traumáticas do passado.

O grande desafio tanto na dimensão coletiva com no trabalho terapêutico é construir caminhos criativos para a transformação redentora para a psique coletiva e individual.

Referências

ADAMS, M. V.*The multicultural imagination:* Race Color, and the Unconscious London and New York Routledge 1996.

BOECHAT, W. Prefácio In BOECHAT, W. Org: OLIVEIRA, H. A alma Brasileira luzes e sombra Petrópolis Vozes 2014, p. 9-16.

BOECHAT, W. Complexo cultural e Brasilidade IN *Desvelando a alma brasileira psicologia junguiana e raízes culturais* Petrópolis Vozes, 2018, p 68-87.

BOFF, L. *Os quatro nós górdios que impedem o Brasil se autoconstruir.* disponível em <https //leonardoboff org/ 2017 09 07 /os quatro nos górdios que impedem o brasil se auto construir/> último acesso em 07-04-21.

JAP Latin American Conference 2021, A nº1, São Paulo. BRAGARNICH, R. Observações sobre a vulnerabilidade psíquica à difusão midiática de mensagens político-ideológicas falsas (fake News) Journal of Analytical Psychology (a ser publicado em 2022).

BRAGARNICH, R. e LOPES PERES, S. *A Política na Sala de Jantar*: Impactos da Eclosão do Complexo Cultural Político Ideológico na Psique Individual. Disponível em: < http::// www ijrs org br/wp ontente/uploads/ 202002 /IJRS> Artigos Congresso Jungiano, 2019 convertido pdf.

BRAGARNICH, R. e MOTA, B. C. Por dentro do Complexo coletivo político ideológico in *O insaciável espírito da época ensaios de psicologia analítica e política*, Rio de Janeiro, ed. Vozes, 2021.

BREWSTER, F. *The racial complex a ungian perspective on culture and race* London and New York Routledge, 2020.

CARPANI, S. *Jung e os Neojunguianos.* Disponível em

https://youtu.be/w2WFhRgseEA, @Thiasos, 2020. Acesso em 07.05.2021.

DIAS, L. & GAMBINI, R. *Outros 500 Uma conversa sobre a alma brasileira* São Paulo Senac, 1999.

FREYRE, G. *Casa grande senzala:* formação da família brasileira sob o regime da economia patriarcal São Paulo Global, 2003.

HENDERSON, J. *Shadow and self*: Selected papers in analytical psychology Wilmette Chiron Publications 1990 103-113.

JUNG, C.G. O.C. de C.G.Jung – *Freud e a Psicanálise* – Vol. IV, Ed. Vozes, 1989, parágrafos 335ss.

_________ . O.C de C.G.Jung - *Civilização em Transição:* Estudos sobre Psicologia Analítica Petrópolis, RJ Editora Vozes, 1981, OC X.

_________ . *O Livro Vermelho – Primus Liber*, 3ª ed. Editora Vozes, RJ, 2010.

KIMBLES, S. The Cultural Complex and the Myth of Invisibility In SINGER, Thomas. *The Vision Thing Myth politics and psyche in the world* New York Routledge, 2000.

__________. A cultural complex operating in the overlap of clinical and cultural space In SINGER, Tomas, KIMBLES, Samuel in *Cultural Complex* Contemporary Jungian Perspectives on Psyche and Society New York Routledge, 2004.

__________. *Phantom narratives:* the unseen contributions of culture to psyche London Rowman Littlefield, 2014.

LÓPEZ PEDRAZA, R. *As emoções no processo psicoterapêutico* Petrópolis Vozes, 2010.

MAFFESOLI, M. *The Time of the Tribes:* The Decline of Individualism in Mass Society, 1996, Sage Publ. NY, USA.

MUNANGA, K. *Negritude Usos e sentidos* Belo Horizonte Autêntica, 2009.

NOVAES, C. S. Corrupção no Brasil Uma visão da Psicologia Analítica in *Revista Junguiana* nº 34 pp 5 a 17, SBPA, SP.

OLIVEIRA, H. (Org.) *Desvelando a alma brasileira:* psicologia junguiana e raízes culturais Petrópolis Vozes, 2018.

PERRY, J. W. *Emotions and Object Relations.* Journal of Analytica Psychology, 15: 1-12. https://doi.org/10.1111/j.1465-5922.1970.00001.x.

RAMOS, D. G. *Corruption Symptom of a cultural complex in Brazil* In SINGER, T. KIMBLES, S. *The Cultural Complex:* Contemporary Jungian Perspectives on Psyche and Society New York Brunner Routledge Taylor, Francis Group, 2004.

RIBEIRO, D. *O povo brasileiro*: A formação e o sentido do Brasil São Paulo Companhia Das Letras, SP. 1ª ed., 1995.

SCHWARCZ, L. M. *Nem preto nem branco, muito pelo contrário*: cor e raça na sociabilidade brasileira, São Paulo, Claro Enigma, 2012.

________________. *Sobre o autoritarismo brasileiro.* São Paulo Companhia das Letras, 2019.

SHAMDASANI, S. *Jung and the Making of Modern Psychology:* the dream of a science New York Cambridge University Press, 2003.

SILVA & SERBENA. A Teoria dos Complexos Culturais: Uma perspectiva junguiana do social in EIP *Revista do Estudos Interdisciplinares em Psicologia* – Universidade Federal de Londrina (PR) Londrina, v. 12, n. 1, p. 158-182, abr. 2021.

SINGER, T. (Org.) *The Vision Thing:* Myth politics and psyche in the world) New York Routledge, 2000.

SINGER, T., KIMBLES, S. (Orgs.) *The Cultural Complex:* Contemporary Jungian Perspectives on Psyche and Society New York Routledge, 2004.

SINGER, T. *Uma Revisão da Teoria do Complexo Cultural*: especificidade e universalidade - IJUSP/AJB. Disponível em:< https://ijusp.org.br/ijusp/recebe/thomassinger/> último acesso em 07.05.21.

SOUZA, J. A elite do atraso: da Escravidão à Lava Jato, Rio de Janeiro, Editora Leya, 2017.

Carta às amigas, aos amigos... Jung e a experiência de individuação

Amnéris MARONI

I. Algumas palavras...à guisa de introdução

... *"As idéias brotam de algo maior do que da pessoa humana singular. Não as fazemos, elas nos fazem".*

(C.G.Jung)

Trata-se de uma carta a todes e nesse tipo de escrito um certo tom emocional e confessional é inevitável. Também o assunto é da ordem da intimidade e talvez o mais íntimo de todos nós, na experiência em tela, vem à tona sem pedir licença. A individuação exige ser descrita, assim nos ensinou Jung. A descrição cuidadosa de sua subjetividade foi uma das suas divergências, a primeira, em relação a S. Freud[1]; essa experiência não se submete à ideia de cientificidade moderna e à sua dinâmica, o sujeito e o objeto do conhecimento. Suporta modelos provisórios. Descrições e modelos que nos ajudam a pensar e que não podem e não devem ser "aplicados na clínica" pois isso significa concretizar modelos, quero dizer, psicotizá-los. Não raro, porém, encontramos essa psicotização! Modelos nos ajudam a pensar, pensar a clínica.

Aliás é a clínica que dá a pensar e é por meio dela que a psicanálise e a psicologia analítica puderam desconstruir o tipo de subjetivação moderna sustentada na consciência, vontade e ego. A clínica é nosso chão e nosso campo prioritário de pesquisa. É também a clínica e através da clínica que podemos hoje desconstruir o modelo provisório resultante da experiência de individuação, enunciado por Jung, no começo do século XX, em alguns de seus escritos e principalmente em o *Eu e o*

1. JUNG. C.G. *Freud e a Psicanálise.* Petrópolis. Vozes, 2013. § 771 a 775.

Inconsciente[2]. Nesse livro, escrito nos inícios dos anos 10, Jung faz uma espécie de morfologia dos caminhos e da subjetivação dessa experiência passando pelos arquétipos da persona, sombra, anima/animus, grande mãe, velho sábio e o self. Essa morfologia agradou sobremaneira o movimento junguiano que passou a aderir a esses passos, estágios de subjetivação, aceitando-os como forma, modelo, paradigma desse processo.

Na modernidade e, curiosamente, na modernidade tardia que estamos vivendo, as formas e os modelos ganharam força e a ciência morfológica se instaurou nas Ciências Humanas, nas psicanálises e, em particular na psicologia analítica para garantir, explicar, compreender uma estabilidade inexistente!

Na psicologia analítica a força das formas e dos modelos não está referida somente e paradoxalmente ao processo de individuação; a psicologia junguiana, como é popularmente chamada, encontra-se, hoje, completamente formalizada-representada. O amor pelas formas e modelos é o que explica o uso dos mitos[3] gregos e latinos, e mitos de todos os tempos e rincões do planeta; os deuses de mitologias mal compreendidas, caíram como luvas e foram (de)formados, usados e abusados por psicólogos de formação junguiana. Uma festa nauseante de formas, sem criatividade, imóveis, rearranjadas para oferecer estabilidade a um mundo veloz! A última onda de formalização se deu e se dá com os complexos culturais – uma espécie de dobra, segundo os junguianos, do inconsciente coletivo.

Pergunto ao leitor se essa formalização, essa aplicação de modelos tem algo a ver com Jung, com suas radicais descobertas, com a clínica por ele pensada? É preciso voltar a perguntar, quando ainda não havia modelos a serem (sic) aplicados,

---

2. JUNG. C.G. *O Eu e o Inconsciente*. Petrópolis. Vozes, 2015.

3. As questões discutidas no presente escrito serão retomadas no livro que estou escrevendo também chamado *Cartas às amigas, amigos*. Nele o "uso que Jung" faz dos mitos será discutido com vagar.

como Jung exercia-se na clínica da individuação e que conceitos liberou para pensá-la.

Nas últimas décadas conceitos de libido, energia, energia psíquica desapareceram e a principal chave de Jung, a experiência de individuação, é deformada e já não se parece em nada com o desenho dado pelo psicólogo suíço. Tornou-se fórmula, forma, banal e de fácil digestão: "É tornar-se quem se é" - ecos de Píndaro em Jung - escutamos aqui e ali. Ou ainda, piorando e banalizando: individuação é o tornar-se consciente de que se é um ser humano único, ao mesmo tempo, não mais que um homem ou uma mulher comum[4]. É simples compreender o porquê disso: para formalizar, para dar primazia à morfologia e aos modelos o conceito de energia e, particularmente de energia psíquica, foi pouco a pouco esmaecendo, apagando, desaparecendo, sequer citados; exatamente porque a energia desconstrói as formas, explode todos os modelos, é a base para devires individuantes. A energia psíquica base de qualquer individuação foi substituída por "impulso essencial"[5], "impulso de individuação"[6], "tendência inata" (impulso, imperativo, energia)[7]. Os autores demonstram assim que trabalham com a noção de força e não com a noção de energia psíquica – chamada por Jung, libido - e, com isso, demos um passo atrás claro que sem perceber, afinal, não raro, os psicólogos que se valem da psicologia analítica, se autointitulam psicanalistas junguianos. Estão certos, se tornaram psicanalistas! Cito Jung:

4. SAMUELS, A., SORTER, B., PLAUT, F. "Individuação". In *Dicionário crítico de análise junguiana*. R.J. Imago, 1988, p. 107.

5. Idem, ibidem, p. 110.

6. BARRETO. M. H. *Pensar Jung*. S.P. Edições Loyola: Paulus, 2012, p. 91. GUI, R. T. *O Insaciável Espírito da Época* – Ensaios de Psicologia Analítica e de Política. Petrópolis. Vozes, 2021, p. 68.

7. STEIN. M. *JUNG – e o caminho da individuação*. Uma introdução concisa. S.P. Cultrix, 2020, p. 12.

> ... Freud começou por considerar como única força propulsora psíquica a sexualidade [...]. Eu, porém, reuni os diversos impulsos ou forças psíquicas – todos constituídos mais ou menos ad hoc – sob o conceito de energia a fim de eliminar a arbitrariedade quase inevitável de uma psicologia que lida exclusivamente com a força. Portanto, já não falo de forças ou de impulsos individuais, mas de "intensidades de valores...[8]

Lido e praticado só por psicólogos e médicos – os institutos de formação junguianos só admitem essas categorias profissionais – o "destino" de Jung e da psicologia por ele criada não poderia ser outro: a primazia das formas, a aplicação de modelos. Jung e os conceitos formalizados da sua psicologia são repetidos *ad nauseam*, mas não são pensados! Conceitos repetidos, não pensados e aplicados foram substancializados, exatamente o que Jung tentou evitar.

Quem ganhou com isso? Não foi Jung já que transformado em arauto da ciência da representação não consegue ser interlocutor do pensamento crítico contemporâneo, não ultrapassa as fronteiras de um gueto – ainda que internacionalizado – dos institutos de formação. Também não foram os pacientes que ganharam algo com esse desvio do mundo junguiano para as formas e (sic) os deuses, já que são privados de um reconhecimento e acompanhamento de suas individuações, principal conceito-experiência de Jung. Quem ganhou com a (de)formação de Jung foi uma fatia do mercado, os psicólogos e os médicos, considerados para espanto de muitos, únicos capazes de ler um autor enciclopédico como Jung. Essa é a prisão de

8. JUNG. C. G. *Freud e a Psicanálise*. Petrópolis. Vozes, 2013, §s 771, 772, 773 e 779. Lembro também os leitores que Jung, com forte inspiração nietzschiana, considerava que cada instinto (sexual, de poder, etc.) tinha sido fonte de elaboração de uma das "expressões verdadeiras" em psicologia. O psicólogo suíço trabalhava com todas essas forças que, ao se organizarem, o faziam por opostos e, então, a energia, também a psíquica, brotava desse diferencial de opostos.

Jung, sua (de)formação, uma espécie de crime intelectual do qual o psicólogo suíço não se livrará tão cedo.

II. Ciência energética

Jung só não se tornou o "príncipe herdeiro da psicanálise" como era chamado por S. Freud porque resistiu à compreensão da noção de libido, como energia sexual, única força propulsora psíquica[9]. Para Jung, a energia psíquica deriva do jogo dos opostos – entre eles, Jung dá o saboroso exemplo do instinto e do espírito, misteriosos e operantes[10]. Aliás, diz Jung "em tudo que acontece no mundo eu vejo o jogo de opostos"[11]... Essa questão é o segundo ponto da divergência entre Freud e Jung, anunciada pelo próprio Jung[12]. Deirdre Bair, melhor biógrafa de Jung, mostra no capítulo 16, como o psicólogo suíço construiu uma ciência energética e, em agosto de 1913, no Congresso internacional de Medicina em Londres convocou a psicanálise a sair do "ponto de vista puramente sexual" para um "ponto de vista energético"[13].

9. A libido, para Freud, como energia psíquica sexual opera transformações nas pulsões – na primeira teoria pulsional as pulsões são as do eu e as sexuais; na segunda teoria pulsional, enunciada no alvorecer da década de vinte do século passado, as pulsões são as de vida e as de morte, Eros e Tanatos.

10. "Instinto e espírito estão além da minha inteligência; são conceitos que consideramos desconhecidos, mas que são extremamente operantes" JUNG. C.G., Freud *e a Psicanálise*. op.cit. § 776.

11. Idem. Ibidem. §.779.

12. JUNG. C.G. *Freud e a Psicanálise*. Op. cit. § 776 a 780. "Em tudo que acontece no mundo, vejo o jogo dos opostos e dessa concepção derivo minha ideia de energia psíquica. Acho que a energia psíquica envolve o jogo dos opostos de modo semelhante como a energia física envolve uma diferença de potencial, isto é, a existência de opostos como calor-frio, alto-baixo etc. Freud começou por considerar como única força propulsora psíquica a sexualidade e, somente após minha ruptura com ele, levou também outros fatores em consideração"...§779.

13. BAIR. Deirdre. *Jung – Uma biografia*. S.P. Globo, 2006, p. 311.

Com a energia a partir dos opostos, anunciando uma metapsicologia ou metafísica, Jung aproxima-se de Goethe, sístole e diástole, do Yin e Yang chinês. E, com muita dificuldade e risco no livro Energia Psíquica[14] constrói o conceito da psique como objeto. Jung reivindica o direito de ser um "construtor de conceitos"[15]. Precioso escrito em que a energia psíquica, um feixe de energias polarizadas, ancorada nos opostos, a libido, é circunscrita a um objeto: a psique. Jung inicia assim o capítulo 3, *Os conceitos básicos da teoria da libido*: "Um dos fenômenos energéticos mais importantes da vida anímica é sem dúvida a progressão e a regressão da libido"[16]. Libido, energia psíquica, energia da vida[17].

É circunscrevendo a energia como diferencial de opostos na psique que Jung também derivou o conceito de transformação e de símbolos – que, claro, já sofrera um primeiro contorno em *Símbolos da Transformação*, momento de ruptura com Freud. Com esse escrito, *A Energia Psíquica*, mantemos a causa e o efeito, uma compreensão mecânica da psique, que ainda conversa com um homem-máquina mas também adentramos ao mundo das transformações, dos símbolos. Psiquismo, libido e transformação passam a ser praticamente sinônimos em Jung. Esse último escrito é a melhor chave para pensarmos a individuação em Jung e nos livrarmos da reificação na qual o modelo, que chamei acima de morfológico, não raro esbarra.

Dessa energia a partir dos opostos brota a fantasia e dessa fantasia tudo que há. Cito Jung:

---

14. JUNG C. G. *A Energia Psíquica. Vozes*. Petrópolis, 2013.

15. JUNG C. G. *A Energia Psiquica*. op.cit § 32.

16. Idem. Ibidem. § 60.

17. Jung diferencia sua formulação "energia psíquica/energia da vida" do vitalismo ou força vital. E, todavia, equipara o processo psíquico com o processo da vida. Idem. Ibidem. §s 31 e 32.

> ...A psique cria a realidade todos os dias. A única expressão que me ocorre para designar esta atividade é fantasia. A fantasia é tanto sentimento quanto pensamento, é tanto intuição quanto sensação. Não há função psíquica que não esteja inseparavelmente ligada pela fantasia com as outras funções psíquicas. Às vezes aparece em sua forma primordial, às vezes é o produto último e mais audacioso da síntese de todas as capacidades. Por isso, a fantasia me parece a expressão mais clara da atividade específica da psique. É sobretudo a atividade criativa donde provém as respostas a todas as questões passíveis de resposta; é a mãe de todas as possibilidades onde o mundo interior e exterior formam uma unidade viva, como todos os opostos psicológicos. A fantasia foi e sempre será aquela que lança a ponte entre as exigências inconciliáveis do sujeito e objeto, da introversão e da extroversão [18].

Precisamos nos deter nesse ponto pois é possível daí depreender a liberação da gênese[19]: tudo que existe brota, emerge da energia dos opostos e, como diz Jung, esse campo energético é a "mãe de todas as possibilidades", é a "resposta a todas as questões passíveis de respostas".

O psíquico é energia, feixe de energias polarizadas, fantasias, imagens-afetos. Imagens e fantasias dançando que se organizam quando uma imagem- afeto ganha uma intensidade de valor energético; quando isso acontece várias imagens rodopiam em torno desse imagem-afetiva catalisadora e nasce um complexo que, claro, não é patológico, é a maneira como a psique se organiza em Jung. O ego também é um complexo, um conjunto de imagens que, rodopiantes, se constelaram –

---

18. JUNG. C. G. *Tipos Psicológicos*. Petrópolis. Vozes, 2013. §. 73.

19. Essa expressão é minha, mas a formulei tendo em conta os escritos de Jung que estou a citar.

termo clássico de Jung – em torno de uma imagem-afeto de alto valor energético: o eu, centro organizador da experiência com o mundo externo. Não preciso chamar a atenção de quem me lê que essa maneira de pensar a psique, a alma, não é só humana. A psique é estado de tensão, imagem-afetos; todos os seres vivos têm alma para Jung. O exemplo da mariposa da iuca é o mais notável.

Essa paisagem anímica – o termo é meu - pode se complicar porque a experiência do ser humano no social, no coletivo - Jung chama de "meio" - é da ordem da adaptação ou desadaptação (Darwin e Lamarck) e, então, essa paisagem anímica pode ser bem mais complicada: o complexo pode ser também fruto de um trauma, já que emerge de uma parte "arrancada" da psique rodopiante de imagens. Não raro um complexo torna-se autônomo e exerce possessão[20] sobre o complexo do ego, sobrecarregando-o com suas tintas e seus afetos. Mas fundamentalmente a paisagem anímica/ psíquica tecida por Jung é a de uma tapeçaria de imagens-afetos organizadas através de complexos. Não é por acaso que o "trabalho psíquico" com os complexos é um dos mais importantes trabalhos na clínica junguiana. E, lembremo-nos "trabalhar um complexo" é trabalhar as imagens/afetos e a energia que o organizou. Insisto que essa maneira de pensar a forma – a alma - é flexível, manejável, não é substancializada e, como veremos, é transformável.

Ao invés de aplicarmos formas, fórmulas, modelos é preciso voltar o olhar para o campo energético e o que brota dele e, com isso, a liberação da gênese. Com muitos riscos alargo, nas linhas abaixo, a compreensão de energia e de gênese em Jung.

Uma das frases mais citadas de Jung no movimento junguiano mas, definitivamente, não pensada: a consciência brota do inconsciente coletivo! Se a consciência brota do inconsciente coletivo todos os opostos da consciência, os conhecidos e os não conhecidos, daí também brotam: pensamento, senti-

20. Termo clássico de Jung.

mento, sensação, intuição, extroversão, introversão. Ou estão em germe no inconsciente coletivo... E as formas primordiais? Não vamos nos esquecer que Jung até 1919, nas pegadas de Jacob Burckhardt, usava o conceito de formas primordiais e não de arquétipos. Arquétipo só foi usado a partir dessa data. De onde brotam as formas primordiais, as imagens arquetípicas? Façamos o mesmo raciocínio: brotam da energia do inconsciente coletivo. Para esse brotamento Jung usa como paradigma o cristal, tal como o cristal se organiza da água mãe, as formas primordiais também[21].

E a materialidade do mundo? Já que agora sabemos que o espírito (consciência, pensamento, intuição, formas primordiais, arquétipos) brota, emerge do inconsciente coletivo, desse gigantesco caldeirão de energia e tem como paradigma o cristal, perguntamos: e a matéria de onde brota? Se tivermos presente a energia que emerge do diferencial de opostos; se mantivermos na mente que a energia é a "mãe de todas as possibilidades"; enfim se tivermos tudo isso presente não será difícil desdobrar a resposta: 1) as formas, todas elas, arquetípicas, não estão dadas, não se organizam, como em Aristóteles, atra

21. ..."O arquétipo é um elemento vazio e formal em si, nada mais sendo do que uma *facultas praeformandi*, uma possibilidade dada a priori da forma da sua representação. O que é herdado não são as ideias, mas as formas, as quais sob esse aspecto particular correspondem aos instintos igualmente determinados por sua forma. Provar a essência dos arquétipos em si é uma possibilidade tão remota quanto a de provar a dos instintos,enquanto os mesmos não são postos em ação in concreto. No tocante ao caráter determinado da forma, é elucidativa a comparação com a formação do cristal, na medida em que o sistema axial determina apenas a estrutura estereométrica, não porém a forma concreta do cristal particular. Este pode ser **grande ou pequeno, ou variar de acordo com o desenvolvimento diversificado de seus planos, ou da interpenetração recíproca de dois cristais**. O que permanece é o sistema axial em suas proporções geométricas, a princípio invariáveis. O mesmo se dá com o arquétipo" ... JUNG. C. G. *Os arquétipos e o inconsciente coletivo*. Petrópolis. Vozes, 2014. § 155 - grifos nossos.

vés da mente humana; todas as formas emergem do caldeirão energético chamado por Jung de inconsciente coletivo. Mas se isso é assim, se todas as almas (formas) brotam do inconsciente coletivo, como os junguianos gostam de nomear, brotam da Alma do Mundo, precisamos dela nos diferenciar para existir individuados; 2) Se do caldeirão energético brotam todas as possibilidades, se ele é a mãe de tudo que há, podemos inferir que a matéria também daí brota. Unus Mundus. É a partir dessa hipótese que podemos compreender os contornos da experiência numinosa, no processo de individuação: a sincronicidade. Não "chegamos" à alma do mundo, nós emergimos dela...E um dia, com certeza, a ela voltaremos, como sugeria Anaximandro, um pré-socrático.

Voltemos a uma pergunta crucial: podemos na nossa curta experiência de vida ter acesso a esse caldeirão energético? Podemos ter acesso a essa energia, a esse estado de tensão, a esse diferencial de opostos no campo psíquico? Quando ao longo da nossa vida nos é dada essa incrível oportunidade?

Com certeza não podemos "nos abrir" para essa energia ancorada no diferencial de opostos! Não se trata de um ato de vontade; não se trata também de conquistar essa abertura através da análise. Um belo dia somos "chamados" a viver esse processo misterioso e espiritual.

III. Processo de Individuação

Jung descreveu incansavelmente o processo de individuação que, de repente, ele experienciou. Individuação é para ser descrita porque sempre enuncia algo não previsto e isso é assim quando trabalhamos com energia, diferencial de opostos, energia psíquica.

No precioso capítulo *Confronto com o inconsciente* em *Memórias Sonhos Reflexões*[22] a descrição da experiência da indivi-

22. JUNG, C. G *Memórias Sonhos Reflexões*. Nova Fronteira, 1981.

duação de Jung parece ser inesgotável, pois podemos sempre descobrir novas camadas de sentido na medida em que sofremos novas individuações na idade adulta. Também o *Livro Vermelho* e os *Livros Negros* fazem parte dessa descrição. Segundo Deirdre Bair, sua biógrafa, Jung teria dito que tudo que escreveu depois de meados dos anos 10 era para dar sentido, significar sua experiência individuante[23]. E convenhamos Jung escreveu bastante, sua obra é vasta. É bom então que tenhamos isso presente pois Jung fez alianças; grande buscador de sentido encontrou às vezes em fontes inesperadas parcerias: nos "povos primitivos"[24], nos mitos, nos alquimistas, nos antigos processos iniciáticos; todos foram aliados indispensáveis para que Jung desse contorno ao misterioso processo de individuação.

Conto agora para as minhas leitoras e leitores como lidei com a obra de Jung, que método usei - lembremo-nos que *hodós* em grego significa caminho. Junto com Jung, penso que a fonte da sua teoria, dos seus conceitos, das suas elaborações é exatamente o processo de individuação por ele vivido – pioneiro e misterioso - e a sua clínica individuante[25]. Daí decorre a circularidade presente na sua obra que, vista a partir desse angulo, deixa de ser problema para se tornar enriquecimento. Jung não é confuso; sua teoria depois dos anos dez aprofunda a experiência de individuação por ele vivida com ressignificações, dobras e mais dobras conceituais, recusas, desvios, ruptura, contradições. Lê-lo assim, penso, é uma possibilidade. Diria mais: eu o li assim, aprofundando a experiência de individuação que, de repente, me acometeu e por isso Jung foi para mim um incansável recomeço!

---

23. BAIR. Deirdre. *Jung – Uma biografia*. Op. cit., p. 330. Jung teria dito então: ..."Minha vida inteira consistiu em reavaliar o que saiu do meu inconsciente naquela época e me inundou como uma misteriosa torrente, ameaçando destruir-me"... p. 330

24. As aspas em povos primitivos são minhas, não de Jung. Na época de Jung esse termo não era denunciado como colonialista, hoje é.

25. Clínica individuante é um termo meu, não de Jung.

Não raro, acompanhando essas reviravoltas, como leitoras e/ou estudiosos da obra de Jung perguntamo-nos: o que está ele fazendo? É diferente de ler Freud, ou um filósofo que trabalha como geômetra: anunciando uma questão e depois desdobrando a compreensão do problema enunciado. Não é assim com Jung! Parece desdobrar a si mesmo em uma experiência sem fim, que se aprofunda quase que à revelia do autor. Trabalhar em círculos é uma das dificuldades, não a única. Muitos comentadores já sugeriram que Jung está circuambulando o próprio Self/Si Mesmo. Pode ser. Prefiro pensar que Jung aprofundava seus conceitos tendo em conta a experiência de individuação e, então, sugiro, que não há bem um começo e um fim na teoria de Jung, mas círculos, uma circularidade que se adensa na exata medida que aprofunda, conhece e amadurece o processo de individuação[26]. Na medida que ao se individuar, individua conhecimentos[27] dos que se tornam parceiros de

---

26. Inútil perseguir essa circularidade; nela e com ela Jung volta atrás, soma, ressignifica, desvia, rompe, individua. Só um historiador da psicologia analítica como Sonu Shamdasani e, aviso os leitores, com limitações, pois os capítulos que compõem o livro de Shamdasani são muito desiguais, alguns excelentes, outros sofríveis; mas dizíamos só um historiador da psicologia ou um biógrafo do porte de Bair Deirdre, exatamente porque acompanham a vida, a trajetória, e a construção da teoria, dos conceitos têm, digamos assim, uma sorte melhor ao ler um autor difícil, complexo e singular como Jung. A maioria dos leitores que tentam compreender um conceito sucumbem na diferenciação que os conceitos sofrem nas mãos do próprio Jung.
SHAMDASANI. S. *Jung e a construção da psicologia moderna:* o sonho de uma ciência. Aparecida/ S.P. Idéias e Letras, 2005.
27. Individuação do conhecimento não é um conceito de Jung, mas penso que é exatamente a maneira como ele conhece algo: ele individua. Uma idéia que insiste em mim sem que eu possa ainda compreender mais profundamente é que os autores que trabalham com energia, também psíquica, depois de uma individuação radical como foi aquela de Jung não podem senão individuar suas relações, o conhecimento, a vida como um todo - ainda que não saibam disso, vale dizer, que não sejam conscientes. Sei disso através da minha experiência de individuação; não sou uma estudiosa, uma historiadora de Jung. Tenho como bússola a experiência que vivi e a de meus pacientes e a partir daí individuo - não sei mais proceder

jornada, os alquimistas por exemplo. O livro, central para a compreensão do processo de individuação é *Psicologia e Alquimia*[28], um exercício de individuação do conhecimento; os alquimistas foram parceiros inesperados, para a compreensão desse processo.

Friso então que à medida que se individua, Jung individua conhecimentos que o ajudaram a dar contornos, explicar, compreender sua individuação e sua clínica individuante.

Então, parece-nos óbvio, que se quisermos conhecer a psicologia analítica temos que nos individuar, passar às vezes por individuações penosas na idade adulta, só assim conheceremos através da experiência conceitos resultantes da individuação: unus mundus, sincronicidade, alma do mundo, animismo, espiritualidade e, claro, o processo de individuação. De novo, atenção à circularidade: o que estava no começo está também no fim, as mesmas percepções, intuições, imagens, conceitos, teorias. Importante perceber essa circularidade como se não houvesse começo, meio e fim – mas, pontos em circulação. Talvez, seja um dos mistérios da individuação, mistério que reaparece nas incansáveis dobras teóricas.

Enquanto Jung viveu, a chave da psicologia analítica eram a energia psíquica e a individuação e quando ele falece muitos de seus discípulos prosseguem nessa caminhada. Só nas últimas décadas, particularmente com J. Hillman e com W. Giegerich a experiência de individuação perde a centralidade na clínica e/ou na teoria.

Ao invés dessas experiências-conceitos (energia a partir do diferencial de opostos e individuação) justo os que levaram Jung a romper com a psicanálise, aparecem experiências-conceitos apaziguados, talvez mais adequados à formação (sic) rápida de analistas em institutos de formação. Assim, no lugar da

---

de outro jeito – o conhecimento de Jung. O conceito de individuação do conhecimento pertence a Gilbert Simondon.

28. JUNG. C.G. *Psicologia e Alquimia*. Petrópolis. Vozes, 2012.

energia desconstrutora de formas aparece a ideia de "impulso de individuação"[29] e, a individuação abandona o campo da alquimia, no que tem de radical, e torna-se promessa de singularidade: tornar-se quem se é. De que jeito?

Insisto e discuto a seguir os escritos e livros de C. G. Jung que se dedicam à individuação. São eles: *A Energia Psíquica*[30], *O Eu e o Inconsciente*[31], *Vida Simbólica* (*Adaptação, Individuação e Coletividade*)[32] *Psicologia e Alquimia* e, claro, os livros já citados, *Memórias Sonhos Reflexões* etc., que descrevem o processo de individuação de Jung. Os demais livros – e são muitos - giram em torno da individuação mas suas definições não podem ser eleitas como principais!

Nos escritos acima especificados, uma espécie de espinha dorsal/ esquema, que não se perde através dos tempos; neles, o processo de individuação não pode ser compreendido sem a noção de "meio": sociedade/cultura/coletivo. Enquanto há adaptação do indivíduo ao meio, há trânsito de opostos e tudo vai bem. Jung chama essa adaptação ao meio de progressão – que nada tem a ver com evolução. Cá e lá, todavia, a adaptação colapsa, pois o meio se transforma pondo em xeque a adaptação do indivíduo e/ou o indivíduo se desadapta (em função das energias do inconsciente coletivo) em relação ao meio. Quando há um colapso da adaptação, a regressão da energia psíquica se inicia e então se impõe o engolfamento da consciência pela libido. É o momento de buscar uma nova adaptação em relação ao inconsciente – que às vezes, dura muito tempo, muitos anos. Na alquimia, a regressão/individuação, corresponde à dissolução. A intensidade da energia psíquica – gerada e desprendida dos opostos - na regressão pode ser de tal ordem que o indivíduo perde temporariamente o con-

29. Discutimos essa questão nas notas 4,5 e 6 do presente escrito.

30. JUNG. C.G. *A Energia Psíquica*. Op.cit.

31. JUNG. C.G. *O Eu e o Inconsciente*. Principalmente o § 254.

32. JUNG.C.G. *A Vida Simbólica*/2. Petrópolis. Vozes, 2012.

tato com seu grupo de referência e/ou mantêm-se por muito tempo alheado em relação ao mundo exterior. Não por acaso precisa valer-se de uma persona!

A palavra não tem acesso, ou tem um acesso muito difícil a esse processo misterioso e exigente, cheio de perguntas sem respostas, e essa é uma das razões do porquê Jung cita em *A Energia Psíquica*[33] o mito do dragão-baleia como metáfora do engolfamento da consciência pelo inconsciente coletivo (energia psíquica) e da difícil acomodação que daí resulta:

> ...o herói é o representante simbólico do movimento da libido. A entrada no ventre do dragão representa a direção regressiva. A viagem ao Oriente (a travessia noturna do mar) e os eventos que ocorrem nessa ocasião simbolizam o trabalho e o esforço de adaptação às condições do mundo interior da psique. A circunstância de o herói ser devorado e desaparecer inteiramente no ventre do dragão significa o alheamento completo da atitude com relação ao mundo exterior. O ato de dominar o monstro a partir de dentro representa o esforço de adaptação às condições do mundo interior. A saída do corpo do animal (o ato de escapulir-se) com ajuda de um pássaro, que é igualmente um nascer do sol, expressa o reinício da progressão.

Só quando a adaptação interna é alcançada, no ventre do dragão, tem início uma nova progressão, uma nova adaptação ao meio externo. Esse movimento da energia psíquica é permanente e, então, o indivíduo, tal como o conhecemos na modernidade – acabado, em si mesmo e separado de todos os demais seres, dotado de consciência, ego e vontade – se desconstrói inteiramente nas individuações. E, também, insisto, esse movimento da energia psíquica descrito por Jung nada tem a ver com

33. JUNG. C. G. A Energia psíquica, § 68.

o indivíduo – edipiano, emocionalmente amadurecido, pensante – que resulta, por suposto, de uma boa psicanálise. Melhor, seria nomeá-lo indivíduo-individuante[34]: outra visão de mundo, outra sensibilidade, outro desenho subjetivo, outra espiritualidade. Parceiro, doravante, da "energia de vida" na sua eterna desconstrução/ construção de paisagens anímicas, de formas.

IV. Pensando a clínica

O presente escrito tem como base a clínica que exerço há mais de 30 anos. Acompanhei dezenas de processos de individuações. Muitas foram abortadas porque são penosas e as maneiras de abortar variadas: ao invés de atravessar, de transitar a pessoa "volta atrás" e petrifica-se; essa "volta atrás" foi bem comentada por Jung em O Eu e o Inconsciente[35]; quando a regressão é aguda, a individuação é rapidamente confundida com depressão, quer por psicanalistas, quer por psiquiatras e então o uso de medicamentos amortece o sofrimento mas também a compreensão do processo. Quem aborta também pode ser um desaviasado moderno, "aquele que faz", "que resolve tudo com as mãos", melhor dizendo, com o ego; os que não tem tempo de espera, os que não confiam na Vida e, então, abrem um negócio, tem um filho, viajam, casam... Qualquer projeto é bom para o autoengano e aí acompanharemos uma sucessão de fracassos, aparentemente, inexplicáveis.

Comento então aqueles que, sofrendo muito, é verdade, enfrentam a travessia e se arriscam no chavascal[36]. A travessia,

34. O termo é meu, não é de Jung.

35. JUNG. C.G. *O Eu e o Inconsciente*. Petrópolis. Vozes, 2015.

36. Chavascal é uma espécie de lagoa de grandes extensões cheias de bichos peçonhentos, nas montanhas da Amazonia, que o povo macu atravessa, descalço naturalmente. Cada passo é um perigo e o macu pode encontrar a morte. Quando li Vocês brancos não tem alma, de J. Pozzobon, uma pérola enfatizo, me atravessou a ideia de extrema espiritualidade dos povos originários macu. Só com muita fé na vida é possível atravessar o chavascal. Da mesma maneira sempre pensei o processo de individuação quando a regressão é radical, só com fé na vida, o processo pode ser levado

exigida pelo processo, pode ser leve, mas não raro, também pode ser radical. Vou descrever as radicais. Enfatizo que não há maneira de perceber o processo de individuação "no outro, qualquer outro, todos os outros" se o analista não enfrentou em si e, de preferência junto a um outro que o testemunhou, em análise, processos de individuação na idade adulta, compreendendo-a passo a passo. A chave para a compreensão, para uma hermenêutica de sentido do processo é então o próprio analista individuado. E, também, claro, os escritos referentes a individuações. A literatura ajuda muito.

Às vezes acompanhamos por alguns anos um paciente valendo-nos – no meu caso da psicanálise de Donald Winnicott e Cristopher Bollas - e, de repente o processo de individuação se inicia; os sonhos que precedem esse momento já indicavam isso para o analista. Comento abaixo duas maneiras que, paradoxalmente, organizam, digamos assim, o desencadear do processo:

1) A/o paciente nos últimos tempos, às vezes anos, está extremamente ocupada em conquistar estabilidade financeira e profissional. Este "fazer" parece corriqueiro, mas para um bom olho clínico, é excessivo. Também prepara para si uma catástrofe, uma possível mudança de cena: age como sempre agiu mas em demasia: sempre traiu a esposa, mas de repente exagera na dose. Desencadeia uma catástrofe em sua vida e, por vezes, perde tudo: o casamento, as namoradas, o emprego, o apartamento... O analista percebia o que estava acontecendo, mas não caberia e não adiantaria interpretar o futuro. Outro exemplo: também preocupado com o futuro, quero dizer, em conquistar condições independentes para viver o que virá, de repente o paciente "casa-se com a sua mãe", quero dizer, busca alguém e faz um tipo de vínculo muito primordial e que só estabeleceu com um dos genitores com quem teve muitos problemas, traumas, desmentidos silenciados, não falados e não

---

à cabo. Cf. POZZOBON, Jorge. Vocês brancos não tem alma - histórias de fronteira. S.P. Instituto Socioambiental, 2013.

ditos. O namorado, marido vai embora também sem falar, em silêncio. O rompimento é a catástrofe!

2) A vida se tornou um fardo, precisa simplesmente de renovação; renovação que não pode ser buscada nas tarefas da existência. Nada está errado, mas, também paradoxalmente, a vida está sendo carregada como um fardo. Nesse momento da trajetória uma pergunta que nos atravessa ou que formulamos pode ser fatal. Mais sofisticado porque não implica em repetições, a/o paciente não tem recursos emocionais, psíquicos, mentais para responder. A angústia advém e por mais que busque a resposta para sua pergunta, seus recursos são insuficientes. O processo de individuação se inicia.

O paciente para de funcionar, a desadaptação ao "meio" (cultura, social) pode ser radical - tudo depende da energia liberada pela trava do trânsito dos opostos[37]. A regressão se inicia e com ela o processo de individuação. Insisto que esse processo foi desencadeado com e pela Vida e não pela análise. A energia psíquica é autônoma e o processo desencadeado encontrará termo na própria regressão; como já dissemos, a regressão pode ser leve revisitando a infância ou radical buscando uma nova paisagem anímica e psíquica, já que a forma psíquica se organiza a partir de imagens, buscando, como dirá Gilbert Simondon, uma nova tomada de forma[38]. Jung lê a energia a partir da intensidade de valor. Pensemos, para compreender melhor a questão, a trajetória da nossa vida não como uma linha reta, mas capaz de abarcar linhas vitais temporárias, provisórias. Cada vez que experimentamos um declínio da intensidade vital, uma perda de libido ou uma re-

37. Já insistimos em que Jung construiu um modelo de energia - diferente de força - ancorado no diferencial de opostos - múltiplos opostos cuja raiz são os instintos: de fome, de poder, de sexo, de morte etc. Trata-se de um modelo! O modelo poderia ser outro, muitos outros, porque o que importa é a questão da individuação a partir da energia.

38. SIMONDON. G. *A Individuação à luz de Forma e de Informação*.S.P. Ed. 34, 2020.

gressão, é sinal de abandono de uma linha vital e, com isso, iniciamos uma nova linha.

Encontrar alguém que nos compreenda nesse tipo de regressão que nos leva aos confins do nascimento, à barriga da mãe, que não é a mãe biológica, mas a mãe inconsciente coletivo, lugar de germinação de uma nova tomada de forma, é absolutamente fundamental, mas – insisto – o trabalho da energia psíquica é autônomo e, como dissemos acima tem a ver com o colapso da adaptação, com a regressão e com a progressão. É a Vida se dando uma nova paisagem anímica através da energia psíquica, do diferencial de opostos. Aproveito para dizer que a morte e o renascimento foram a terceira divergência apontada por Jung em relação a Freud[39]!

À catástrofe segue-se a regressão-individuação e um processo de dessubjetivação[40]. A energia desprende-se dos processos subjetivantes que, até então, chamávamos de "nosso destino", "exercício da nossa vontade", "nosso caminho", "nossa trajetória". É a dissolução alquímica que pode ser muito radical e causa imenso sofrimento. Essa dessubjetivação é acompanhada de novos processos subjetivantes, tentativas de a energia sem trilhos, ganhar caminhos, subjetivação. Um paciente meu deu um nome para esse tempo, processo: é o tempo da energia-criança. Achei o nome, a denominação perfeita: a energia parece subjetivar-se por algum tempo indicando um caminho, um caminho para aquele - o paciente - que perdeu todos os caminhos e já não "funciona" mais no meio social/coletivo/cultura e, por isso se vale de uma persona.

Esse momento da individuação que pode durar muitos meses é o mais difícil e sofrido. A energia-criança, a energia-viva-sem-ligação, oferece mil possibilidades, mil caminhos... E, todavia, se o paciente estiver em análise - porque a individuação não de-

39. JUNG. C.G. *Freud e a Psicanálise*. Op. cit. §s 781 a 784.

40. Os conceitos de subjetivação e dessubjetivação usados acima são meus. Jung não usa esses termos.

pende para se constelar de análise e permanentemente se desencadeia nas pessoas sem recursos emocionais, psíquicos, mentais; dizíamos, se o/a paciente estiver em análise, conta com um outro para testemunhá-lo e ajudá-lo a pensar a compreender essa incrível oportunidade da vida; a compreender os sonhos que se abrem "para o futuro e para o passado", como ensinou Jung; enfim, se o paciente estiver em análise a trajetória toda da vida é revisitada emocionalmente e isto significa uma grande abertura para a sombra, o inconsciente que nos constitui. Perguntas se abrem em torno do feminino, do masculino e da destinação, da existência. E o/a paciente demonstra ter um único desejo - nesse período em que predomina a energia-criança - de caminho existencial, de integração e de totalidade.

Finalmente a progressão torna-se mais forte do que a regressão – porque obviamente não são dois momentos separados, mas estão encavalados: questão de ênfase. Com a progressão uma nova subjetivação. um novo caminho, uma nova destinação, uma nova paisagem anímica, uma reorganização das imagens que, corresponderia em Jung a uma nova tomada de forma[41]. A progressão traz consigo uma gigantesca expansão da consciência, novos caminhos subjetivantes jamais sonhados, alianças novas com grupos, com o coletivo. Traz consigo espiritualidade: a compreensão que a vida é perda e ganho de formas, organização e reorganização de imagens-fantasias. É incessantemente morte e renascimento, novas paisagens subjetivas e culturais, novas formas arquetípicas.

V. A faca e o queijo

Valho-me dessa metáfora popular, da faca e do queijo, para dizer que nos últimos tempos é exatamente essa possibilidade de fazer valer sua presença, de contar para o debate atual; é exatamente isso que o movimento junguiano, com poucas ex-

41. Expressão de Gilbert Simondon.

ceções, perdeu ao fazer desaparecer de seu campo de conhecimento, cognitivo e emocional o campo energético, bem como a preciosa experiência da individuação.

O mundo moderno emerge e conta com duas figuras reconhecidas por todos nós: o indivíduo liberal, competitivo no mercado e um Estado moderno que por contrato emerge desse conjunto de indivíduos em guerra. Indivíduos separados dos demais seres, litigando entre si, e ocupando-se da guerra no mercado. Indivíduos acabados e portadores de identidades fechadas, por contrato, organizam o Estado moderno, cujo protótipo nos foi oferecido por Thomas Hobbes em *O Leviatã*. Indivíduo, contratualismo, representação são as chaves modernas. Grande parte das ciências humanas e as psicanálises renderam-se a esse processo moderno civilizatório e trabalham para manter esse jogo. Claro que as psicanálises também desconstruíram esse indivíduo moderno portador de consciência, de ego e de vontade; desconstruíram sim, mas não o suficiente, não o bastante ao pensarem o indivíduo a partir do inconsciente. Tanto é assim que o tronco freudiano (winnicottiano, kleiniano, bollasiano) luta com todas as suas forças na direção exatamente do contrato social, de um novo contrato social a partir de sujeitos edipianos.

Para a psicanálise, Édipo, a forma Édipo universalizada, poderia ser a solução para a sociedade moderna e contemporânea. O saudoso psicanalista Hélio Pellegrino marcou época ao trazer à tona a relação de Édipo, sujeitos edipianos, e o contrato social moderno ocidental. O que há de melhor na psicanálise pensa nesta direção: a forma Édipo, mesmo que Édipo seja gay, antilhano, africano (não é a realidade que importa mas a forma, o modelo, Édipo) o contrato social moderno, a representação. Moderna, a psicanálise vive de formas. Fora da forma e do modelo não há civilização, só barbárie. Amantes incondicionais da civilização ocidental!

Ora, há toda uma gama do pensamento crítico contemporâneo que, frente à crise climática, ao antropoceno, à catástrofe que já aconteceu, pensa outras saídas não mais propriamente políticas, mas civilizatórias. Refiro-me a Gilbert Simondon e todos os que hoje se reivindicam herdeiros, de alguma maneira desse filósofo e a sua obra magistral *A Individuação à luz de forma e da informação.*

É nessa tradição do pensamento contemporâneo que podemos situar a contribuição de Jung. Refiro-me à energia, a um campo energético, que libera gêneses e individuações.

A individuação, essa experiência em Jung, foi um acontecimento e os fios de sentidos e de pensamentos que Jung conseguiu alinhavar em torno dessa experiência, tornando-a um bem comum, é convite a novas experiências e a novas camadas de sentido e pensamento.

Com a experiência da individuação, desencadeada no momento da desadaptação – na perda da libido, a um desarranjo ou, não raro, a um colapso da adaptação – entre o indivíduo e a sociedade/cultura, chegamos com Jung, a um indivíduo-individuante e não a uma identidade acabada em si mesma e não a uma forma, Édipo por exemplo. A energia "mãe de todas as possibilidades", genética, não estrutura formas, modelos, paradigmas para todo sempre. Pelo contrário a energia, também psíquica, desfaz todos os rostos, todas as formas e não permite uma ciência morfológica, da representação, a não ser provisoriamente. Com isso, a peça-chave da modernidade, o indivíduo no mercado, o indivíduo de Margareth Thatcher ("Não existe sociedade, só existem indivíduos no mercado e famílias") entra em desarranjo; e, com ele, o contrato social, a representação e as ciências sociais e psíquicas precisam ser repensadas já que tendem a agarrar-se a uma estabilidade inexistente e a uma morfologia permanente.

Trata-se então de recuperar a faca e o queijo e "cortar o mundo", abrindo mão do encantamento das formas, quando não de deuses, que nas últimas décadas anestesiaram em parte o pensamento no movimento junguiano. Com a faca e o queijo na mão precisamos avançar ainda um passo e pensar as possibilidades de um mundo em constante mudança, em constante transformação. Simondon na conferência *Forma, Potenciais e Informação*[42], já citada, insiste na diferenciação entre uma ciência morfológica necessária para compreender os grupos e a sociedades estáveis e uma ciência energética que nos permite a compreensão de grupos e sociedades que, em determinados momentos passam a discrepar internamente, discrepam da forma como estão constituídas e ao desadaptar-se, mergulhadas na energia metaestável – energia carregada de potenciais, de diferença entre potenciais, transbordando a si mesmo supersaturadas - entram em dissolução e, numa alquimia generalizada, tomam uma nova forma.

Simondon individuou o conhecimento de Jung, refiro-me ao processo de individuação e, na conferência citada, alarga-o como possibilidade de conhecimento dos grupos e das sociedades. É uma boa ideia pois frente aos duros tempos que se aproximam precisamos desesperadamente de maneiras novas de pensar os indivíduos, indivíduos-individuantes, e os grupos e sociedades também individuantes.

Referências

BARRETO, M. H., *Pensar Jung*. S.P. Edições Loyola: Paulus, 2012.

GUI, R. T. *O Insaciável Espírito da Época* – Ensaios de Psicologia Analítica e de Política. Petrópolis. Vozes, 2021.

JAFFE. J. (ed). Memórias *Sonhos Reflexões*. R. Nova Fronteira, 1981.

JUNG.C.G. *A Vida Simbólica*/2. Petrópolis. Vozes, 2012a.

_________. *Psicologia e Alquimia*. Petrópolis. Vozes, 2012b.

_________. *Freud e a Psicanálise*.Petrópolis. Vozes, 2013a.

_________. *A Energia Psíquica*.Vozes. Petrópolis, 2013b.

42. SIMONDON. G. *A Individuação à Luz das Noções de Forma e de Informação*. S.P. Editora 34, 2020.

_________. O Eu e o Inconsciente. Petrópolis. Vozes, 2015.

_________. Tipos Psicológicos. Petrópolis. Vozes, 2013.

_________. Os arquétipos e o inconsciente coletivo. Petrópolis. Vozes, 2014.

MARONI. Amnéris. Vestígios - Epifanias e Individuações. S.P., Intermeios, 2020.

POZZOBON, Jorge. Vocês brancos não tem alma - histórias de fronteira. S.P. Instituto Sócioambiental, 2013.

SAMUELS. Andrew, SORTER Bani, PLAUT. Fred. Dicionário crítico de análise junguiana. R.J. Imago, 1988.

STEIN. Murray. JUNG - e o caminho da individuação. Uma introdução concisa. S.P. Cultrix, 2020.

SIMONDON. Gilbert. "Forma. Informação e Potenciais" In A Individuação à luz de Forma e de Informação. S.P. Ed. 34, 2020.

Individuação e Corpo sem Órgãos: dissolver-se, coagular-se, inventar-se

Maurício SANTOS

Corpo sem Órgãos (CsO). Tenho de dizer que desde a primeira vez que esta formulação me encontrou, tornou-se um personagem conceitual fundamental do meu pensamento e, após, da minha prática clínica. Foi por acaso, há muito tempo, numa tarde qualquer dos anos 1990 folheando livros de autores que eu não conhecia na livraria do campus universitário. Fiquei pensando no que seria esse tal de Corpo sem Órgãos, que imagem era aquela. Como alguém poderia escrever páginas e páginas sobre aquilo? Mas estava lá, o livro era o terceiro de cinco volumes da recém-lançada edição brasileira do monumental *Mil Platôs*. Os autores eram o filósofo Gilles Deleuze e o psicanalista Félix Guattari. Confesso que desisti após folhear um pouco e ler algumas páginas, o receio e a desconfiança foram maiores do que a curiosidade. Mas era tarde demais e algo já havia se alojado em mim como uma espécie de alien imaginal e filosófico e naquela tarde eu me despedi só para depois voltar e voltar e voltar. Anos depois, foi já como junguiano e apenas como junguiano que o CsO começou a se revelar para mim. De início, nem eu mesmo sabia disso, mas estava tudo lá. Então, para tratar do CsO na sua formulação mais elaborada, esta que está no terceiro volume de *Mil Platôs*, em vez de descrever o texto, enumerar seus argumentos e problemas de forma sistemática, enfrentar sua linguagem caudalosa e veloz ponto por ponto e sua exigente sofisticação conceitual, prefiro conversar como ele a partir de um lugar junguiano, acredito que este é o melhor caminho, até porque o objetivo geral aqui é colocar lado-a-lado o Corpo sem Órgãos e a individuação.

Um inconsciente criativo, uma imagem miraculosa

A primeira característica que salta aos olhos é o próprio nome do conceito e a sua origem. Ora, esta é a uma formulação desconcertante que nos chegou diretamente da psique extremamente criativa e também psicótica de Antonin Artaud. Pensar a psique a partir da psicose é algo que Jung fez desde *Símbolos da Transformação* que, não por acaso, foi o estopim do afastamento com Freud. Como sabemos, as outras fontes de Jung para acessar o inconsciente são o sonho e as mitologias. Estas fontes têm uma relação mais direta com o inconsciente do que o pensamento em sua forma usual, o pensamento consciente, racional e neurótico. Desde o seu início a psicanálise havia sido desenhada para lidar com as neuroses, o célebre mandamento de que era preciso transformar o *isso* em *eu*, já nos anos 1920, confirmou definitivamente este *ethos*. O conceito de inconsciente freudiano sofreu inúmeras modificações e complexificou-se com o passar do tempo, mas não é equivocado dizer que a lógica psicanalítica se interessa, ao tratar do inconsciente, especialmente no que é desejo reprimido e recalcado a partir da consciência. Assim é também com os sonhos que se tornam, nesta visão, essencialmente a realização de desejos. Tendo em vista esta concepção de inconsciente, haveria para a psicanálise algo comparável ou análogo à individuação como Jung concebeu?

Jung inverte a lógica de que o inconsciente é amplamente produzido por material reprimido amparado nos seus próprios estudos e em pensadores românticos alemães anteriores ao século XX (Schiller, Schelling)[1] que já compreendiam a vida consciente como sucedânea do inconsciente, um inconsciente que tinha raízes na natureza muito mais do que nos conflitos edípicos da família nuclear com pretensões à universalização. Então, sob a perspectiva junguiana, é o inconsciente, em todas as suas expressões, individuais e coletivas, que deve explicar a consciência e o funcionamento da psique e não o contrário.

1. Shamdasani descreve muito bem essa influência da filosofia romântica alemã no pensamento de Jung em *Jung e a construção da psicologia moderna*.

Dito de outra forma, temos de ouvir a psicose como um discurso original, vivo, prenhe de sentidos, capaz de formulações agudas sobre a realidade e não como uma espécie de degeneração ou perda da capacidade de pensar, como entendia a psiquiatria do final do século XIX e início do século XX. Uma formulação como a do Corpo sem Órgãos nasce de uma vivência privilegiada do fluxo inconsciente e sua impressionante capacidade de produzir imagens, símbolos e narrativas delirantes. Este também é o caso, por exemplo, das "miraculações" de Schreber, outro caso de vivência delirante que muito interessou a Jung e depois especialmente à Freud.

O que Deleuze e Guattari propõem e fazem quando tratam do CsO é desenvolver filosoficamente a intuição de seu inventor, Artaud, a ponto de ela se tornar uma espécie de modelo vivo das **transformações** da subjetividade na vida vivida. Não é justamente sobre as transformações psíquicas que trata *Símbolos da Transformação*? Artaud vivenciou a destruição de seu corpo como um fim de mundo e defendeu a necessidade da criação de outro corpo, ele bradou contra os ditames do organismo, contra a fixação identitária de funções e deveres dos órgãos. Vamos nos lembrar que Jung evitou os conceitos abstratos na sua psicologia e preferiu tratar do inconsciente a partir do modo como ele, o inconsciente, expressava suas potências e figuras, por isso hoje podemos falar sobre sombra, anima, animus, persona, entre outras. São figuras e não apenas conceitos, figuras da imaginação; elas podem nos falar e assim também é com a imagem do CsO.

Então, o convite deste texto é tentar pensar um pouco sobre a relação da **individuação**, como Jung a definiu e entendeu, e essa noção de **Corpo sem Órgãos** desenvolvida por Deleuze e Guattari a partir da mente, da obra e da vida de Artaud. Esse é um desafio tanto saboroso como também um pouco assustador. É que o conceito de Corpo sem Órgãos, como está apresentado no texto chamado *Como criar para si um CsO?*, aquele mesmo que encontrei por acaso nos anos 90, é fruto de muitas referências filosóficas, literárias, psicanalíticas, políticas, místicas até. Ele é um híbrido muito arrojado de todos estes saberes, um agregado destes encontros, desta espécie de diálogo entre essas influências, mas, acima de tudo, ele guarda uma proposta existencial de **experimentação e transformação, da vida e na vida**. Ao mesmo tempo, mesmo com todas estas influências, é um tipo de concepção muito rigorosa, exata até.

Ao discorrerem sobre o Corpo sem Órgãos, percebemos que não se trata de nenhum tipo de performance literária ou impressionismo conceitual, muito pelo contrário. Deleuze e Guattari não escreviam textos especulativos, não estavam interessados em perder tempo criticando e polemizando, o que lhes interessava era dar envergadura aos seus próprios conceitos e aí eles faziam um trabalho exaustivo e é justamente isso que ocorre quando tratam do Corpo sem Órgãos, em que pese esta imagem esquisita, bizarra, um tanto surreal. Meu desafio estará cumprido se ao final destas páginas ficar provada a plausibilidade na aposta de que este conceito-imagem do Corpo sem Órgãos, ao contrário do que possa parecer, pode sim, de certa forma, estar próximo ao pensamento junguiano e pode ser um operador especial para conversarmos sobre a individuação.[2]

Individuando

Dito isto, tenho de lembrar que a ideia de individuação, ou princípio de individuação, é muito antiga, é uma questão clássica e atravessa toda a história da filosofia ocidental. Basicamente ela se refere à pergunta de como algo é o que é e não

2. Para que não os afastemos do nosso objetivo principal, não vou investir tempo em apresentar as versões da ideia de individuação como aparecem nos textos de Jung, prefiro citar algumas mais tarde e espero que isto seja suficiente.

é outra coisa. Como todas as boas perguntas filosóficas ela parece simples de início, mas, ao se começar o trabalho de elaboração do pensamento, novas questões e respostas vão surgindo e a complexidade resultante é inevitável. O chamado princípio de individuação se relaciona com a questão espaço-temporal, com a questão do número, da unidade e multiplicidade, com a identidade, com as tensões entre o ser e o devir. O que Jung, enquanto herdeiro desta tradição filosófica que ele bem conhecia, é inaugurar um novo capítulo, qual seja, a proposta de um **processo de individuação da psique**, rumo a uma individualidade singular, única, integral.

Não é exagero afirmar que a ideia de processo de individuação é uma das contribuições mais originais de Jung para a psicologia, é a coluna vertebral ou o fio condutor de toda a sua concepção dinâmica, construtiva e prospectiva, seu *telos*, e isso tem uma face clínica óbvia, mas é muito mais ampla do que pode parecer porque o processo de individuação ocorre sempre, como sabemos, independentemente de alguém estar em análise. A individuação ocorre nas tensões do indivíduo com o coletivo em todos os seus estratos, a individuação é política e micropolítica, é ética, é estética. Todas estas dimensões da individuação estão presentes nos escritos de Jung, mesmo que algumas delas não tão explicitamente ou diretamente.[3]

O CsO e seus personagens

Agora podemos nos aproximar um pouco mais do Corpo sem Órgãos enquanto conceito filosófico de Deleuze e Guattari para relacioná-lo com a individuação. O que proponho neste ponto, agora que já percorremos a parte inicial do nosso caminho, é contar um pouco sobre dois personagens fundamentais.

3. Lembro aqui dos valiosos artigos do filósofo e psicólogo Marco Heleno Barreto sobre o aspecto ético da individuação.

O primeiro já citei, mas agora temos de conhecê-lo melhor. Antonin Artaud, o criador da imagem do Corpo sem Órgãos. O segundo, o filósofo Gilbert Simondon, que não aparece explicitamente no texto de Deleuze e Guattari em questão, mas está presente como uma espécie de pano de fundo o tempo todo, assim como sempre esteve nas obras anteriores de Deleuze. Ele é o filósofo que se dedicou magistralmente à individuação.

Vamos então ao primeiro: Antonin Artaud, que foi chamado pelo filósofo Daniel Lins de "artesão do Corpo sem Órgãos". Aqui será necessário apresentar alguns elementos biográficos de Artaud, pois sua vida foi uma espécie de experimentação autorrefletida e deste tal Corpo. A força das suas vivências tem estrita relação com a radicalidade da sua obra artística e literária e o Corpo sem Órgãos foi uma produção real para ele, não apenas uma metáfora ou alegoria – o que não significa que este "corpo" se limitasse ao corpo físico.

Artaud, nascido em Marselha em 1896 foi dramaturgo, ator, escritor, roteirista, místico, surrealista e inventor do chamado teatro da crueldade. A sua obra completa tem 28 tomos. A questão da psicose de Artaud permanece controversa, o fato é que assim ele foi considerado, um esquizofrênico, e na parte final de sua vida, encerrada aos 52 anos de idade, passou muitos anos internado. Uma das últimas internações foi no hospício de Rodez, onde recebeu os melhores cuidados por parte do psiquiatra e diretor da clínica, que admirava o seu trabalho artístico. Mas essa relação, descrita numa longa troca de cartas entre os dois, ainda assim era ambígua, pois o Dr. Ferdière considerava várias das suas manifestações estéticas como expressões de sua psicose que por isso deveriam ser tratadas à moda da época. Ele foi submetido a muitas sessões de eletrochoque contra a sua vontade que lhe trouxeram muito sofrimento e prejuízos físicos, dores de cabeça intensas, dentes perdidos, costelas trincadas, perdas de memória.

Artaud criava a partir da sua inteligência, da sua sensibilidade e da sua loucura, por isso suas obras eram tão desconcertantes. Seu interesse por experimentações e vivências místicas e políticas o levaram, anos antes, ao México para tomar peyote com os índios Tarahumaras, viagem relatada em um livro dedicado ao assunto. Foi em uma peça radiofônica escrita e encenada por ele em 1947 que surgiu a imagem do Corpo sem Órgãos. O texto da peça causou furor na intelectualidade francesa da época, leia-se Derrida, Deleuze, Lacan entre tantos outros. Esta peça se chamava: *Para acabar com o julgamento de Deus*. Em meio a uma poética inebriante, assustadora, de imagens desconcertantes e fora do comum, em estilo de diálogo, ele propunha não a negação dos órgãos, como pode parecer à primeira vista, mas a dissolução do organismo como forma de organização que se impõe, determina e limita outras expressões e potenciais destes órgãos.

Aqui está a primeira chave e talvez a mais importante para compreendermos o enigmático Corpo sem Órgãos: não se trata de um corpo em que literalmente os órgãos são retirados, mas sim **um corpo que supera o organismo** como organização pré-determinada. A partir daí, deste confronto, novas funções dos órgãos podem ser experimentadas. Eles, de certa forma, se transformam, se tornam outros. Trata-se da invenção de um novo corpo e de um novo mundo a partir de escombros. **Morrer e renascer**. Há aí um processo turbulento de desorganização, uma verdadeira destruição, para que algo novo possa ser criado, e essa viagem envolve riscos. Tratarei destes riscos mais tarde. Artaud não defendeu simplesmente este processo, não se trata apenas de um tópico teórico ou expressão estética – Artaud viveu as agruras e transformações que a sua individualidade louca e criativa lhe impingiu, sempre em conflito com um campo social, um coletivo que não o compreendia em sua radicalidade, mesmo que por vezes tentasse, mas que por fim se mobilizava para reenquadrá-lo, para normalizá-lo. Artaud, como ele mesmo se definiu: o suicidado da sociedade.

Ao contrário de Artaud, nosso segundo personagem não pede que tratemos demoradamente de sua biografia, pois sua participação aqui é eminentemente teórica e nos permite justamente colocar o Corpo sem Órgãos e o processo de individuação como descrito por Jung, lado a lado. Me refiro ao filósofo francês Gilbert Simondon. Simondon dedicou-se a propor uma nova e abrangente abordagem da individuação do ponto de vista filosófico, desde os objetos físicos e técnicos aos seres biológicos, culminando no psíquico, no coletivo e finalmente no transindividual. Ele foi filósofo, tecnólogo e fez formação em psicologia. Para além das humanidades, era profundo conhecedor da mecânica, hidráulica, termodinâmica e eletrônica. Seu estilo de escrita é clássico, difícil, extremamente elaborado, mas por trás desta forma filosoficamente tradicional está uma teoria disruptiva e revolucionária.

A crítica de Simondon ao modelo de individuação clássico, o chamado modelo hilemórfico, que atravessa toda a história da filosofia, especialmente a partir de Aristóteles, é que este modelo privilegia o indivíduo em detrimento da individuação. Dito de outro modo, é como se na relação entre forma e matéria, por exemplo, o barro que se torna um tijolo, a individuação devesse ser compreendida a partir do tijolo já pronto. Simondon faz uma crítica aguda a esta ideia que pretende pensar a ontogênese a partir de seu resultado último – o indivíduo pronto e isto para ele é um equívoco grave. Então, esse é o ponto inicial e a pedra de toque do pensamento simondoniano: a crítica ao modelo **hilemórfico**. O que Simondon alega é que devemos compreender o indivíduo a partir da individuação: como o barro se torna tijolo? A resposta ou as respostas não devem partir da natureza do tijolo, do que ele é ou se tornou, do tijolo que ainda não existe e, portanto, não deve ser apresentado como parâmetro da construção de respostas.

Essa inversão, de **pensar o indivíduo a partir da individuação**, pode parecer simples num primeiro momento, mas tem grandes consequências. Devemos conhecer o indivíduo através da individuação e não o contrário. Isso significa modificar, reformular as categorias do conhecimento. A presunção ontológica aqui muda do ser para o devir e o indivíduo passa a ser uma fase da individuação, ou seja, a individuação não "serve" ao indivíduo, mas é o indivíduo que se torna permanentemente individuante.

> Na verdade, o ser individuado não é substância, mas um "questionamento" do ser; ou seja, é uma existência que emerge de uma problemática, dividida, reunida, carregada em si, que se configura por meio dessa problematização e propicia ao ser o seu devir. O devir não é o devir do ser individuado, mas o devir da individuação do ser: [...] o indivíduo é contemporâneo de seu devir, pois este devir é sua individuação; o próprio tempo é essência, não como desenvolvimento que se inicia de uma origem ou tendência para algum fim, mas como uma constituição resoluta do ser (SCOTT, 2014: 6).[4]

Para compreender o indivíduo não podemos começar por ele, que presumimos estar totalmente constituído ou individuado, mas por um retorno à individuação "como a operação primordial pela qual os indivíduos se concretizam e da qual são modalidades" (SCOTT,2014). Não é o ser que condiciona o devir, mas o devir que contém o ser. O ser é devir; o devir contém o ser" (SCOTT, 2014). O indivíduo, assim, é uma realidade relativa, uma fase do ser contido no devir em meio à realidade metaestável pré-individual. A operação que rege todo esse processo individuante é nomeada de **transdução**. Não posso me estender aqui, para não fugir do nosso objetivo, mas é importante compreender que esta operação de transdução atravessa os estratos físico, biológico, psíquico e coletivo,

4. Tradução livre de Lirácio Júnior

ela é a operadora da individuação. Simondon elabora extensa e detalhadamente cada um destes momentos. A individuação é um processo potencialmente inesgotável e inevitável que está sempre ativo a partir das tensões energéticas pré-individuais que carregam o indivíduo a individuações subsequentes.

O indivíduo nesta concepção nunca existe sozinho, mas está sempre relacionado a um meio associado à sua existência; ele, o indivíduo, é sempre uma manifestação secundária de uma operação individuante. Aqui está um ponto que nos interessa muito, como analistas, terapeutas e pesquisadores da subjetividade: a relação entre indivíduo e coletivo foi desde sempre pensada a partir de um marco metafísico que os trata como se cada um deles, enquanto substâncias ou seres, fosse previamente individuado. Para Simondon estas instâncias não podem existir e não devem ser pensadas independentemente, elas coexistem em atividade relacional, o psicossocial é transindividual, uma relação de relações que conduz eticamente ao que ele chamou: um humanismo sem homem. As noções de Simondon são exigentes e inter-relacionadas, mas, para o nosso uso aqui, enfatizo três delas, a metaestabilidade, a operação de transdução e o campo pré-individual.

Após conhecermos melhor estes personagens e nos aproximarmos de suas percepções e ideias, acho que já posso perguntar, junguianamente: o que o Corpo sem Órgãos tem a nos dizer com relação ao processo de individuação e vice-versa? Tentarei esboçar uma resposta em cinco pontos.

Em primeiro lugar que ele é, acima de tudo, *experimentação*, ele deve ser feito apesar de já estar lá e, convenhamos, essa espécie de paradoxo não deve assustar a nós junguianos.

> De todo modo você tem um (ou vários), não porque ele pré-exista ou seja dado inteiramente feito — se bem que sob certos aspectos ele pré-exista — mas de todo modo você faz um, não pode desejar sem fazê-lo — e ele espera por você, é um exercício, uma experimentação inevitável,

> já feita no momento em que você a empreende, não ainda efetuada se você não a começou. Não é tranqüilizador, porque você pode falhar. Ou às vezes pode ser aterrorizante, conduzi-lo à morte. Ele é não-desejo, mas também desejo. Não é uma noção, um conceito, mas antes uma prática, um conjunto de práticas. Ao Corpo sem Órgãos não se chega, não se pode chegar, nunca se acaba de chegar a ele, é um limite. Diz-se: que é isto — o CsO — mas já se está sobre ele — arrastando-se como um verme, tateando como um cego ou correndo como um louco, viajante do deserto e nômade da estepe. É sobre ele que dormimos, velamos, que lutamos, lutamos e somos vencidos, que procuramos nosso lugar, que descobrimos nossas felicidades inauditas e nossas quedas fabulosas, que penetramos e somos penetrados, que amamos. No dia 28 de novembro de 1947, Artaud declara guerra aos órgãos: Para acabar com o juízo de Deus, "porque atem-me se quiserem, mas nada há de mais inútil do que um órgão". É uma experimentação não somente radiofônica, mas *biológica, política, atraindo sobre si censura e repressão. Corpus e Socius, política e experimentação. Não deixarão você* experimentar em seu canto (DELEUZE e GUATTARI, 1999: 9-10).

Ora, a individuação envolve o campo intrapsíquico, as figuras da imaginação, a energia psíquica, mas ele ocorre no mundo, em confronto com o coletivo, e sua finalidade é um movimento de diferenciação do sujeito frente aos dominantes arquetípicos assim como aos dominantes culturais. Por isso é, nas palavras do filósofo François Zourabichvilli, "aprendizagem vagabunda" (ZOURABICHVILLI, 2004).

Em segundo lugar, toda a experimentação inclui uma ética e inclui riscos e é neste sentido que Deleuze e Guattari ensinam que deve haver uma *regra de prudência* nas experimentações, pois o risco de autodestruição está sempre presente. Aqui podemos lembrar a opinião de Jung sobre a individuação malsucedida de Nietzsche e que o teria levado à loucura, ideia essa que aparece nos famosos seminários Zaratustra, nos anos 30.

> *A individuação separa o indivíduo de sua conformidade pessoal e, consequentemente, da coletividade. Esta é a culpa que o individuante deixa atrás para o mundo, esta é a culpa que ele deve empenhar-se em resgatar. Ele deve oferecer um preço em substituição a si próprio, isto é, ele deve produzir valores que sejam substitutos equivalentes para a sua ausência na esfera pessoal coletiva. Sem esta produção de valores, a individuação definitivamente é imoral e – mais do que isso – é suicida. O homem que não pode criar valores deveria sacrificar-se conscientemente ao espírito de conformidade coletiva. [...] Somente na medida em que cria valores objetivos, um homem é capaz e tem a possibilidade de se individuar. Cada novo passo na individuação cria nova culpa e necessita de nova expiação. Por isso a individuação é possível apenas enquanto são produzidos valores substitutos* (JUNG OC VIII/2, 2011: 25).

Em terceiro lugar não há finalidade identificável a cada momento ou estágio ou evento da individuação. Jung aponta para a busca de uma certa totalidade ou integralidade, mas esse parece mais um horizonte, uma direção a seguir do que algo que se possa conceber como factível. Jung fala de um modelo finalista, mas não teleológico, porque não há um final preconcebido, a individuação é um contínuo e interminável *devir*. Como nos mostrou Simondon na crítica à concepção hilemórfica da individuação, não devemos compreendê-la a partir do indivíduo, mas sim o indivíduo a partir da individuação e como uma fase sua.

> *A psique a cada momento é, por um lado, o resultado e a culminância de tudo que foi [...] e, por outro, é a expressão do que está por vir. Assim do que está por vir, surge a necessidade de pôr um interesse construtivo nesta expressão. Sinto-me tentado a dizer: um interesse "científico". No entanto a nossa ciência baseia-se no princípio de causalidade. Por outro lado, quando observamos a psique numa perspectiva causal, ela sempre nos desilude, apresentando-se como um contínuo devir* (JUNG OC III, 2011: 206).

Em quarto lugar a experimentação e criação de um Corpo-sem-Órgãos se dá de forma acidentada, inconstante, arriscada e por isso, repito, é necessária a regra de prudência que citei anteriormente. É nesse clima de perturbação que se dá o que Jung chama de confronto com o inconsciente e foi exatamente por esse processo que ele passou logo após a ruptura com Freud e a psicanálise, foi esse roteiro dramático que ele viveu e, como sabemos, descreveu no Livro Vermelho. Mais uma vez lembro de Simondon e de quando ele se refere a um sistema metaestável. A *metaestabilidade* pode ser compreendida como aquele estado em que vai haver um tipo de virada, em que tudo está quase pronto, as peças posicionadas, em que há todo um clima à espera de uma fagulha, o aguardo pela senha do motim, aquela sensação de "o que está acontecendo?" como no início das jornadas de 2013 no Brasil. Não pode haver uma individuação tranquila demais, uma experiência transdutiva e metamórfica leve e agradável. Uma individuação é visceral, é um rasgar-se, é uma perda de mundo, é um organismo que deixa de existir, uma morte, uma *solutio* radical. Esta característica da individuação está muito bem descrita no livro Vestígios, de Amnéris Maroni, especialmente no capítulo De repente, de leitura mais do que recomendável.

> Uma pessoa que [...] é chamada a se individuar deve aceitar o desprezo da sociedade até o momento em que tenha realizado o seu equivalente [em benefício para a sociedade]. Poucas são capazes de se individuarem, porque a individuação rejeita qualquer renúncia à conformidade coletiva até que tenha realizado um equivalente, com um valor objetivo reconhecido (JUNG OC XVIII/2, 2011: 26).
>
> É indispensável que em cada indivíduo se produza um desmoronamento, uma divisão interior, que se dissolva o que existe e se faça uma renovação (JUNG OC VII, 2011: 11-12).

Em quinto lugar uma individuação deve criar novos órgãos, melhor dizendo, os órgãos devem inventar para si novas funções rebelando-se contra o organismo. Trata-se da *invenção* de novas sensibilidades.

> Esse novo sentido de realidade psíquica requer um novo faro. Mais que o faro psicanalítico que busca a profundidade de sentido e conexões ocultas, precisamos do faro do sentido animal comum, uma resposta estética ao mundo (HILLMAN, 2010: 92).
>
> Por que não caminhar com a cabeça, cantar com o sinus, ver com a pele, respirar com o ventre, Coisa simples, Entidade, Corpo pleno, Viagem imóvel, Anorexia, Visão cutânea, Yoga, Krishna, Love, Experimentação. Onde a psicanálise diz: Pare, reencontre o seu eu, seria preciso dizer: vamos mais longe, não encontramos ainda nosso CsO, não desfizemos ainda suficientemente nosso eu. Substituir a anamnese pelo esquecimento, a interpretação pela experimentação. Encontre seu corpo sem órgãos, saiba fazê-lo, é uma questão de vida ou de morte, de juventude e de velhice, de tristeza e de alegria. É aí que tudo se decide (DELEUZE e GUATTARI, 1999: 11).

Tornar-se o que se é, devir outro

O Corpo-sem-Órgãos, tentando aqui resumir o que não é passível de síntese, é o que Deleuze e Guattari chamam de campo de imanência do desejo e aqui cabe uma última explicação, talvez a mais fundamental: a questão energética. A partir de Símbolos da Transformação, Jung define o que entende por libido e ela passa a ser chamada de energia psíquica. Sabemos que essa tomada de posição conceitual foi fundamental na ruptura com Freud. Libido não poderia mais ser definida como energia psicossexual, pois passara a ser algo mais amplo, ao gosto dos vitalistas e neovitalistas, mesmo que Jung não tenha se comprometido com eles. Jung criou esta concepção energética levando em conta o trabalho de outros pensadores como Aristóteles (hormé), Schiller (translado da intensidade), Schopenhauer (vontade), Bergson (élan vital) e sem perder de vista as leis da física e os conhecimentos biológicos de seu tempo. A energia psíquica poderia progredir, no movimento de adaptação ao mundo ou regredir, no movimento relacionado às exigências da individuação e à alma. Neste sentido, Jung pretendeu dar consistência e precisão científica e psicológica ao processo de individuação. Ora, o papel operado pela energia psíquica em Jung no processo de individuação é análogo à função do desejo na criação de um Corpo sem Órgãos. E aqui preciso frisar que Deleuze e Guattari propõem um conceito de desejo produtivo, criativo, construtivo baseado especialmente na ideia de *conatus* de Spinoza e na Vontade de Potência de Nietzsche. Este desejo está muito distante da ideia de desejo como falta que atravessa toda a psicanálise. Ele é ávido por conexões, agenciamentos, é sempre de alguma forma coletivo e não personalístico e, sigo nas analogias, como a dimensão transindividual de Simondon que é uma fusão das individuações psíquica e coletiva.

Para concluir, me atrevo a fazer uma última e brevíssima triangulação entre os nossos autores e suas concepções. O que temos na nossa frente são abordagens diferentes confluindo sobre os processos de diferenciação, transformação e invenção de formas e expressões de vida na intersecção do individual e do coletivo. Essas transformações, metamorfoses, produções de singularidades não se dão apenas num plano consciente, muito pelo contrário, elas necessitam de um plano inconsciente, pré-individual e impessoal. Inconsciente criativo de Jung, inconsciente fábrica de Deleuze e Guattari. Tornar-se o que se é significa tornar-se uma singularidade imprevisível, ou seja, tornar-se cada vez mais uma manifestação de diferença pura, com base nestas camadas coletiva e inconsciente prenhes de potenciais ou virtuais disponíveis, nas tensões continuadas da metaestabilidade energética, que move todo o processo. Aí é que podemos conhecer o indivíduo pela individuação e não o contrário, assim como só podemos conhecer o ser pelo devir. A individuação é um processo faseado em devir contínuo, com acelerações e desacelerações, desterritorializações e reterritorializações, dissoluções e coagulações. O Corpo-sem-Órgãos é o devir máquina do organismo, é a busca da beatitude spinozana, o movimento em direção ao uber-mensh, é o processo de individuação proposto por Jung na sua face mais radical, visceral, que é atuado por uma multiplicidade de fusão de forças e figuras da imaginação ao qual poderíamos chamar Si-mesmo.

Referências

BARRETO, M. H. *Pensar Jung*. São Paulo: Edições Loyola/Paulus, 2012.

CHABOT, P. *The philosophy of Simondon:* Between technology and individuation. Translation: Graeme Kirkpatrick and Aliza Krefetz. London, UK: Boomsbury Publishing, 2013.

DELEUZE, G.; GUATTARI, F. *O Anti-Édipo:* capitalismo e esquizofrenia 1. Tradução de Luiz B. L. Orlandi. São Paulo: Ed. 34, 2010.

_______. *Mil Paltôs* – capitalismo e esquizofrenia. Volume 3. Tradução de Aurélio Guerra Neto et ali. Rio de Janeiro: Ed. 34, 1996.

JUNG, C. G. *Os arquétipos e o inconsciente coletivo.* Obras Completas 9/1. Tradução de Maria Luiza Appy e Dora Mariana R. Ferreira da Silva. Petrópolis, RJ: Vozes, 2000.

_________. *O Eu e o Inconsciente.* Obras Completas 7/2. Tradução de Dora Ferreira da Silva. 23ª ed. Petrópolis: Vozes, 2011.

_________. *A natureza da psique.* Obras Completas 8/2. Tradução de Mateus Ramalho Rocha. 9ª ed. Petrópolis, RJ: Vozes, 2012a.

_________. *Psicologia do inconsciente.* Obras Completas 7/1. Tradução Maria Luiza Appy. 21ª ed. Petrópolis: Vozes, 2012b.

_________. *Tipos psicológicos.* Obras Completas 6. Tradução de Lúcia Mathilde Endlich Orth. Petrópolis, RJ: Vozes, 2012c.

LINS, D. *Antonin Artaud:* o artesão do corpo sem órgãos. Rio de janeiro: Relume Dumará, 1999.

MARONI, A. *Jung:* individuação e coletividade. São Paulo, SP: Editora Moderna, 1998.

_________. *Vestígios: epifanias e individuações.* São Paulo, SP: Intermeios, 2020.

SCOTT, D. *Gilbert Simondon's Psychic and Collective Individuation:* a critical introduction and guide. Edinburgh, Scotland: Edinburgh University Press, 2014.

SHAMDASANI, S. *Jung e a construção da psicologia moderna:* o sonho de uma ciência. Tradução de Maria Silva Mourão Netto. Aparecida, SP: Ideias & Letras, 2005.

SIMONDON, G. *A individuação à luz das noções de forma e de informação.* Tradução de Eduardo Ponciano Aragon e Guilherme Ivo. São Paulo, SP. Ed. 34, 2020.

Lugar de fala, lugar de escuta

"Aquele ou aquela que escuta": vozes ancestrais indígenas na psicologia junguiana

Ana Luisa Teixeira DE MENEZES

A escuta abre passagem

Essa é uma escrita inspirada pela psicologia junguiana que afirma a auto-experimentação como um caminho terapêutico e pelos indígenas, em especial os guarani, com quem tenho aprendido a pensar, que afirmam que a palavra e a escuta são raízes do existir e do ser. De onde surge a ideia das vozes ancestrais indígenas?

Preciso explicitar que primeiro ouvi vozes dos indígenas me chamando: "venha, estamos te esperando". Mas o que foi gerando o caminho foi não perder a vontade de escutá-los. Essa escuta gerou uma pesquisa de doutorado A alegria do corpo-espirito saudável: ritos de aprendizagens guarani, outras tantas pesquisas, projetos de extensão, experimentações de ensino nos cursos de graduação de psicologia, bem como de pós-graduação em psicologia e educação da Universidade de Santa Cruz do Sul e a formação junguiana no Instituto Junguiano do Rio Grande do Sul, a qual conclui com a monografia Perspectivismo e xamanismo ameríndio: a incorporação da onça pelo espírito do xamã. Todas essas experiências foram de buscas de escutas. Após 20 anos de escutas dos indígenas, em especial, dos guarani, iniciei um processo de consciência que estava fazendo escutas espirituais até a compreensão sobre a importância das vozes ancestrais indígenas, que implicou o reconhecimento de que eu era parte de uma família indígena que me falava.

A compreensão dessas vozes segue uma perspectiva trazida por Jung (2012; 2020), tanto no livro vermelho, quanto nos livros negros, que as vozes que Jung percebia não eram criações de sua mente, mas que existiam vida própria como personagens que os faziam escrever e pensar aspectos não imaginados da alma, das profundezas. Algo como uma necessidade de reavivar os mortos, enquanto uma conexão com o antigo, com uma sabedoria ancestral.

> Minh'alma, é noite, eu te chamo. Nenhuma resposta? Onde estou? Quais portas devem ser abertas? "olha primeiro para a sua própria profundeza", dia uma voz. Atormenta-me, porém, a impaciência – não foi à toa que permaneci longe da minha alma por onze anos... O que dizes? Tu sussurras em voz quase inaudível: "olha para a tua profundeza!" Estou sentado à beira do profundo poço verde e tento, com paciência, ouvir a profundeza. Mais força! É terrivelmente difícil. Mais solidão, mais profundeza: é isso que se faz necessário. Isso não pode ser alcançado às pressas. Eu já deveria ter aprendido isso. "Reza à tua profundeza", ouço dentro de mim. "Desperta os mortos", a voz continua (JUNG, 2020, p.159[v.2]).

O autor nos traz uma reflexão profunda sobre o sentido de uma psicologia que permite e investiga uma psique que ouve vozes e as diferencia de si, dando inclusive, a essas vozes, autonomia profética, tornando-se intérpretes e vivenciando um lugar de passagem, como explicita Shamdasani (2015).

Amplia-se uma instigante conversa entre Shamdasani e Hillman (2015) sobre as críticas a obra do livro vermelho de Jung, ou melhor, as suas experimentações de escutas, se tinham um teor psiquiátrico ou demoníaco no sentido cristão. Que vozes podem ser ouvidas em nosso psiquismo? Que outros lugares de escuta a psicologia, a religião, as culturas nos concedem como aquelas que podem ser escutadas? Quais as vozes oficiais? Hillman (2015) faz uma crítica a oficialidade de uma escuta a Cristo afirmada por uma ortodoxia cristã e a psiquiatria convencional. Essa questão nos remete a monopolização das vozes, a homogeneização do ouvido treinado para ouvir um determinado tipo de som, ao monoteísmo.

A que sacrifício tornamo-nos ouvintes de uma só palavra, de um só verbo, de uma só carne? Será que estamos ouvindo algo ou nos tornamos ensurdecidos e incapazes de escutar para além das normativas escutatórias da civilização ocidental? E o que podemos ampliar quando queremos ouvir mais e além das vozes já escritas, as mesmas que não precisam ser mais escutadas, por já terem sido decoradas nos códigos da convivência civilizatória?

Ouvir é uma forma de abrir passagem e aqui estamos nos propondo a abrir passagem para os antepassados indígenas que nos falam, ouvir a História dos mortos, as sabedorias desenvolvidas e a capacidade de não julgar o valor das vozes conforme nos provocam Shamdasani e Hillman (2015). É dessa maneira que a psicologia junguiana encoraja as pessoas para ouvirem suas vozes e as dos outros, a falar sobre essas histórias ou a partir dessas vozes nas mais diversas maneiras de se deixarem ecoar pelas experiências de linguagens e de escutas.

A escuta nos faz pensar a dimensão da palavra. Para os guarani, a palavra é o todo. "E o todo é a palavra" (MELIÁ, 1991, p. 29). A sabedoria que se abre em flor.

Para os guarani, ensina Vherá Poty (2015), a criança, ao nascer, será uma palavra que se põe de pé e se ergue com seu espírito, o nhe'e. A criança é fruto de uma palavra sonhada, como aquilo que funda o humano. O ato de gerar vida é vivido como um ato poético-religioso, o que nos faz pensar que a base primeira da pessoa é a palavra, o que é indestrutível, o ñhe›e: palavra-alma. As outras almas seriam a sombra: ã, a paixão: asygua, um animal encarnado, como um eco (MELIÁ, 2010). Portanto, ressignificar a escuta às vozes ancestrais indígenas é sacralizar o sentido do que legitimamos como verdadeiro.

O que entra em cena na validação da escuta é o critério da origem da verdade. O que nos faz pensar que em um atendimento terapêutico ou numa teoria psicológica devemos considerar que os fatos narrados que acreditamos ser parte de nossas dores e emoções são mais ou menos verdadeiros? As pesquisas científicas nos dão uma direção, as práticas comunitárias, os movimentos sociais, políticos, raciais, indígenas, as experimentações têm nos ajudado a amplificar os sentidos das vozes do que temos denominado ancestrais.

As recentes publicações do Departamento da Alma Brasileira da Associação Junguiana do Brasil, "Alma Brasileira. Luzes e Sombra", organizados por Boechat (2014) e "Morte e renascimento da ancestralidade indígena na alma brasileira". Psicologia junguiana e inconsciente cultural, organizado por Oliveira (2020) representam esforços teóricos da psicologia junguiana em pensar a teoria e a clínica a partir de bases afro-brasileiras e indígenas que dão novos significados a compreensão do psiquismo, dos ensinamentos mitológicos, das experiências religiosas e percepção da natureza e cultura.

Escutar vozes indígenas e validá-las do ponto de vista psíquico é assumir que existe uma comunicação ancestral ou render-se a um pertencimento ancestral e espiritual. Ao pensarmos noção de arquétipo do espírito desenvolvido por Jung (2001) podemos pensar numa necessidade de vivência espiritual. A escuta das vozes pode representar a ânsia de uma compreensão mais ampliada ou uma necessidade de individuação, de encontro com uma sabedoria ancestral, antiga, coletiva e maior do que os desejos e tramas familiares.

Penso: de onde surge a necessidade de conversar com os antepassados indígenas? Com os espíritos ancestrais?

A escuta de vozes indígenas como experiência espiritual

Quando nos colocamos no lugar de quem escuta, estamos num processo de conhecimento e revelação. As experiências de Jung (2012) no livro vermelho, com a voz da mulher, revelam um confronto com o sentido de um pensar imagético no qual se contrapõe a ideia de suas imagens enquanto arte, afirmando ser uma posição de sua natureza. A voz não necessariamente tem razão, precisa ser confrontada, mas a genialidade está em poder conversar com ela e sentir os sentidos que são criados. Confrontar é dar atenção e poder pensar a partir da escuta.

Dialogar, escutando as vozes ancestrais indígenas é remeter-se a uma dimensão mais antiga. Será que somos nós que chamamos ou eles que nos chamam? Hillman (2015) afirma que nossos mortos estão pedindo passagem e necessitam de nós para falar ou somos nós que precisamos ouvi-los? E o que queremos escutar? Um sentido de origem e uma emergência de memória invade um momento crucial da existência, como uma experiência espiritual, de Si-mesmo que não pode ser mais postergada. É como se não bastasse falar com a ciência, com os fatos comprovados, palpáveis e observáveis. Nesse tempo, a pessoa anseia pelo invisível, pelo pensamento analógico, por uma força maior do que ele, e ao mesmo tempo, por um desejo visceral de pertencimento espiritual, que pode ser pensado como a busca da totalidade vivenciada como uma preparação para a morte (Von Franz, 1995) ou como uma experiência do numinoso, tão original que aproxima o ser humano do divino, da terra, da simplicidade, da caverna, do útero, de uma vivência que gera vida e que aguça os sentidos da palavra ancestral, da terra germinadora.

A escuta das vozes ancestrais é a escuta do inominável, do profundo desconhecido, do mistério e do segredo que nunca vai ser completamente revelado. O humano anseia por essa fronteira, por ultrapassar sua existência, por voltar a ser terra. No mito de criação guarani (MENEZES, 2019), aparece a revelação desse anseio do ser humano, de escutar e render-se à escuta das palavras divinas. Seriam as vozes ancestrais símbolos da palavra divina?

Ao analisar a escuta de vozes em sonhos, Jung (2012a) faz uma longa reflexão e experimentação acerca da origem da voz.

Seria ela uma criação do inconsciente de quem escuta ou de um espírito da pessoa? A voz emerge do centro de um ego ou de um Si-mesmo? Com o passar dos anos, Jung vai afirmando que o inconsciente revela uma inteligência e intencionalidades superiores aos processos conscientes, e faz uma longa reflexão e experimentação acerca da origem da voz, concluindo que a voz que fala advém de uma personalidade mais completa, podendo ser esta captada por uma intuição, algo que emerge espontaneamente e que pode ser captada por um aguçamento de um aspecto superior ou espiritual. "É esta superioridade que explica a autoridade absoluta da voz" (p.59).

Em algumas cosmovisões indígenas, o xamã escuta vozes, a partir de sonhos, como os descritos por Kopenawa e Bruce (2015) nas quais os espíritos vão falando e ajudando na preparação para que a pessoa, o escolhido torne-se xamã. As vozes e sinais para que a pessoa se torne um xamã, segundo Tedlock (2008) acontecem através de um chamado espiritual em sonhos, visões ou doenças. A autora conta que quando esteve na Mongólia, conversou com um dos mais respeitáveis xamãs, Byambadorj Dondog e falou que um acontecimento pressagiou sua vida desde o nascimento:

> Uma cobra de cerca de 2 metros entrou no ger (tenda circular) de sua família e dirigiu-se diretamente para o lugar onde sua mãe estava sentada, segurando o bebê nos braços. Mais tarde ela lhe disse que fora um sinal indicando que ele estava destinado a tornar-se o xamã do clã, visto que as cobras eram uma das formas que os membros do seu clã assumiam durante as sessões xamânicas (TEDLOCK, 2008, p. 31).

Observamos nas práticas xamânicas nas culturas indígenas, uma escuta aguçada ao movimento dos animais. O próprio termo xamã é significado como aquele que sabe. E esse saber vem de uma profunda escuta aos seres vivos, como também observamos no processo de tornar-se xamã de Kopenawa (2015), quando se refere a surdez da pessoa comum frente ao fogo, aos animais, aos espíritos que desejam falar. Tanto esses relatos xamânicos quanto Jung (2012; 2020) se referem a necessidade de escuta. Trago a imagem do analista junguiano como "Aquele que escuta", uma escuta para além do humano e do presente e que inclusive, escuta dançando, como os Guarani mencionam que dançam para escutar as divindades, escutam o que são ou o que se tornarão, para além de si mesmos, tornando-se leves para uma escuta de vozes mais sutis e aguçadas.

A ressonância das vozes indígenas é antiquíssima, milenar. Jung (2020) apontou o caminho da psicologia junguiana como complexa, de tal forma, que nos levou a pensar a psique como um sistema arqueológico, provocando pesquisas mitológicas para a compreensão do psiquismo. Os mitos e os sonhos são os principais canais de escuta na formação de um xamã, e que proporcionam, a partir de um universo simbólico, bem como corporal, realizarem as viagens cósmicas entre as diversas dimensões das realidades invisíveis. Por isso, a audição, é a fonte fundamental da sabedoria. Mais do que a visão, é valorizado entre os Guarani, é o que se escuta. A partir do som primordial, o guarani vai fazendo seu caminho.

A aprendizagem da escuta na vivência xamâmica das crianças indígenas

Cohn (2013) defende que, além de não existir uma concepção de infância universalizante, é preciso pensar em muitas infâncias nos mundos indígenas, e, mais ainda, que necessitamos pesquisar e observar o quanto as crianças produzem os seus modos de infâncias.

É nesse sentido que proponho uma reflexão com indígenas,

psicologia junguiana e as epistemologias xamânicas, tendo como interlocução algumas infâncias indígenas, partindo de pesquisas com os Guarani e ampliando os estudos, considerando, principalmente, os modos de compreensão da infância, a partir das histórias autoetnográficas indígenas.

Castro (2015), no prefácio do livro "A queda do Céu: palavras de um xamã Yanomami", reflete que temos nas palavras de Kopenawa, uma teoria do lugar:

> Uma teoria sobre o que é estar em seu lugar, no mundo como casa, abrigo e ambiente, *oikos*, ou para usarmos os conceitos Yanomami, *hutukara* e *urihi a*: o mundo como floresta fecunda, transbordante de vida, a terra como um ser "que tem coração e respira". (KOPENAWA & ALBERT, 2015, p.16).

Nas palavras de Castro (2015), a escrita dos autores revela um pacto etnográfico e xamânico, estabelecido através do encontro do etnólogo-escritor e xamã-narrador, uma vivência entrebiográfica e fronteiriça.

É partindo desta compreensão intercultural, que destaco alguns saberes e visões de mundo que perpassam a autobiografia de um xamã, desde a infância, e, que me fazem querer compreender as escutas da criança, a partir da fala de um adulto revisitando o seu lugar de criança.

A autobiografia de Kopenawa (2015), o encontro e a escuta ao espírito é um símbolo de resistência e potência indígena, desde sua nomeação:

> Só os espíritos *xapiri* estavam do meu lado naquele momento. Foram eles que quiseram me nomear. Deram-me esse nome, Kopenawa, em razão da fúria que havia em mim para enfrentar os brancos. O pai de minha esposa, o

> grande homem de nossa casa de *Watoriki*, ao pé da montanha do vento, tinha me feito beber o pó que os xamãs tiram da árvore *yãkoana hi*. Sob o efeito do seu poder, vi descer em mim os espíritos das vespas *kopena*. Disseram-me: "Estamos com você e iremos protegê-lo. Por isso, você passará a ter esse nome: Kopenawa!" (KOPENAWA & ALBERT, 2015, p.72).

O diálogo estabelecido com o nome revela um caráter auto-reflexivo e simbólico no pensar infantil, quando este afirma que refletia quando era criança que, se os brancos não tivessem invadido a sua floresta, este teria se tornado um guerreiro e atacado um Yanomami por vingança:

> Eu dizia a mim mesmo: "se eu flechar um dos nossos, esses forasteiros que cobiçam a floresta dirão que sou mau e que não tenho nenhuma sabedoria. Não farei isso, porque são eles que nos matam com suas doenças e suas espingardas. Hoje, é contra eles que devo dirigir meu rancor." Assim, pouco a pouco, meu nome foi ficando mais longo. Primeiro foi Davi, o nome que os brancos me atribuíram na infância, depois foi Kopenawa, o que me deram mais tarde os espíritos vespa. E, por fim, acrescentei Yanomami, que é palavra sólida que não pode desaparecer, pois é o nome do meu povo (KOPENAWA & ALBERT, 2015, p.73).

Há um encontro, a partir das nomeações espirituais e autonomeações, com o indígena e sua ancestralidade, com a ideia do lugar, da floresta, de sua origem, como um novo nascimento, através do qual, este assume a qualidade dos espíritos vespa, na contemplação imagética, no qual incorpora a coragem guerreira. Os espíritos de vespa beberam o sangue derramado por Arowë, um grande guerreiro do primeiro tempo. Meu sogro fez suas imagens descerem e as deu a mim com seu sopro de vida... Foi assim, sorvendo o sangue de Arowë, que elas ficaram agressivas, e sua picada tão dolorosa. Quando vemos um ninho de vespas numa árvore, não ousamos chegar perto. São muitas as vespas na mata, e outras tantas suas imagens. Por isso também as fazemos descer como espíritos *xapiri*, para atacar os seres maléficos (KOPENAWA & ALBERT, 2015, p.72 e 73).

Faço uma relação entre o sangue e a vida psíquica dos Yanomami, que foram e continuam sendo ameaçadas na perda das vidas dos parentes, e o quanto as imagens das vespas e das formigas sorvem o sangue de um guerreiro Yanomami: *arowë*. A partir deste contexto simbólico indígena, Kusch (1986) nos faz pensar que lidar com os aspectos mitológicos indígenas pressupõe um enfrentamento com o inconsciente, que, para Jung (2014), é uma dimensão vivida no ser humano, que possui uma capacidade de produzir imagens espontâneas, numa função mitologizadora. Olhar para a natureza mítica e imagética é um encontro com a função criadora e arquetípica do ser, no qual podemos estabelecer uma ponte com o próprio futuro.

Além do aspecto da afirmação de uma força, capaz de transformar a raiva em qualidade de guerreiro, também percebo o aspecto da proteção, da renomeação das diversas tentativas dos apelidos dados pelos brancos e que foram rejeitados por Kopenawa e Albert (2015, p.70), como o nome de *Yosi,* que soava como "*Yoasi,* o irmão mau de *Omama*". Tendo em vista que a nomeação Yanomani é fortalecida na vivência compartilhada das relações familiares, na qual o adulto observa o jeito de ser de cada criança.

A imagem, para Jung (2014), é uma síntese espiritual, física, material e psíquica. Desta forma, o autor ressalta o poder curativo das imagens, através do qual as experiências se tornam possíveis na alma, espaço educativo e psíquico de produção simbólica, responsável por fazer as sínteses entre tensões antagônicas, como visto na síntese realizada por Kopenawa em suas nomeações simbólicas, advindas de uma potência da infância, lugar donde o Yanomami é nomeado, enquanto relação afetiva, modo de agir e de ser concebido.

Os arquétipos falam por meio de imagens primordiais. Eleva o destino pessoal ao destino da humanidade e, com isto também, ajuda a soltar em nós as forças benéficas (JUNG, 2007). Podemos pensar que Kopenawa, desde a sua infância, faz um processo de conexão com uma dimensão arquetípica de sua morada, de seu lugar, integrando a dimensão da floresta e da palavra ofertadas pelos espíritos, através de seus sonhos. É uma força que possibilita um encontro com algo muito antigo, conforme Kopenawa e Albert (2015, p.74) expressam: "busco no fundo de mim as palavras desse tempo distante em que os meus vieram a existir".

Os sonhos de Kopenawa, quando criança, eram muito assustadores. O autor acredita que sua condição como criança era de esquecimento. Este indaga: por que não respondia aos espíritos? Não conseguia aceitá-los. Este demonstra uma compreensão sobre ver a serra de pedra em sonho, afirmando que são casas de espíritos e que, tanto os sonhos com a anta, como as perseguições da onça, de um bando de queixadas, do jacaré, eram espíritos que estavam se aproximando. Havia também nos sonhos espíritos que não provocavam medo, como:

> O espírito lua, que parece um humano envolto por um halo de claridade intensa. Voava em minha direção e chegava bem perto de mim, e de repente começava a dar gargalhadas. Mostrava seus caninos proeminentes, enquanto sua barba e seus cabelos luminosos tremulavam na escuridão. Depois, desaparecia de repente, do lado do jusante do céu, onde o sol levanta. Ainda me lembro dessa imagem que me apavorava tanto! (KOPENAWA & ALBERT, 2015, p. 93).

Kopenawa compreende estes sonhos como sinais, aproximações dos espíritos *xapiris*, para que ele se tornasse um xamã. Destaco o olhar da família, que significava toda essa intensidade dos sonhos como um caminho xamânico e não como perturbação psíquica, como veremos na descrição do sonho e no diálogo estabelecido com seu padrasto:

> Outras vezes ainda, eu respondia ao chamado das mulheres das águas, que chamamos de *mãuyoma*. São filhas de *Tëpërësiki*, o sogro de *Omama*; as irmãs da esposa que este pescou no primeiro tempo. Eu mergulhava nas profundezas de um grande rio para me juntar a elas. Para minha grande surpresa, sem me molhar nem um pouco, chegava no interior de uma grande casa. Tudo ali era seco e via-se tão bem como no exterior. O sol refletido acima na supervisão da água iluminava-lhe a praça central. Eu ficava de pé, sem mover um dedo, olhando com calma ao meu redor. Várias portas davam para caminhos abertos na floresta. Eu observava o movimento das filhas e noras de *Tëpërësiki*, que entravam e saiam de casa com seus filhos. Achava-as muito bonitas. Apesar de morrer de medo do pai delas, não podia parar de admirá-las. Mas assim que tentava segui-las, acordava de sobressalto. Às vezes, bastava eu me virar em direção à porta pela qual tinha entrado para o sonho acabar. Então lamento muito não ter podido ficar na casa da gente das águas (KOPENAWA & ALBERT, 2015, p.92).

O autor, ao indagar, no outro dia para seu padrasto, "de quem é a casa debaixo do rio que eu vi no meu sonho? Era tão bonita, gostaria de ter ficado admirando-a por mais tempo". Este responde:

> Você foi à casa onde o sogro de *Omama* vive com os espíritos peixe, os espíritos jacaré e os espíritos sucuri. Os *xapiri* estão começando a querê-lo de verdade. Mais tarde, quando você se tornar adolescente, se quiser conhecer o poder da *yãkoana*, abrirei de verdade os caminhos deles para você (KOPENAWA & ALBERT, 2015, p.93).

O entendimento que, mais tarde, o indígena teve sobre seu sonho, é de que a gente das águas capturava sua imagem para fazê-lo sonhar. Todos esses sonhos revelam um mundo simbólico potente e um caminho de escuta e confronto com o inconsciente que rebusca o pensamento linguajeiro e imagético. Um simbolismo, que, para Jung (2014), revela um caminho de individuação, de encontro com uma singularidade diferenciada. Kopenawa faz pensar que, para os Yanomami, esse processo dá-se desde a infância, o que percebo também na educação da palavra-alma Guarani. Para Jung (2014), o processo de individuação dá-se na segunda metade da vida e, para os indígenas, parece começar a acontecer enquanto ainda são crianças.

O autor acima citado afirma que, aos quarenta anos de idade, cessou sua ambição e o pavor apoderou-se dele. Então entregou-se às imagens, acreditando que aí estava a riqueza da alma: "A visão de dilúvio tomou conta de mim, e eu senti o espírito da profundeza, mas eu não o entendia. Mas ele me forçou com um desejo insuportável... essa vida é o caminho, o caminho de há muito procurado e inconcebível, que nós chamamos divino" (JUNG, 2014, p.232).

O caminho de entrega e de educação xamânico para Kopenawa, exigiu dele uma vida longe das mulheres e dos desejos sexuais e um aprofundamento na floresta. Concentrava-se na caça, e, durante a noite, as imagens dos ancestrais animais se apresentavam a ele.

Os espíritos da profundeza ensinou Jung a compreender que:

> Os sonhos preparam a vida e eles te determinam sem que entenda sua linguagem. Nós gostaríamos de aprender esta linguagem, mas quem é capaz de ensiná-la e aprendê-la? Pois só a erudição não basta; existe um saber do coração, que dá esclarecimentos mais profundos. O saber do coração não é possível encontrá-lo em nenhum livro e em nenhuma boca de professor, mas ele nasce de ti como o grão verde, da terra preta. A erudição pertence ao espírito dessa época, mas este espírito não abrange de forma nenhuma o sonho, pois a alma está em toda parte onde o saber ensinado não está (JUNG, 2014, p.233).

O autor, em seu processo de individuação, indaga: "Mas como posso conseguir o saber do coração?" Então, se deu conta "que minha alma é uma criança e que meu deus é uma criança em minha alma" (JUNG, 2014, p.234).

Para Vherá Poty (2014), a educação para os Guarani acontece de fato quando a pessoa é criança, denominada por ele como a fase do barulho, ao contrário da fase adulta, no qual o jovem deve aprender a silenciar. Tal afirmação faz-me pensar sobre o preparo xamânico que Kopenawa viveu quando criança, principalmente através dos ensinamentos de seu padrasto e de seus familiares que o alimentavam com mel, adornavam seu corpo com os enfeites do espírito anta, amarravam em seus braços braçadeiras de crista de mutum com penas caudais de arara e penas de papagaio nos lóbulos de suas orelhas, bem como cobriam seus cabelos de penugem branca e amarravam rabo de macaco na sua testa. Enfeites que são considerados imagens, que, quando presas ao corpo com firmeza, tinham a função de proteção contra os seres maléficos que traziam doenças.

> Quando se é criança, aprende-se a pensar direito aos poucos... compreendemos pouco a pouco que os xamãs não agem como fantasma à toa. Depois de um tempo, o pensamento se concentra nas palavras dos espíritos e a vontade de vê-los fica muito grande (KOPENAWA & ALBERT, 2015, 100).

Segundo os autores, ocorre uma transformação corporal promovida pelos espíritos na criança, preparando-a para um estado de fantasma, através da ingestão do pó de *yãkoana*, de intensificação do sonho, no qual se podem ver imagens de ancestrais animais, espíritos dos céus e dos rios.

Descrevi brevemente alguns aspectos que considero relevantes com relação a uma constituição de vida xamânica, na qual a família tem um papel fundamental nessa formação. Após as perturbadoras noites de sono do indígena, estes indagavam:

> Você está se tornando um xamã? Eu apenas respondia que não sabia. Entre nós é assim. Primeiro os *xapiri* olham com afeto para a pessoa, quando é criança. Então ela fica sabendo que estão interessados nela e que vão esperar até ficar adulta para se revelarem de verdade. Depois, conforme cresce, eles continuam a observá-la e a testá-la. Por fim, se a pessoa quiser, pode pedir aos xamãs mais velhos de sua casa para lhe darem *yãkoana* para beber. Eles, então, abrirão os caminhos pelos quais os espíritos virão dançar e construir sua casa. Durante a infância, vira-se fantasma de vez em quando, nada mais. Só se pode conhecer os *xapiri* de verdade depois de ter bebido *yãkoana* por muito tempo. A partir daí, eles não saem dos seus sonhos. É assim que alguém se torna de fato um homem espírito! Então, durante o tempo do sonho, os xamãs veem apenas dança de apresentação dos *xapiri*.. (KOPENAWA & ALBERT, 2015, p.100 e 101).

Partindo deste caminho reflexivo, a partir de Castro (2002) indago-me sobre a relação estabelecida entre os modos de escutas e formação psíquica das crianças indígenas, em suas diversas infâncias e a importância de uma compreensão sobre as epistemologias xamânicas para a psicologia junguiana e as perspectivas do conhecimento.

Castro (2002, p.487) distingue as noções que embasam o conhecimento numa perspectiva ocidental, como a que precisa desaminizar o mundo, construindo o ideal de que "conhecer é desaminizar, retirar subjetividade do mundo, e idealmente até de si mesmo" e a epistemologia ameríndia, na qual subjaz o pensamento do xamã, é a ideia de que "conhecer bem alguma coisa é ser capaz de atribuir o máximo de intencionalidade ao que se está conhecendo". Nesta perspectiva ameríndia,

> Quanto mais eu sou capaz de atribuir intencionalidade a um objeto, mais eu o conheço. O bom conhecimento é aquele capaz de interpretar todos os eventos do mundo como se fossem ações, como se fossem resultado de algum tipo de intencionalidade. Para eles, explicar é aprofundar a intencionalidade do conhecido, isto é, determinar o objeto de conhecimento como um sujeito (CASTRO, 2002, p.488).

Nesse sentido, podemos pensar o quanto as crianças indígenas aprendem desde cedo a ouvir dentro de uma afinidade potencial que envolve uma comunicação, um fluxo contínuo entre corpo e espírito, como imagens, perspectivam que potencializam o pensamento e a ação.

A natureza é uma parte primordial desta vivência com o coletivo, com o modo xamânico de aprender, de escutar, que segundo Krenak (2015, p.192) possibilita à criança, o encontro com uma inteligência que lida com a complexidade da vida, com o desafio, com a morte, o corpo, com a cobra que pode aparecer, com o pé no chão, aprendendo, "a gente andava de pé livre. Pé livre, cabeça livre...tateando o mundo, tateando a terra. Sentindo o cheiro do mato, sentindo o cheiro dos bichos. Você ia enfiando aquele balaio, aquela coisa tão espontânea dos meninos". Uma imagem viva que o autor diz acessar quando está em suas discussões políticas de seu cotidiano: "ali naquele momento que eu estou confrontando aquela situação o menino vem e me dá a mão".

Reflexões finais

A abertura a escuta as vozes ancestrais indígenas na psicologia junguiana nos leva a encontros de cosmovisões ameríndias, a confrontos que nos fazem pensar a natureza, o mundo espiritual, os sons, os cheiros, os sabores, os sonhos, o corpo como espaços de escutas ancestrais. Cada palavra, cada vivência destes outros mundos refletidos neste texto, aguça a consciência da amplitude de escutar para além do conteúdo num espaço da clínica junguiana. São convites para deslocamentos e aproximações que tem gerado consonâncias ativadoras de saúde e de pertencimento.

Compreendo a aproximação vivencial e teórica com as mitologias indígenas como fronteiras que estamos atravessando e que nos colocam em pontos de vistas diferenciados e por isso, com a consciência de que precisamos estar mais atentos, talvez, como fazem os guarani, baixando os olhos para acentuar a escuta e adentrar nos mundos invisíveis, tanto do inconsciente quanto dos espíritos que acompanham os seres que se aproximam de nós, nos mais diversos espaços de adoecimento e cura.

Gosto de pensar na ideia do/da terapeuta como aquele/aquela que escuta mais longe, mais profundo, os contextos culturais, as imagens simbólicas, espirituais, valorando assim a palavra indígena como interlocução de epistemologias que nos fazem como oposição e complementaridade.

Referências bibliográficas

BOECHAT, W. *A Alma brasileira.* Luzes e sombras. Petrópolis: Vozes, 2014.

CASTRO, E. V. de. *A inconstância da alma selvagem e outros ensaios de antropologia.* São Paulo: Cosac & Naify. 2002.

_______________. Prefácio. In: KOPENAWA, D; BRUCE, A. *A queda do céu e a palavra de um xamã Yanomami.* São Paulo: Companhia das Letras, 2015.

COHN, C. Concepções de infância e infâncias. Um estado de arte da antropologia da criança no Brasil. *Revista Civitas,* Porto Alegre, v. 13, n. 2, 2013, p.221 -224.

HILLMAN, J & SHANDASANI. *Lamento dos mortos.* A psicologia depois de O livro vermelho de Jung. Tradução de Isabel F.R. Labriola, Renata Quirino de Sousa e Gustavo Barcellos. Petrópolis, RJ: Vozes, 2015.

JUNG, C. G. *Simbología del espírito.* Estudios sobre fenomenologia psíquica. México: fondo de cultura econômica, 2001.

__________. *Os arquétipos e o inconsciente coletivo.* 5ª ed. Petrópolis: Vozes, 2007.

__________. *Psicologia e religião.* Tradução do Pe. Dom Mateus Ramalho Rocha; revisão técnica de Dora Ferreira da Silva.- 11ed. – Petrópolis,Vozes, 2012.

__________. *O livro vermelho:* Liber Novus. Tradução Edgar Orth. Petrópolis, RJ: Vozes, 2014.

__________. *Os livros negros.* 1913-1932. Cadernos de transformação. Livro 2. Editado por Sonu Shamdasani. Tradução Markus A. Hediger. Revisão de tradução. Walter Boechat. Petrópolis: Vozes, 2020.

KRENAK, A; COHN, S. *Ailton Krenak* – Coleção Encontros. Rio de Janeiro: Azougue Editorial, 2015.

KUSCH, R. *America profunda.* Buenos Aires: Editorial BO-

NUM, 1986.

MELIÁ, B. *El Guarani.* Experiência religiosa. Assunção (Paraguai): CEADUC, 1991.

________. Educação guarani segundo os Guarani. In: STRECK, D. R. (Org.). Fontes da pedagogia latino americana: uma ontologia. Belo Horizonte: Autêntica Editora, 2010.

OLIVEIRA, H (org) *Morte e renascimento da ancestralidade indígena na alma brasileira.* Psicologia junguiana e inconsciente cultural. Petrópolis: Vozes, 2020.

VHERÁ, P. Diário de campo. Santa Cruz do Sul, 2014.

VON FRANZ, M. L. *Os sonhos e a morte.* Uma interpretação junguiana. Tradução Roberto Gambini. São Paulo: Cultrix, 1995.

O que dizem da gente os que "não falam": afetos que permeiam a relação entre humanos e não humanos na atualidade[1]

Daniela LASKANI

Debatedor:
Marco Aurélio Bilibio CARVALHO

1. Este texto foi originalmente publicado como artigo na *Self - Revista do Instituto Junguiano de São Paulo*, 2021; 6:e04, p.01-14.

Introdução

> *Às vezes eletrizo-me ao ver bicho. Estou agora ouvindo o grito ancestral dentro de mim: parece que não sei quem é mais a criatura, se eu ou o bicho. E confundo-me toda. Fico ao que parece com medo de encarar instintos abafados que diante do bicho sou obrigada a assumir.*
>
> *Conheci um ela que humanizava bicho conversando com ele e emprestando-lhe as próprias características. Não humanizo bicho porque é ofensa – há de respeitar-lhe a natureza -, eu é que me animalizo. Não é difícil e vem simplesmente. É só não lutar contra e é só entregar-se.*
>
> *Nada existe de mais difícil do que entregar-se ao instante. Esta dificuldade é dor humana. É nossa. Eu me entrego em palavras e me entrego quando pinto* (Lispector, 1973, p. 57).

Na visão de Jung (2012e), o que diferencia humanos de não humanos é a camada de cultura que, ao longo da história, mais precisamente a partir da Idade da Pedra, misturou-se aos resquícios de animalidade primitiva, possibilitando assim a passagem de animal para humano com o desenvolvimento do inconsciente coletivo. Porém, tem-se discutido muito a respeito da ideia de humanidade na atualidade. Essas discussões buscam referências em outras ontologias que reconhecem a existência de múltiplas humanidades pensantes, diversificadas e plurais, que não se resumem a seres humanos. A biodiversidade terrena teve seu saber negado, colonizado e inferiorizado pelas principais fontes de conhecimento do mundo. Veremos a seguir o que autores como Eduardo Viveiros de Castro (2018), Juliana Fausto (2020) e Ailton Krenak (2019) têm a dizer sobre a colonização da ideia de humanidade.

Ailton Krenak (2019), em seu livro *Ideias para adiar o fim do mundo*, afirma que ainda hoje os humanos baseiam-se em imagens e ideais decorrentes de raízes colonialistas de esclarecimento, domínio e controle, para pensar a humanidade. Krenak (2019) põe em questão a multiplicidade da raça humana e a base do antropocentrismo, que nega a capacidade de sabedoria e inteligência das outras espécies e elementos da natureza.

Viveiros de Castro aponta para a impossibilidade de determinar o humano e diz que "o próprio do Homem é não ter nada de próprio" (CASTRO, 2018,p. 26). Afirma ainda que o fato de não ter algo que decrete o que lhe é distintivo, atribui-lhe direitos ilimitados de propriedade – o que significa que aos humanos, todos os direitos de um mundo, enquanto para todos os seres não humanos, o único direito é ter um mundo negado. Não bastasse isso, o autor denuncia um desejo incessante de conquista, ao comentar que o mundo pertence aos humanos "completos e acabados, grandiosamente inacabados e exploradores de mundos desconhecidos, acumuladores de mundos, milionários de mundos e configuradores de mundos" (CASTRO,2018, p. 26). Toda a base do imaginário de humanidade, construída pelos olhares colonialistas, de certa forma, vem sendo questionada para que os ventos dessa identidade possam soprar em outras direções.

Juliana Fausto (2020) expõe a relação da cultura colonialista dos animais humanos e o nosso envolvimento com os animais não humanos ao longo da história. A autora atenta-se ao cuidado para dar nomes e nos diferenciar, sem nos destituir da condição de animais. Ela se utiliza do termo agambeniano *zona de indistinção*, para descrever os equívocos da humanidade, em sua tentativa de se diferenciar de outras espécies, que desqualificam tudo aquilo que possui corpo e é capturável. Tanto os animais não humanos quanto os animais humanos tiveram seus corpos capturados, utilizando-se da narrativa da curiosidade, do estudo e da ciência, para estabelecer limites entre o que se considera humanidade e os outros. Tais limites foram traçados por quem é dotado do poder de aniquilar corpos, estabelecendo assim a dinâmica básica para o preconceito e estereótipos. Ainda por Juliana Fausto:

> Ninguém contestaria a afirmação de que não existe política para apenas um; mesmo assim, em grande parte dos discursos políticos, filosóficos ou não, encontra-se a pretensão de que ela diz respeito a uma só espécie, *Homo sapiens,* ou a um só povo, o daqueles que se chamaram propriamente de Homens. Para fazer política, segundo eles, é preciso possuir um dom singular e exclusivo – encarnado com excelência pelas diferentes acepções de *lógos* e suas variações históricas – que permitiria apenas aos homens conhecer a Justiça, o Bem, tomar decisões informadas ou agir de acordo com uma finalidade comum. Somente pela propriedade desse diferencial, essencial ou adquirido, mundos poderiam ser construídos, comunidades de fato erigidas, relações políticas travadas (FAUSTO,2020, p. 320).

Baseado na pesquisa histórica sobre os direitos dos animais, Peter Singer (2010) chama a atenção para um tipo de preconceito que ultrapassa as barreiras do humano. Ele nomeou esse preconceito de *especismo,* descrito como tendência em favor de interesses próprios contra outras espécies. Singer (2010) conta como foi construída a noção de igualdade, que nada tem a ver com ser igual ao outro. O que deve ser levado em conta é a igualdade dos interesses de cada ser afetado comparados àqueles de qualquer outro ser. As implicações do princípio de igualdade trazido por Singer (2010) mostram que os interesses pelos outros seres não devem depender da igualdade de espécie, aparência ou capacidades.

A complexidade da vida

Acreditava-se que somente os humanos possuíam a capacidade de imaginar e criar ficções a partir de algo ainda não vivido ou não conhecido. No entanto, o neurocientista Sidarta Ribeiro, em seu livro *O oráculo da noite* (2019), revela que a única diferença dos sonhos dos humanos em relação aos dos outros animais, que se sabe cientificamente serem capazes de sonhar, é o tempo em que estes últimos permanecem em estado de sono profundo, o sono REM (do inglês: *Rapid Eye Movement*, movimento rápido dos olhos). Neste estado, as ondas cerebrais atingem uma atividade parecida com aquela do estado de vigília, indicando alta atividade cerebral, rica na produção de imagens oníricas. Segundo o autor, os não humanos não somente sonham, como também são capazes de aprender novos comportamentos a partir de seus sonhos, como o reconhecimento do perigo ou quais terrenos são os mais favoráveis para a sobrevivência de sua espécie.

Fica ainda mais explícito o direito da dominação dos animais humanos sobre os vegetais. O termo *vegetativo* surgiu da ideia de que vegetais são seres desprovidos de animosidade, uma vida que não sente, não se movimenta, que nada diz ou tem a dizer. Porém, vivendo entre os não humanos, os vegetais, em pé de igualdade, sofrem violência pelas mãos humanas, que acreditam piamente ter o controle sobre todas as outras vidas, seres e matéria que não façam parte do seu imaginário de semelhança pautado na ideia de inteligência e da capacidade de desenvolver linguagem como requisito de humanidade (Oliveira et al., 2020).

O engenheiro florestal e estudioso Peter Wohllenben (2017) revelou olhares inovadores da vida de uma floresta. Segundo ele, as árvores se relacionam, se comunicam, se protegem, se reproduzem, sentem dor e migram, ou seja, evoluem. Ele relata que a complexidade de uma floresta é objetificada com facilidade no imaginário humano pelos seus passos em câmera lenta. As mudanças de uma floresta acontecem dentro de um percurso específico de tempo e podem demandar muitas gerações para serem observadas. O botânico e apaixonado pelo funcionamento inteligente das plantas Stefano Mancuso (2019) descreve o reino vegetal como um universo surpreendente e lamentavelmente esquecido para se pensar tecnologias do futuro. Os vegetais apresentam formas de comportamento de coletividade complexas e parecidas com aquelas de animais polinizadores e suas comunicações através dos feromônios. Para Mancuso, as plantas fornecem múltiplas trocas de aprendizado necessárias para o reino animal, pois tendem a apresentar funcionamentos antagônicos e complementares. Mesmo possuindo 80% do peso de tudo o que é vivo no planeta, são reconhecidas como seres passivos pela maioria dos animais humanos em razão das dificuldades de reconhecimento e de entendimento de algo que não seja semelhante ao seu próprio funcionamento. Segundo o autor, as pesquisas têm provado que as plantas não são tão diferentes assim em termos de complexidade. No entanto, "Nós as consideramos uma mera parte da paisagem" (MANCUSO, 2019 p. 95). É preciso muita imaginação para compreender as plantas como agentes de transformação e aprendizado. Há quem reconheça nos vegetais a capacidade de democratização e de descentralização de um núcleo, que comanda seus comportamentos equivalente ao cérebro nos animais. O que faz da planta revolucionariamente resistente é a própria descentralização de poder. Todas as suas funções estão espalhadas pelo seu corpo, tornando-as, muitas vezes, resistentes à morte, caso sejam divididas, queimadas ou intoxicadas. Muitas são as capacidades das plantas para sobreviver e se adaptar a ambientes hostis.

É necessário um olhar cuidadoso e animado como o do xamã para conhecer e transitar no mundo cosmológico de outros seres. O xamã é escolhido por antepassados espirituais para sentir o movimento de uma floresta, o que requer muito treino e aperfeiçoamento. Ele corre o perigo de ser capturado pelos espíritos de outros mundos toda vez que lhe é solicitado fazer uma viagem entre mundos (KOPENAWA & ALBERT, 2015). Assim o yanomami Davi Kopenawa nos apresenta o mundo do xamã em seu livro *A queda do céu*, escrito em conjunto com o antropólogo francês Bruce Albert (2015). Davi conta a Albert que a floresta habita um mundo infinito de seres visíveis e invisíveis, barulhentos e silenciosos, rápidos ou de uma lentidão milenar. Todos são seres habitantes da Terra, são pertencentes aos mesmos antepassados e têm como direito e prerrogativa evoluir para além da visão costumeira *da gente*, daquilo que chamamos de humanidade mercantilista e biológica.

Através de uma filosofia de múltiplas linguagens, Giorgio Agamben (2017), em seu livro *O aberto*, descreve como o homem e o animal traçam as pegadas deixadas por um caminho em aberto no que diz respeito às imagens e semelhanças entre o humano e o não humano. Não são claras as definições de barreiras que foram colocadas entre os seres. Agamben suspeita que a pobreza atribuída ao não humano seria apenas um reflexo da própria animalidade do homem. No fim, o homem sempre se redescobre animal, sempre retorna ao mito, e, em uma ação negadora de si mesmo, é capaz de dominar e destruir sua própria animalidade. Instala-se então um mundo indefinido, porém, articulado e dividido. Para Agamben,

> Trabalhar sobre essas divisões, questionar-se sobre como – no homem – o homem é separado do não-homem e o animal do humano, é mais importante que tomar posição sobre grandes questões, sobre supostos valores e direitos humanos. E talvez até a esfera mais luminosa das relações com o divino dependa, de todo modo, daquela – mais obscura – que nos separa do animal (AGAMBEN, 2017, p. 31).

Desumanizar é preciso

A partir do que vimos até agora, podemos dizer que outras espécies de não humanos também possuem a capacidade de mobilizar mudanças de lugar na cultura, portanto, de agir como signo político na sociedade. É o que diz Gabriel Giorgi (2016) sobre a atuação política dos animais no imaginário coletivo, somada ao fato de que os humanos foram eficientes na capacidade de se descaracterizar como humanos e estereotipar as raças e as espécies. Estabeleceram alianças perversas de controles hierárquicos de convivência, inaugurando desejos de objetificação, aniquilação, de domínio e extermínio do outro. O outro quando funciona como gatilho de imagem do incognoscível, do selvagem, do indisciplinado, desperta o tom ameaçador daquilo que habita o mal, a falha, a imperfeição e, consequentemente, precisa ser dominado, aniquilado e usufruído para não se sobrepor ao bem, ao conhecido e ao controlável (GIORGI, 2016).

Hillman (2010), através da psicologia arquetípica, nos convoca para a necessidade de desumanizar. Para o autor, o que torna um ser colonizável é a literalização dos corpos sem imagens ou metáforas. "O humano não entra em tudo o que é da alma; nem tudo o que é psicológico é humano. O homem existe em meio à psique e não o contrário [...] A alma tem rincões não humanos." (HILLMAN, 2010, p. 330).

Para Hillman (2010), *desumanizar* é necessário para ampliar a noção da psique especificamente humana, rumo a uma psique mais abrangente e universal. Mesmo que reconheçamos que o mundo é vivo, isto é, dotado de alma, é costume atribuirmos as experiências afetivas exclusivamente aos humanos. Só que a alma acontece por meio dos seres viventes e terrenos. A alma está no mundo e ela acontece sem distinguir os corpos por suas espécies ou reinos. Entre os seres terrenos estão os humanos e, portanto, é o humano que está a seu serviço e não o contrário. Desse modo nossas emoções, aflições e sentimentos acabam por ser atributos da alma que nos atravessa.

Em seu vasto trabalho com animais e imagens míticas, Hillman (2008) convida ao aprofundamento da imagem do animal. É preciso mais do que aprender a reconhecer que o animal é dotado de alma, é preciso olhar pelos seus olhos. A percepção do mundo necessita de um olhar estético para ser animada, sensível, ao ponto de poder farejar o cheiro dos fenômenos, dos feromônios do mundo. Para ele, todos os animais falam e se comunicam metaforicamente tanto para uma realidade observada quanto para a realidade simbólica. "O natural e o simbólico não podem estar separados" (HILLMAN, 2008, p. 32). E, para que possamos ouvir a linguagem do animal, é preciso o olhar estético e ecológico, indo além das alegorias metafóricas da imagem.

A noção de escolha do indivíduo humano, segundo o mesmo autor, é também uma fantasia mítica, junto com ela a construção da moral, a ideia una de natureza do homem e a forma como tudo se divide entre bem e mal, certo e errado, atribuindo características de não humano, patológico ou animalesco a tudo aquilo que não se encaixa nessa prerrogativa binária. Esse desumanizar ao que o autor se refere significa "animar o não humano, um programa que alivia o humano de sua autoimportância" (HILLMAN, 2010, p. 15).

Também Hellen I. Bachmann (2016) trata da transformação dos animais não humanos em símbolos do imaginário no inconsciente humano:

> [...] são os mitos do mundo que refletem o significado central dos animais para os seres humanos dos tempos antigos. Pois, antes de explicar os fenômenos da natureza com base no conhecimento científico, o ser humano recorria às suas experiências imediatas. Delas ele derivava as concepções que lhe auxiliavam a explicar o mundo (BACHMANN, 2016, p. 8).

As imagens de animais, vegetais e outros fenômenos da natureza habitam nosso inconsciente pessoal, coletivo e cultural. Incluímos aqui também os minerais que foram tão usados nos tratados de alquimia. Sobre isso, Jung relata que o interesse pela alquimia trata-se de um povoamento de imagens da alma, formada por uma corrente subterrânea para compensar os símbolos do cristianismo ancorados na imagem e semelhança de Cristo que "reina na superfície" (JUNG, 2012c, p. 35, § 26).

Tais imagens não se perderam no decorrer do desenvolvimento humano e delas derivou um imaginário rico de mitologemas que repousam despercebidos na psique, mas que podem ser ativados em determinadas situações e experiências súbitas que nos inundam de imagens e fantasias. Em algum momento de nossa história essas imagens criaram protótipos e geraram as diversas formas como o ser humano se relaciona ou já se relacionou com os outros seres (BACHMANN, 2016).

Jung refere-se a um sistema subjetivo diferenciado para o reconhecimento afetivo no outro, que pertence ao plano dos instintos que os animais possuem em um nível altamente elaborado na relação com sua espécie, com os seres humanos e outros seres. Segundo ele, "esse instinto nos faz perceber a menor instabilidade de natureza emocional e nos confere uma sensibilidade extremamente aguçada para perceber a qualidade e a quantidade de afetos em nossos semelhantes" (JUNG, 2012a, p. 24, § 25).

Estamos diante de milhares de contradições no que diz respeito às relações entre animais humanos e não humanos. Como Juliana Fausto (2020) afirma, essas relações passam por atitudes que capturam, ativam, oprimem, promovem perda de habitat e categorizam os animais não humanos em animais de companhia, em pestes, escravos, cobaias ou para trabalhos forçados; eles são confinados à reprodução, à morte impedida, resultado da idealização inocente de um mundo sem mortes, ao exterminismo imoral dos assassinatos em massa. Perverte-

-se a relação com a morte enquanto fenômeno natural da vida, pela promoção de uma vida mortífera. Segundo a autora, "os animais estão implicados e são atores numerosos e potentes nas histórias e estórias que tecemos hoje, no começo do século XXI, sob o signo do capitalismo liberal, na época geológica chamada Antropoceno" (FAUSTO, 2020, p. 13). As manifestações humanas de maus tratos, domínio e poder, em contraste com diversos comportamentos compensatórios de cuidado, proteção e igualdade nos direitos dos animais e da natureza, demonstram a complexidade que existe na manifestação de afetos humanos na relação com outras espécies.

Não podemos deixar de mencionar as novas e mais recentes imagens dos morcegos em Wuhan (Mariz, 2020) e os macacos com febre amarela aqui no Brasil (Instituto Chico Mendes de Conservação da Biodiversidade [ICMBio]). Essas cenas de um cotidiano (in)consequente e de nossas (re)ações animalescas no contato com a natureza são geradoras de inúmeras imagens e afetos contra os não humanos. Uma narrativa confirmadora da necessidade de esforços para manter separado o homem do restante do mundo.

Como um prelúdio sem intenção, Fausto (2020) comenta que as zoonoses podem ser respostas às guerras declaradas aos animais não humanos, os quais, em ato de resistência, buscam saídas para a sobrevivência. Ela relata o exemplo das raposas voadoras na Austrália, uma espécie de morcego que passou a ser alvo de extermínio, ao se constatar que são portadores de um tipo de zoonose que ameaça a vida humana. Porém, trata-se de guerra declarada que não alivia a situação desses animais, pelo contrário, os tornam ainda mais depósitos de afetos malignos e tais efeitos são ainda mais devastadores.

Os afetos dos não humanos, sejam perceptíveis ou não por nós, são tão complexos quanto aqueles dos animais humanos (FAUSTO, 2020). Cabe lembrar mais uma vez que a complexidade humana tem sua raiz na animalidade. Todos os habitantes terrenos agem e existem cada qual à sua maneira, cada um com seu emaranhado de manifesta humanidade. Seguindo o raciocínio de Fausto (2020), nem todas as espécies contra-atacam guerras declaradas: o que se pode perceber é uma infinidade de maneiras de responder aos destroços devastadores do Antropoceno, inclusive espécies que se negam a qualquer tipo de adaptação e se recusam a sair do seu habitat, preferindo morrer do que mudar sua forma de vida. Uma atitude que foge do binarismo da guerra, do nós contra eles. É sem dúvida uma saída rumo à biodiversidade que permite a transformação do mundo no devir com outras espécies não humanas (FAUSTO, 2020).

Como vimos anteriormente com Mancuso (2019), as plantas também possuem seus próprios mecanismos de defesa para resistir e se adaptar às condições impostas; adotam soluções a partir da interação entre grupos para responder aos problemas; aliam-se a outras espécies de plantas e animais, às vezes, utilizando-se de métodos perversos de indução à dependência de substâncias para aumentar as chances de sobrevivência da sua espécie; na falta de movimento, agem como o avesso dos animais, servindo de alimento, ao fixarem $CO2$ em vez de emiti-lo; e, por fim, com a descentralização de suas terminações sensoriais para se adaptarem ao ambiente. As plantas são infinitas fontes de biodiversidade, com números estrondosos de descoberta de mais de duas mil novas espécies a cada ano, somente na última década (MANCUSO, 2019).

Foi-se o tempo em que o animal não humano era visto como um ser sem nenhum tipo de consciência. Ao revisitarmos ainda mais os fatos na história, vemos que eles já foram considerados isentos de dor ou sofrimento. Uma herança cartesiana que nega a existência de alma em espécies que não o Homem. A dor, então, viria da experiência da alma e, sem um corpo animado, seria apenas como uma engrenagem de uma máquina funcionando por meio de reflexos. Dessa maneira, deram-se as sucessivas divisões entre espírito e matéria, corpo e mente, que também são atribuídas aos animais humanos (FAUSTO, 2020). Hoje, felizmente, reconhece-se que qualquer ser vivo é dotado de algum tipo de consciência, inclusive as árvores e plantas, como comentado nas observações de Peter Wohllenben (2017).

Por outro lado, os maus tratos de animais não humanos, as monoculturas no estilo "agro é pop" e a devastação da biodiversidade não cessam; um mundo inteiro vivo sendo chamado de recursos, de coisas e commodities. Há uma resistência enorme às mudanças de olhares, como aponta Singer (2010):

> A pesquisa com animais é uma indústria que envolve bilhões de dólares, e enfrentá-la não é fácil para um movimento novo e com pouquíssimo dinheiro. Mas, ainda assim, a pesquisa é um oponente mais fraco, com menos força política, do que o agronegócio (p. XV).

Esse depoimento deixa claro o quanto a modernidade está enlaçada com os interesses comerciais acima de qualquer valor dado à vida. A ideia de progresso e desenvolvimento precisa urgentemente ser repensada.

Todo esse cenário contemporâneo revela a urgência de retomar o rumo de uma imaginação fértil capaz de sonhar outras formas de interação entre espécies humanas e não humanas que não sejam as monoculturais e antropocêntricas. Vale destacar que os arquétipos são estruturas universais vazias que vão sendo preenchidas com o passar do tempo e com o acúmulo das experiências das *humanidades*. Significa dizer que temos a capacidade inata de germinar outras formas de relacionamento entre as espécies, de criar ou gerar outras imagens que possam embasar nossas formas de se relacionar em um mundo em constante devir, agindo em consonância com nosso tempo que, à sua maneira, vem clamando por transformação, morte e renascimento. Diz Jung:

> A psique parece mesmo construir um caso especial do fenômeno da vida. Com o corpo vivo partilha a psique da capacidade de produzir estruturas significativas e orientadas para uma finalidade, por meio das quais consegue reproduzir-se e desenvolver-se. E assim como a vida enche por si mesma a Terra com formas de animais e plantas, do mesmo modo cria a psique um mundo ainda maior, que é a consciência, ou melhor, o conhecimento do universo (JUNG, 2012b, p. 100, § 165).

Considerações finais

Por meio deste trabalho pretendemos ilustrar algumas imagens afetivas existentes nas relações entre humanos e não humanos e como elas aparecem e se sustentam no imaginário das pessoas e nas cenas do cotidiano. Essas imagens têm como base os arquétipos que nos afetam a partir do núcleo de um complexo que nos impõe colecionar imagens afetivas e experiências pertencentes às esferas pessoal e cultural; as sentimos nas paisagens, nos seres que habitam as paisagens; elas ultrapassam os limites da cultura e da experiência pessoal.

Manifestações de afeto tanto na prática do cuidado, como na prática do extermínio, entre outras infinitas formas de afetar e ser afetado, permeiam as relações entre as humanidades, entre as diversas maneiras do viver, desde o começo dos tempos, desde que a vida surgiu neste solo chamado Terra. Vale destacar que nós humanos estamos entre os pertencentes ao reino animal. Fomos nos colocando entre barreiras enormes, na tentativa de reforçar o poder de uns sobre os outros e sobre outras espécies. É preciso reconhecer o espaço que existe entre as humanidades, aprofundar a escuta do vazio em aberto que ecoa o som de outras vozes, as vozes dos mais que humanos que existem por elas mesmas na interação com o mundo, bem como no imaginário humano.

Através da imaginação e dos sonhos construímos infinitas formas de relacionar características de cada ser, cada cultura e cada época. Cada cultura tem algo a dizer sobre suas feras feridas, bestas selvagens, animais domesticados, divisões de terras, plantios e colheitas, exploração e uso de recursos, cultos e rituais como reflexo daquilo que existe ou existiu no imaginário. O imaginário é construído em conjunto com o espírito da época, *Zeitgeist*, e na relação com as paisagens e seres do seu entorno. Os sentimentos e emoções que são despertados nas relações entre animais humanos e não humanos de determinado território e época são frutos de um emaranhado de tensões e sentidos que formam as imagens internas, pessoais e coletivas daqueles que ali habitam (JUNG, 2012d p. 80, § 80).

Outros seres, que não os humanos, também habitam a Terra, possuem um modo único de imaginar, assim como um jeito próprio de coabitar o imaginário do planeta. Todos precisam ter suas vozes reconhecidas como algo real e em coexistência com a voz dos humanos. Todos esses sons são vozes da *humanidade* e possuem uma infinita diversidade. Os novos tempos pedem novas combinações e visões de mundo que caminhem para além do modo antropocêntrico de guerrear contra a multiplicidade de formas de vida e que levem em consideração a biodiversidade na qual habitamos e que nos habita, portadora de um universo de cosmologias e de seres terrenos. Como disse Jung (2012e p. 36, § 47) "Os limites entre consciente e inconsciente são em grande parte determinados por nossa cosmovisão". É urgente um mundo que resgate a consciência de que todos os seres possuem um único direito, o direito à existência como vozes políticas.

Referências

AGAMBEN, G. *O aberto:* o homem e o animal, 2a ed. Rio de Janeiro: Civilização Brasileira, 2017.

BACHMANN, H. I. *O animal como símbolo nos sonhos, mitos e contos de fadas* (V. Schneider, trad.). Petrópolis, RJ: Vozes, 2016.

CASTRO, E. V. *Metafísicas canibais: elementos para uma antropologia pós-estrutural.* São Paulo: Ubu Editora, 2018.

FAUSTO, J. *A cosmopolítica dos animais.* São Paulo: N-1 Edições, 2020.

GIORGI G. *Formas comuns: animalidade, literatura, biopoliítica.* Rio de Janeiro: Rocco, 2016.

HILLMAN, J. Animal presences In *Uniform editions of the writings of James Hillman* (Vol. 9). New York: Spring Publications, 2008.

__________. *Re-vendo a psicologia* Petrópolis, RJ: Vozes, 2010.

Instituto Chico Mendes de Conservação da Biodiversidade. (2018, 18 janeiro). *Febre amarela: macacos não transmitem a doença.* Brasília, DF: ICMBio. Disponível em <https://www.icmbio.gov.br/portal/ultimas-noticias/20-geral/9416-febre-amarela-macacos-nao-transmitem-a-doenca> Acesso em 25 abril 2021.

JUNG, C. G. Observações gerais sobre o ponto de vista energético da psicologia. In *A energia psíquica* (OC, Vol. VII, 13a ed., M. L. Appy, trad.) Petrópolis, RJ: Vozes, 2012a.

__________. Psicologia analítica e educação. In *O desenvolvimento da personalidade* (OC, Vol. XVII, 13a ed., Fr. V. Amaral, trad., D. F. Silva). Petrópolis, RJ: Vozes, 2012b.

__________. Introdução à problemática da psicologia religiosa da alquimia. In *Psicologia e alquimia* (OC, Vol. XII, 6a ed.,

Petrópolis, RJ: Vozes, 2012c.

__________. Sobre os arquétipos e o inconsciente coletivo. In *Os arquétipos e o inconsciente coletivo* (OC, Vol. IX/1, 9a ed., Petrópolis, RJ: Vozes, 2012d.

__________. Sobre o inconsciente In: *Civilização em transição* (OC X/3,). Petrópolis, RJ: Vozes, 2012e.

KOPENAWA, D., & ALBERT, B. *A queda do céu: palavras de um xamã Yanomami*. São Paulo: Companhia das Letras, 2015.

KRENAK, A. *Ideias para adiar o fim do mundo*. São Paulo: Companhia das Letras, 2019.

LISPECTOR, C. *Água viva*. São Paulo: Círculo do Livro, 1973.

MANCUSO S. *Revolução das plantas: um novo modelo para o futuro,* São Paulo: Ubu Editor, 2019.

MARIZ, F. (2020, 18 de setembro). *Covid-19: como o vírus saltou de morcegos para humanos*. Jornal da USP. Disponível em <https://jornal.usp.br/ciencias/covid-19-como-o-virus-saltou-de-morcegos-para-humanos/> Acesso em 25 abr. 2021.

OLIVEIRA, J. C., AMOROSO, M., LIMA, A. G. M., SHIRATORI, K., MARRAS, S, & EMPERAIRE, L. (Orgs.). *Vozes vegetais: diversidade, resistências e histórias da floresta*. São Paulo: Ubu Editora, 2020.

RIBEIRO, S. *O oráculo da noite: a história e a ciência do sonho*. São Paulo: Companhia das Letras, 2019.

SINGER, P. *Libertação animal,* São Paulo: Editora WMF Martins Fontes, 2010.

WOHLLENBEN, P. *A vida secreta das árvores,* Rio de Janeiro: Sextante, 2017.

Branco arquetípico, pactos narcísicos e as possibilidades de encontros entre gerações e raças

Clélia PRESTES
Guilherme SCANDIUCCI

Encontros, afetos, afetações, epifanias, reflexões, reposicionamentos, comoções, comprometimentos. Tudo isso aconteceu ao longo de um período de alguns encontros. Uma participante desses encontros foi a coautora deste texto, Clélia Prestes, uma psicóloga negra, pesquisadora e militante no campo das relações raciais, estudiosa das teorias e técnicas de Carl G. Jung. Participou também o coautor Guilherme Scandiucci, organizando alguns desses encontros junto à Carmen Lívia Parise, e ambos integrando um grupo de psicólogas(es) e outras(es) profissionais, brancas(es), analistas junguianas(es), há um tempo (e cada vez mais) interessadas(es) nas relações raciais.

Nossos olhos buscaram reconhecimento, e ele veio por meio de vozes, silêncios, escutas, enfim, de histórias, e de nossa crescente consciência do quanto são complementares. Nossas histórias e reflexões dialogarão aqui, com a companhia de quem nos lê, e esperamos que o façam conscientizando-se do seu lugar nas cenas e lugares que descrevemos.

Histórias que pedem escuta

Comecemos com a voz de Clélia e a história do sobrenome Prestes.

1886 era o ano. O dia, 14 de fevereiro. Nascia Josué, meu bisavô. Em sua certidão de batismo, emitida por um escritório religioso e assinado por um padre, consta apenas seu nome, e só descobriremos o sobrenome depois, junto com o teor da cena. Seguindo pela certidão, o padre afirma que Josué (cujo nome, reparem, é cristão) é "filho de Gabriela escrava de D. Gertrudes Prestes Gomes". Seguem os nomes do padrinho e madrinha, devidamente nomeados e sobrenomeados.

Da cena apreendemos que Josué e Gabriela são pessoas negras, sem registro dos sobrenomes, sem direito ao uso de nomes africanos, e ela escravizada da família que passou a ele (nós) o sobrenome Prestes. Qual terá sido o teor da relação entre a família Prestes e Josué? Ou mesmo Gabriela? O que indica o fato de haver sobrenomes registrados para todas as outras pessoas? E o fato de ser uma certidão emitida por um órgão religioso?

Ao ler essa certidão na aula *Branco arquetípico e pactos narcísicos*, convidei a turma e convido as pessoas que agora lêem a se perguntar, ainda, quem são seus bisavós e onde estão nessa cena. Na aula, para ajudar na sintonia com a história e cada trajetória, fechamos os olhos, respiramos fundo e fizemos uma conexão ao som da música *Cheikh Anta Diop*, tocada por uma orquestra percussiva cujo maestro é o griô e músico senegalês Doudou Ndiaye Rose.

A forma de escrita que adoto parte desses referenciais pessoais, artísticos, políticos, e escolho que seja assim para praticar a autonomia de contar minha história e teorizar. Segundo Neusa Santos Souza (1983), a autonomia, para ser exercida, pede que se possua um discurso sobre si mesmo. Neusa, pensadora das relações raciais e psicanalista, em sua obra *Tornar-se negro*, analisa a dinâmica psíquica de pessoas atingidas pelo racismo e pela hegemonia de ideais de ego brancos. Para ela, o discurso sobre si mesmo e a consequente autonomia pedem o conhecimento concreto da realidade. Enquanto grupo racial, setor profissional, corrente teórica, sociedade, o conhecimento concreto da realidade é uma necessidade.

O que a psicologia brasileira (incluindo a junguiana) pode escutar enquanto nega a cena da certidão, o contexto sócio-histórico do final do século XIX, a cena atual encharcada de racismo, os referenciais artísticos, políticos, filosóficos africanos e afro-brasileiros para interpretar produções imagéticas das pessoas que atende, enquanto discrimina teorizações e tecnologias de cuidado que partem de cosmogonias africanas? Pode escutar apenas a si mesma, ou pautar a escuta em si mesma. Uma escuta restrita.

E por que não escuta? Porque a surdez a privilegia. Porque assim não precisará refletir sobre seu lugar nas cenas. E poderá continuar gozando dos privilégios advindos da forma como as cenas estão estruturalmente organizadas. O pacto narcísico da branquitude no campo *psi* serve à disseminação do branco arquetípico como referencial de humanidade que, funcionando como hegemônico, é tratado como universal.

O encontro entre o imigrante e o escravizado

Passemos, agora, à voz de Guilherme e a história do sobrenome Scandiucci.

Retomo a cena da aula que demos em parceria. Após as considerações teóricas e imagéticas, a discussão despertou em mim algo interessante, que foi ali compartilhado. As colocações de Clélia, em seu modo suave e simultaneamente desafiador, muito me tocaram; a partir delas, naquele momento da aula, fui buscar a história de parte de meus antepassados que vieram imigrados da Itália para o Brasil no final do século XIX e passei a imaginar o choque entre diferentes raças na história de São Paulo.

Nos anos de 1990, minha família resgatou documentos de seus antepassados, desde suas chegadas ao porto de Santos. Nos registros constavam os nomes dos pais e seus filhos, crianças e adolescentes recém-chegados ao novo mundo.[1] Um dos meus bisavôs chegou com 4 anos de idade em 1887, por exemplo. Passei a imaginar o pisar numa terra onde ainda havia oficialmente escravizados descendentes de povos africanos. Como seria o contato entre meu bisavô e o bisavô de Clélia?

Pensemos no grau de projeção que haveria num encontro como esse. O branco europeu, influenciado pelos discursos eugenistas da época, a olhar o negro como primitivo, animalesco,

1. Aliás, no site do Museu da Imigração do Estado de São Paulo (https://museudaimigracao.org.br/) é possível verificar registros das famílias imigrantes quando de suas entradas na Hospedaria de Imigrantes do Brás.

preguiçoso etc. Ambos pobres, mas o branco cidadão, inclusive contribuindo para "melhorar a raça" do país, algo presente no imaginário da época. O preto logo seria um homem "livre", mas sem ter condições de trabalho e cidadania em geral.

Se pensarmos a projeção, de acordo com Plaut, Shorter e Samuels (1988), como uma defesa contra a ansiedade ou partes inaceitáveis da personalidade sendo colocadas em uma pessoa ou objeto externo ao sujeito – o que daria uma libertação provisória a ele –, fica evidente este recurso utilizado pelo branco em muitas situações de (não) contato com o negro. Ou, como aponta Kilomba (2019) em sua pesquisa auxiliada pela psicanálise, o negro serve aí como projeção da parte "má" do ego, preservando intacta a positividade do branco. Observa-se a invenção de um outro, não existente por si só, e fica-se com aquilo que o negro "deve ser". A negação, enfim, resulta em cisão e projeção (*eles vêm aqui e retiram o que é nosso. Eles são racistas*).

As relações raciais na psicologia analítica

A reflexão sobre como as relações raciais têm comparecido na psicologia analítica pede a escuta de diferentes vozes. Enquanto isso, leva ao questionamento sobre os motivos do intrigante silenciamento da temática nessa vertente teórica. E, ainda, inspira comoção (ou moção conjunta) para que se ampliem teorizações e mudança social. E foi, justamente, esse o ponto de encontro entre Clélia e Guilherme ao longo dos eventos que convidaram a pensar e agir em conjunto. É dele a voz, nesse próximo trecho.

Gostaria de iniciar este item com uma observação de Fanny Brewster (2017), doutora em psicologia e analista junguiana negra estadunidense, em seu lugar de fala: com todo o ódio racial presente nos Estados Unidos no início do século XX (basta lembrar da Ku Klux Klan e dos linchamentos de pessoas negras), não se vê na literatura americana junguiana menção ao impacto ou influência da violência racial branca. O que poderia justificar essa desatenção a uma questão tão impactante social e psicologicamente para um país?

Dentro do universo junguiano, a autora percebe nitidamente o estigma de a pessoa negra ser considerada estranha, diferente, primitiva, Outro – já que a linguagem da psicologia junguiana está entranhada de possibilidades de racismo. De acordo com ela, isso tem como consequência um decréscimo significativo na procura por esta escola de psicologia entre afro-americanos (BREWSTER, 2017) – é rara a presença de pessoas pretas na psicologia analítica e isso provavelmente não se deve somente a uma formação custosa financeiramente.

Se Jung não via a mistura racial como interessante, sua psicologia é epistemologicamente híbrida. Esse é o grande potencial da psicologia analítica. Jung e outros junguianos se alimentaram de fontes de conhecimento para além da matriz europeia tradicional. *Unus mundus* e *participatión mystique*, por exemplo, são termos que ampliam a ideia de uma psique para além da compreensão moderna de indivíduo e isso pôde ser comparado a certas culturas de etnias africanas e ameríndias. A própria clínica junguiana não tem como foco o encontro entre duas consciências. Entretanto, Jung pouco explicita estas fontes, parece que a visão de branco europeu comprometia seu reconhecimento diante de tais povos.

Vale lembrar o importante trabalho de Michael V. Adams (1996) - já citado neste livro no prefácio e no capítulo de Bragarnich - que aponta para a existência da racialidade no inconsciente, comparável à sexualidade tal como observada pela tradição psicanalítica. No Brasil, um de nós (SCANDIUCCI, 2005) trabalhou em dissertação de mestrado o movimento *hip hop* em São Paulo como fundamental contraponto ao complexo cultural ligado ao racismo. Ressalta-se também o livro organizado por Walter Boechat (2014), no qual a temática étnico-racial se destaca em vários capítulos. Apenas para mencionar alguns exemplos entre outros.

James Hillman promove discussões interessantes no campo pós-junguiano. Oferece uma interpretação psicológica em vez da sociológica, que costuma ser predominante nas discussões em torno das questões raciais. "Os negros tiveram que carregar todo o tipo de sombra sociológica, da religião e fé verdadeiras à covardia e o mal. As vogas sociológicas esqueceram-se de que o homem preto é também Tanatos" (HILLMAN, 2013, p. 209).

Negros representariam a morte, o reprimido é a morte, e a morte os dignificaria. Nos sonhos de brancos, não é instinto de morte, ou pulsão de morte, mas anseio de morte que é significado pelos negros - que, no processo, são dignificados por ela. Estamos diante da morte metafórica do ego branco: o ego branco precisa morrer metaforicamente - precisa estar deprimido, aprofundado e escurecido - não para renascer mas para ficar almado. A supremacia branca deste ego é uma "pureza" branca que ele tenta preservar fobicamente. O si mesmo branco requereria então um outro negro, não para perpetuar um ego defensivo, mas para subvertê-lo - ou ao menos para revisá-lo ou revê-lo (*re-vision it*) (HILLMAN, 2013).

Aqui é importante fazer uma observação acerca desta ideia de Hillman em *O sonho e o mundo das trevas*, publicado originalmente em 1979, no qual há um pequeno trecho onde ele aborda a figura do negro nas imagens oníricas. Ainda que o autor procure criticar a relação entre o negro e a sombra, associação comumente feita no universo junguiano, ele parece não se livrar de uma chave associativa que pode ser também rígida. O negro pode representar a morte ou Tanatos em certas ocasiões, mas por que a aparição do preto deve estar relacionada a isso? E por que Hillman não fala, por exemplo, da presença de pessoas brancas nos sonhos como tendo uma direção simbólica em potencial? No seu texto de 1986 (*Notes on white supre-*

macy) o autor se aprofunda na relação, inclusive histórica, do que entendemos como preto e branco.

Para Hillman (1986), o verdadeiro branco alquímico carrega o negror em si, o azul da memória e do arrependimento, na medida em que ele intenciona chegar ao amanhecer, a um despertar de si mesmo através do amarelecimento. Não é mais o branco caiado, o mero branco, de fato não há mais branco puro.

O pensamento oposicional é muito antigo e gera consequências significativas. Pensamos muitas vezes em branco-e-preto. No entanto, pessoas identificadas pela cor se tornam identificadas com a cor; africanos que não se percebiam como "negros" se tornam "negros", uma descoberta da consciência branca. A escravidão do oeste africano começa psicologicamente não nas estruturas da sociedade negra, nem mesmo na supremacia inerente à branquitude, mas no próprio seio do pensamento oposicional.

O embranquecimento do ocidente seguiu concorrentemente ao enegrecimento do resto do mundo. Esse crescimento foi mantido dentro do termo *negro* muito antes de qualquer pessoa anglófona chegasse à costa do oeste africano. A lógica de opostos preserva o branco de noções perversas. O branco não possuiria propósitos mortíferos, não poderia ser inimigo ou maligno ou passível de punição. Como se a linguagem do branco, só pela virtude de suas ressonâncias arquetípicas, pudesse restaurar a pureza, eliminar o pecado, a culpa e a vergonha, como se a mistura do sangue em relações de mestiçagem fosse a pior de todas as traições identitárias do grupo branco, porque ela empiricamente destrói a lógica de oposições (HILLMAN, 1986).

Hillman se pergunta de onde viria branco e preto como opostos, dado que trata-se de uma construção histórica. Aponta três constelações principais sobre o branco: a) Brancura do paraíso ou o branco percebido pela perspectiva arquetípica do celestial, do pai espiritual, familiar a todos nós, principalmente em contextos cristãos; b) Inocência. Abandonamos o pai arquetípico do céu pela criança arquetípica: desamparada, simplória, desprovida de poluição, corrupção, mácula ou mal; c) A terceira convenção localiza o branco no contexto da anima. À despeito dos sentidos da anima para a beleza como tendo carne clara, pele luminosa e radiante, o branco aqui não mais implica supremacia inocente e infantil. Essa vulnerabilidade do branco tem paralelos com o embranquecimento na alquimia.

Por fim, destaca-se a colocação de Hillman (1986) a respeito da coroação do branco, que também sugere a seguinte equação: negro = privação de luz (ótica) = *privatio boni* (teologia) = ausência da luz da razão (filosofia). Esta equação na história social promoveu missões de suposta conversão aos que eram considerados tenebrosos nativos, e foi uma justificativa moral da escravidão, a identificação das pessoas de pele escura com a natureza bruta bestial, estúpida, desprovida de inteligência.

É fundamental trazer ao campo junguiano, bem como à psicologia de forma geral, a noção de racismo institucional e branquitude. Conforme aponta Wieviorka (2006, *apud* SCHUCMAN, 2014), o racismo institucional é entendido como um conjunto de mecanismos, não percebido socialmente e que permite manter os negros em situação de inferioridade – não sendo necessário que os preconceitos racistas se expressem, ou que haja uma política racista para fundamentar a exclusão ou a discriminação.

A branquitude pode ser definida como "[...] um lugar de privilégio racial, econômico e político, no qual a racialidade, não nomeada como tal, carregada de valores, de experiências, de identificações afetivas, acaba por definir a sociedade" (Bento, 2002, p.5, *apud* SCHUCMAN, 2014, p.92). Como mostra o estudo de Schucman (2014), que analisa entrevistas feitas com pessoas brancas de diferentes classes sociais e bairros paulistanos, o branco não se entende como pertencente a uma raça. Afinal, quem teria raça seria o "outro" (preto, indígena, oriental...).

Temos procurado contribuir para colocar a psicologia analítica em contato com o campo da discussão antirracista e decolonial. Em recente publicação de Guilherme Scandiucci e Carmen Parise (2021) a respeito do aquilombamento e das influências africanas para uma psicologia brasileira, escrevemos:

> A inclusão da *arkhé* africana em nossas clínicas e em nossas vidas nos convida à alegria de uma epifania no corpo que afeta o mundo e outros corpos e é por eles afetado, na medida em que dá dignidade a esse corpo: valoriza seus cheiros, tatos, sabores, sons como modos de saber o mundo, costurando um corpo psíquico sempre atravessado por novos devires. E essa afetação dos corpos, nos parece, é o que será necessário para desanestesiar almas e corações - adormecidos há séculos pelo peso de uma lógica causal, abstrata e bidimensional acachapante –, devolvendo-lhes o senso do espanto e convocando-os a tomar parte na promoção de um viver de fato comunitário (p.169).

A voz de Clélia retorna para trazer contribuições das próprias pessoas negras sobre as relações raciais, iniciando a partir do título de seu artigo *Não sou eu do campo psi? Vozes de Juliano Moreira e outras figuras negras*:

> Quão equivocado está um campo em que profissionais voltados à saúde, por meio da escuta, privilegiam-se (ainda que não intencionalmente) de uma surdez estratégica para as relações raciais.... Esse campo, que se destaca pelo exercício da memória, acaba por apagar produções e figuras negras. Campo das vozes, do diálogo, que silencia a diversidade e monologa onisciência. Campo da abertura para encontros genuínos, especializado em isolamen-

> tos. Campo das conscientizações, alienado e alienante. Do contato, da discriminação. Da neutralidade, parcial. Do cuidado, negligente. Do compromisso, omisso. Da ética, conivente. Da busca por sentido, incoerente. Do olhar, daltônico. Da saúde, ensandecedora. Campo psi-cótico (PRESTES, 2020, p. 74).

No artigo, estão registradas as produções de Juliano Moreira, o pai da psiquiatria moderna, que no final do século XIX introduzia a psicanálise no Brasil, e no despertar do século XX já inovava com práticas de vanguarda que poderiam ser consideradas como uma reforma psiquiátrica. Dentre seus discípulos, um viria a supervisionar os trabalhos de uma ilustre junguiana, Nise da Silveira, que teria seu trabalho tornado célebre, no mesmo hospital onde Juliano Moreira inovou ao longo dos 27 anos em que o coordenou. As relações raciais, presentes nas teorias de Moreira, somem nas gestões posteriores do hospital. Inclusive nas análises psicológicas dos dramas e artes de um dos internos desse hospital, amplamente conhecido, Arthur Bispo do Rosário, homem negro que não teve sua cor enxergada.

Produções de pensadoras(es) negras(os) na psicologia analítica (e em outras vertentes da saúde mental) buscam reverter essa situação de deslocamento da realidade que se estabelece ao não serem nomeadas as questões raciais. É o que ocorre na obra de Arthur Ramos (2007), quando ele apresenta discussões como a de um inconsciente folclórico, em que pese algumas ressalvas ao teor de sua abordagem do tema, que talvez se justifique por ser um texto publicado originalmente em 1935.

Outra contribuição marcante é o livro *O herói com rosto africano: mitos da África*, escrito pelo junguiano negro Clyde W. Ford (1999). Nesse livro, Ford apresenta ricos elementos africanos para a análise de dimensões próprias da jornada do herói, e que Joseph Campbell deixou de incluir em suas teorias sobre mitologias. A surdez das vertentes *psi* em relação às questões raciais aparece também em texto de Márcio Farias e Emiliano de Camargo David (2020), com o título *Pode a psicologia escutar? Reflexões sobre a demanda negra. Psicanálise e questões raciais.*

É possível, ainda, citar os trabalhos pioneiros e históricos de Frantz Fanon (2020, 2020a, 2020b), que inovou na prática psiquiátrica, além de associar a saúde mental à liberdade política, e psicanálise como prática a ser implicada na mudança social. Produziu, ainda, reflexões sobre o efeito das máscaras brancas sobre processos psíquicos de pessoas negras.

Ainda no campo *psi* e discutindo as relações raciais, encontramos textos de mulheres negras, desde Virgínia Bicudo (2010), que faz sua pesquisa em 1945, sobre atitudes raciais em ambiente escolar, e depois colabora, na década de 1950, no Projeto Unesco sobre as relações raciais no Brasil. Ela ainda disseminou a discussão por meio de programas de rádio, e foi precursora em várias questões no campo da psicanálise brasileira.

Neusa Santos Souza (2021, 1998) também pesquisou e discutiu, em bases psicanalíticas, a dinâmica psicológica em contexto social racista, e os impactos psíquicos para pessoas negras e brancas. Se a clínica que se debruça sobre esses fenômenos ignora tais questões, negligenciam-se processos de amadurecimento de quem está sob esses cuidados, mas também de quem se propõe a cuidar, e, ainda, das teorizações e técnicas. Neusa Santos Souza, no texto *O estrangeiro: nossa condição*, analisa o racismo a partir do movimento psíquico de estranhamento e projeção do estranho familiar. Como ela conclui, "Ódio e intolerância ao Outro, o racismo é essa maneira funesta de pensar e agir, fruto de uma vontade totalitária em seu duplo afã de extirpar do Outro o seu modo de gozo e, ao mesmo tempo, de lhe impor o nosso" (1998, p. 163).

Os efeitos do racismo sobre o corpo e sobre a constituição do sujeito foram também abordados em outra pesquisa, que agora foi publicada em livro, da psicanalista Isildinha Baptista Nogueira (2021), e que traz o instigante título *A cor do inconsciente: significações do corpo negro*. Quais as condições de saúde psíquica para uma sociedade e seus membros, quando sua principal neurose cultural, de acordo com Lélia Gonzalez (1988, 1983) é a negação do racismo e de suas derivações, deixando de reconhecer a intensa presença negra nas relações sociais, conhecimentos, linguagem e afetos? Qual o compromisso de profissionais do cuidado em saúde mental ao utilizarem a máscara da neutralidade para não escutar tais questões? O compromisso é com o pacto narcísico e seus privilégios.

Uma sociedade narcisicamente pactuada com a branquitude é o que temos no cenário brasileiro, incluindo a psicologia analítica. Os pactos narcísicos foram conceituados por Maria Aparecida Silva Bento (2014), amplamente conhecida como Cida Bento, demonstrando como o racismo se manifesta nos níveis social e psíquico, mantendo privilégios que cobrem com véus o espelho.

> O silêncio, a omissão, a distorção do lugar do branco na situação das desigualdades raciais no Brasil têm um forte componente narcísico, de autopreservação, porque vem acompanhado de um pesado investimento na colocação desse grupo como grupo de referência da condição humana (BENTO, 2014, p. 30).

O chamado à psicanálise, para que assuma a questão racial, vem também de Maria Lúcia da Silva:

> É preciso a inauguração de uma psicanálise brasileira comprometida com a construção de uma clínica que não recuse a realidade histórico-social de nosso país e que leve em consideração o impacto dessa história na construção das subjetividades. Para tanto, é preciso romper com o silenciamento (SILVA, 2017, p. 87).

Esses trabalhos influenciaram toda uma geração contemporânea de múltiplos trabalhos, incluindo os de Grada Kilomba (2019), tanto na psicanálise quanto nas artes, e que analisa processos psicológicos próprios de uma sociedade em que é vigente a branquitude. Termino esse trecho citando um trabalho (Prestes, 2018) em que, a partir de obras de Frantz Fanon e de bell hooks, analiso as condições de saúde psíquica que passam por processos de resistência aos prejuízos do racismo e sexismo, pela transcendência das reduções de nossas humanidades, e por recursos pessoais e programáticos para a vivência do amor e outros afetos.

Encontros entre descendentes

Finalizamos em conjunto este texto, observando que se passou quase um século e meio desde o nascimento de nossos bisavôs. Desde a cena que reconstruímos de encontro entre figuras sociais que eles representam, entre europeus imigrantes e africanos escravizados. Muitos elementos da centenária cena insistem em permanecer, mas também se observam incipientes mudanças. Este capítulo, por exemplo, é fruto de um empenho por parte de um homem branco e de uma mulher negra em se juntarem para contribuir com uma psicologia que não seja hegemonicamente branca, não assuma uma pseudoneutralidade, e esteja consciente da grande importância das questões raciais em suas formulações essenciais. Hoje a diferença pode produzir algo, mesmo que ainda produza discriminação e humilhação, claro. Não somos iguais, nossos corpos não circulam na sociedade da mesma forma, não temos os mesmos privilégios, mas podemos construir a partir de tal tensão se a encararmos e a tomarmos como potência.

Essa possibilidade poderá se concretizar se houver disposição para análise das posições raciais e de consequências materiais e simbólicas, e se houver moção conjunta e aliançada pela mudança. Será possível se pudermos olhar nossas histórias e nossas heranças. Se pudermos superar a queda de algumas máscaras, e passar adiante do melindre que muitas vezes aparece nessas discussões, quando fica difícil deixar a persona de ser humano não preconceituoso. Se houver consciência e implosão dos lugares privilegiados, ainda que não se reconheça intenção de vantagem. Se pudermos recolher a violência projetada e integrarmos de modo elaborado seu conteúdo.

Se formos mais adiante na ideia de projeção tal como postulada pelos junguianos, teremos também uma ênfase na projeção como meio pelo qual os conteúdos do mundo interno se tornam disponíveis à consciência do ego.

> A hipótese é de que um encontro entre o ego e tais conteúdos inconscientes tem de alguma forma um valor. O mundo externo das pessoas e coisas serve ao mundo interno ao fornecer a matéria-prima a ser utilizada pela projeção. Pode-se ver isso com maior clareza quando o que é projetado também é representativo de uma parte da psique. As projeções de *anima* e *animus* são "levadas" por mulheres e homens reais; sem o portador não haveria encontro. [...] Contudo, para que alguma coisa valiosa seja obtida, é necessário que se realize alguma reintegração ou recuperação daquilo que é projetado (PLAUT, SHORTER e SAMUELS, 1988, p.164).

Ou seja, se pensarmos na dinâmica do inconsciente tal como postulou Jung, teremos a ideia de que a projeção pode servir como uma oportunidade para que o ego entre em contato com conteúdos sombrios. Enxerga-se "lá fora" (pessoas, sonhos, percepções) algo que está intimamente relacionado com o "aqui dentro". É uma visão a partir da ideia de finalidade, o chamado método sintético – que pode coexistir com o causal-mecanicista ou redutivo. A projeção iria então além de um mecanismo de defesa, podendo ser o início da elaboração de uma cisão na psique.

As pessoas brancas e a psicologia analítica têm condições, portanto, de realizar tal reintegração ao desenvolverem maior consciência da branquitude e de seus consequentes privilégios. O encontro pode ocorrer, com tensões e atritos, mas buscando enxergar melhor a si mesmas e, consequentemente, o outro, es outres. Como aponta Kilomba (2019), pode-se sair da negação ou culpa, passar pela vergonha (ao se dar conta do privilégio), chegando a um reconhecimento (quem eu sou, quem é a outra pessoa) e, finalmente, na reparação (contribuir para a efetiva mudança nas estruturas de poder e nas relações).

Obviamente, temos um longo caminho pela frente, dada a presença crucial do racismo em nosso país; estamos reconhecendo melhor nosso passado vexatório, dotado de mecanismos de defesa psicopáticos e negações sintomáticas. O/a/e branco/a/e (seja pessoa, profissional *psi*, vertente teórica) precisa aprender a escutar a fala do/a/e preto/a/e. Após séculos de surdez e de mordaça literal e metafórica, a escuta há de contribuir para o encontro genuíno, quer com outras pessoas, com as diferentes histórias, quer consigo mesmas.

Referências

ADAMS, Michael. Vannoy. *The Multicultural Imagination: "Race", Color, and the Unconscious.* Hove and New York: Routledge, 1996.

BENTO, Maria. Aparecida. Silva. Branqueamento e branquitude no Brasil. In: CARONE, Iray e BENTO, Maria Aparecida Silva (orgs.) *Psicologia social do racismo: estudos sobre branquitude e branqueamento no Brasil.* 6 ed. Petrópolis: Vozes, 2014.

BICUDO, Virgínia. Leone. *Atitudes raciais de pretos e mulatos em São Paulo*. Marcos Chor Maio (org.) - São Paulo: Editora Sociologia e Política, 2010.

BOECHAT, Walter. (Ed.) *A alma brasileira: luzes e sombra*. Petrópolis: Vozes, 2014.

BREWSTER, Fanny. *African Americans and Jungian Psychology. Leaving the shadows*. London and New York: Routledge, 2017.

FANON, Frantz. *Alienação e liberdade: escritos psiquiátricos*. São Paulo: Ubu, 2020.

FANON, Frantz. *Pele negra, máscaras brancas*. São Paulo: Ubu Editora, 2020a.

FANON, Frantz. *Por uma revolução africana: textos políticos*. Rio de Janeiro: Zahar, 2020b.

FARIAS, M árcio. e DAVID, Emiliano. Camargo. *Pode a psicologia escutar? Reflexões sobre a demanda negra. Psicanálise e questões raciais*. Correio Appoa, v. 301/302, 2020.

FORD, Clyde. W. *O herói com rosto africano: mitos da África*. São Paulo: Summus, 1999.

GONZALEZ, Lélia. *A categoria político-cultural de amefricanidade*. Tempo Brasileiro, n. 92/93, 1988, pp. 69-82.

GONZALEZ, Lélia. Racismo e sexismo na cultura brasileira. Ciências Sociais Hoje (Anpocs). São Paulo, v. 2, 1983, pp. 223-44.

HILLMAN, James. Notes on white supremacy. Essaying an archetypal account of historical events. *Spring: a journal of archetype and culture*. p.29-58. Putnam: Spring Publications, 1986.

HILLMAN, James. *O sonho e o mundo das trevas*. Petrópolis: Vozes, 2013.

KILOMBA, Grada. *Memórias da plantação: episódios de racismo cotidiano*. Rio de Janeiro: Cobogó, 2019.

NOGUEIRA, Isildinha. Baptista. *A cor do insconsciente: significações do corpo negro.* São Paulo: Perspectiva, 2021.

PARISE, Carmen. Lívia; SCANDIUCCI, Guilherme. *Arkhés Africanas e a Descolonização da Psicologia: a Clínica Como Quilombos Imaginais*. Petrópolis: Vozes, 2021.

PRESTES, Clélia. R. S. Não sou eu do campo psi? Vozes de Juliano Moreira e outras figuras negras. *Revista da Associação Brasileira de Pesquisadores/as Negros/as (ABPN),* [S.l.], v. 12, n. Ed. Especi, pp. 52-77, out. 2020.

PRESTES, Clélia R. S. Ressignificação da identidade e amor como resistências à violência racial, em favor da saúde psíquica. In: SILVA, Maria Lúcia da; FARIAS, Marcio; OCARIZ, Maria Cristina. *Violência e sociedade: o racismo como estruturante da sociedade e da subjetividade do povo brasileiro*. São Paulo: Escuta, 2018.

SILVA, Maria Lúcia da. Racismo no Brasil: questões para psicanalistas brasileiros. In: KON, Noemi Moritz; SILVA, Maria Lúcia da e ABUD, Cristiane Curi. *O racismo e o negro no Brasil: questões para a psicanálise*. São Paulo: Perspectiva, 2017.

SOUZA, Neusa Santos. O estrangeiro: nossa condição. In: KOLTAI, Caterina. *O estrangeiro*. São Paulo: Escuta / FAPESP, 1998.

SOUZA, Neusa. Santos. *Tornar-se negro: as vicissitudes da identidade do negro brasileiro em ascensão social*. Rio de Janeiro: Zahar, 2021.

RAMOS, Arthur. *O folclore negro do Brasil: demopsicologia e psicanálise*. 3 ed. São Paulo: WMF Martins Fontes, 2007.

SAMUELS, Andrew., SHORTER, Bani., PLAUT, Fred. *Dicionário crítico de análise junguiana*. Rio de Janeiro: Imago, 1988.

SCANDIUCCI, Guilherme. *Juventude negro-descendente e a cultura hip hop na periferia de São Paulo*: possibilidades de desenvolvimento humano sob a ótica da psicologia analítica. 2005. Dissertação de Mestrado, Instituto de Psicologia, Universidade de São Paulo, São Paulo.

SCHUCMAN, Lia. Vainer. Sim, nós somos racistas: estudo psicossocial da branquitude paulistana. *Psicologia & Sociedade*, 26(1), pp.83-94, 2014.

Clínica e Saúde Pela Perspectiva de Mulheres Negras

Clélia PRESTES
Cristina MARANZANA DA SILVA

Uma visita de espírito

Ele veio um pouco antes do amanhecer,
meu primeiro companheiro de correntes,
o pai de quatro filhos
que morreu
exalando seu último hálito febril
nas minhas costas agora,
ele volta respirando suavemente em minha carne quente
ele sussurra em meu ouvido
palavras que não consigo entender,
mas sei que é ele
dizendo-me da dor, da alegria de deixar seu corpo
a apreensão de desistir da vida.
Eu ouvi atentamente
para saber como minha vida poderia ser em outra jornada,
uma jornada diferente

(Fanny Brewster)

Vozes-Mulheres

A voz de minha filha
recolhe todas as nossas vozes
recolhe em si
as vozes mudas caladas
engasgadas nas gargantas.

A voz de minha filha
recolhe em si
a fala e o ato.
O ontem – o hoje – o agora.
Na voz de minha filha se fará
ouvir a ressonância
O eco da vida-liberdade.

(Conceição Evaristo)

Esse texto nasceu em diálogo. Um diálogo a partir do encontro nas diferenças raciais, no empenho de superação dos melindres e na prática do reconhecimento. Um encontro que se estabeleceu graças ao interesse pelas relações raciais em psicologia. Clélia Prestes contribuiu com suas concepções sobre saúde pela perspectiva de mulheres negras, tema de sua pesquisa de doutorado e de muitas de suas práticas de cuidado, e Cristina Maranzana da Silva trouxe as teorizações da Dra. Fanny Brewster sobre complexo racial, às quais teve acesso por meio de aulas com a referida pesquisadora estrangeira.

Dialogando, fomos construindo as reflexões, e aproveitando cada espaço de trocas para registrar e desenvolver essa escrita no plural. Enquanto autoras mulheres, colocamo-nos em movimento de escrita vencendo o desafio das imensas e múltiplas demandas que interpelam nosso viver (casa, clínica, maternidade, militância, entre outras). Essas demandas participam deste texto, tanto dificultando o tempo e a dedicação, quanto sofisticando nossas experiências e o processo de escrita, com suas imagens, afetos e reflexões. Iniciaremos, portanto, identificando essas perspectivas. A seguir, Cristina Maranzana da Silva apresenta, em primeira pessoa, um pouco de sua trajetória.

Nosso diálogo vem ampliando meu repertório no letramento racial e aprofundando com consciência crítica minha branquitude. Sendo uma mulher branca, mãe e psicóloga, quero estar ciente do meu lugar, das minhas limitações e do compromisso em saber que a questão racial é uma demanda que não se esgota com a percepção, vergonha ou culpa sentidas por nós brancos, mas que o processo de reparação é constante e longo, muito longo, para nós e as próximas gerações. É a partir desse lugar de escuta, que vem sendo possível construir uma posição política na clínica junguiana.

Ao longo dos últimos vinte anos tenho exercido a psicologia dentro de dois campos distintos mas complementares: a clínica individual e a intervenção social. Um trabalho de escuta sensível, mas com diferenciações importantes e necessárias. A perspectiva junguiana, como corpo teórico e analítico, é a urdidura que torna essa construção possível em meu cotidiano. A intervenção social comunitária é um ofício da psicologia que transita entre o coletivo e o individual, mas não como um deslocamento entre polos opostos, e sim em conexão. Inclusive uma conexão com os recursos do território, dos grupos, das pessoas atendidas. Não necessariamente os recursos que a gente leva, mas um compromisso nosso com o cuidado que realça o potencial de vida, de saúde, de quem recebe ou de quem compartilha com a gente o processo de cuidado de si. Nessa práxis, a intervenção acontece *com* o outro, *com* o cuidado, *com* a vida, *com* a saúde, *com* a beleza e *com* os afetos.

Nesse cuidar com (e não de) pessoas, precisa haver identificação das especificidades das pessoas que participam do processo. Obviamente, o foco será sobre quem pede o cuidado, mas a ação de cuidar (e os efeitos) não são unilaterais. Estão presentes as especificidades, principalmente, de quem é o foco do cuidado, mas também de quem se coloca em parceria, e será imprescindível que sejam considerados, entre outros elementos, os lugares sociais, aspectos raciais e trajetórias de cada pessoa. Neste texto, consideramos importante nós, as autoras, não figurarmos como invisíveis ou neutras. Segue, assim, a apresentação da outra autora, Clélia Prestes, e de como as questões deste texto acompanharam sua trajetória.

Desde 98, tenho me dedicado ao cuidado e a pensar a saúde. Como psicóloga clínica e social, como militante dos movimentos negro e de mulheres negras, como pesquisadora, como mãe, como mulher negra. A construção de conhecimento tem sido feita em diálogo com a comunidade científica/profissional, assim como com as comunidades de origem/destino, trançando a psicologia, as relações raciais e as de gênero, e tendo como horizonte de pesquisa a saúde.

Apesar de a comunidade *psi* estar na área de saúde, dedicamo-nos exageradamente a sintomas, doenças, patologias, e me interessava, desde sempre, os elementos que, mesmo diante de grandes adversidades, influenciam superação, sentido de vida, transcendência, entre outros. O movimento social negro e de mulheres negras luta pelo fim das desigualdades, das violências e da morte concreta e simbólica. Resiste a um pacto social em que o racismo e o patriarcado se alimentam da exploração de pessoas e extermínio de referenciais, sendo constante a necessidade de denunciar as mazelas. Assim como é imprescindível a identificação de recursos de enfrentamento e superação. Minhas pesquisas têm tido foco sobre a promoção da saúde, incluindo processos de emancipação, autonomia, agência, empoderamento e resiliência. Considero que, em contextos de violência e morte programadas, a saúde é resistência, ressignificação e transgressão.

Nos diálogos para a construção deste texto, fomos trançando as produções de Brewster e Prestes, em uma discussão sobre saúde pela perspectiva de mulheres negras. As produções e os processos de saúde subvertem a concretude e brotam como resistência, como reconstrução poética de si. Estratégias de cuidado que consideram os conhecimentos e recursos de quem é o foco do cuidado, alinhadas com as trajetórias, especificidades afetivo-sexuais, origens, grupos de pertencimento, racialidades, classe socioeconômica, geração e características do território específico, entre outros aspectos.

Nesse cotidiano clínico com consideração pelos recursos do grupo e do território, estamos falando de um território vivo, apontado por Milton Santos (1996) como o espaço em que as pessoas constroem seus modos de ser, estar e se relacionar com o outro, imbricando as diferentes culturas, modos de pensar, sentir e agir no mundo. Olhar para nosso território através da geografia humana causa um impacto diferente da geografia física. Enquanto psicoterapeutas, quais as implicações que temos com o mundo desigual em que vivemos?

O Brasil é reconhecidamente um dos países mais desiguais do planeta, com reprodução da lógica colonial fundante e, por conseguinte, manutenção das relações e processos violentos do período escravocrata. Kabengele Munanga (2015) aponta que o racismo à brasileira extermina duas vezes mais. Maria Aparecida Silva Bento (2014), conhecida amplamente como Cida Bento, aponta para a manutenção e reprodução dessas práticas racistas a influência da branquitude, ou seja, a identidade racial do branco brasileiro implicada em um silenciamento narcísico que mantém privilégios para si e para seu grupo. E o branqueamento imposto, passando a ser idealizado e desejado, como equivocada forma de fugir da discriminação.

Nesse cenário, Bento (2014) afirma que as desigualdades raciais são criadas num contexto relacional onde negros e brancos estão inseridos, e que a branquitude tem um papel central na manutenção e reprodução dessas quando silencia, deixando o racismo ser tratado como assunto exclusivo de negros, um "*pacto narcísico*" consciente ou inconsciente, como luta silenciosa pela manutenção de privilégios raciais.

A branquitude tem sido discutida por Bento (2014), como um lugar de privilégios simbólicos e materiais, que não são nomeados como raciais, mas carregam valores e vivências racializados, ao definir uma condição e status de 'superioridade' do branco na sociedade brasileira.

Dentro desse panorama sociopolítico, como fica e o que pode a clínica junguiana? Segundo Brewster (2013a), há perguntas incômodas, que na comunidade junguiana, foram empurradas para a margem, como se não tivessem forças para aparecer no centro das discussões teóricas, como se esses incômodos desaparecessem num fundo branco. Sendo assim, "o ruído interessante vem das margens e só pode ser perguntado a partir delas" (BREWSTER, 2013b, p. 16).

Em uma importante revisão crítica do pensamento junguiano, ao apontar conceitos teóricos etnicamente questionáveis que acompanham os pensamentos de Jung, Brewster (2013b) indica a necessidade de considerar os aspectos culturais da consciência, pois o silenciamento cultural tem efeito no trabalho clínico. E "a psicologia que Jung introduziu tem sua própria sombra. No entanto, é essa sombra que nos oferece a oportunidade de nos aprofundarmos ainda mais em uma atitude analítica autêntica, pessoalmente, com nossos pacientes e dentro do processo pessoal" (BREWSTER, 2013b, p.17). Ressaltando, para isso, o processo de individuação como conceito fundamental, que poderia estar mais próximo de uma forma coletiva de existência.

Jung (1988) já reforçava que nenhum terapeuta seriamente empenhado em compreender a pessoa inteira fica dispensado de entender-se com o momento histórico, cultural, geográfico e espiritual. Bem como, com os conteúdos psíquicos do simbolismo individual, visando um trabalho analítico que mergulhe nas imagens oníricas do inconsciente dialogando com conteúdos internos e culturais. Segundo ele, os comportamentos psíquicos possuem também caráter eminentemente histórico e o psicoterapeuta não deveria tomar conhecimento apenas da biografia pessoal do paciente, mas também do *Zeitgeist*, o espírito da época (ou o imaginário coletivo), seria o conjunto de clima intelectual e cultural do mundo, numa certa época, ou as características genéricas de um determinado período. Porém, nos percursos junguianos frequentemente encontra-se em oposição o individual ao coletivo, o que dificulta uma conexão dos aspectos pessoais e políticos no processo clínico.

O trabalho de abordar a interação indivíduo-cultura é mais bem desenvolvido por autores contemporâneos como Thomas Singer e Samuel Kimbles (2020), que foram desenvolvendo a ideia de inconsciente cultural e propuseram o conceito de complexo cultural, derivado dos conceitos de Jung sobre complexos de tonalidade afetiva. Nessa interlocução, há uma contribuição fundamental, Fanny Brewster (2013) que desenvolve a ideia de complexo racial, afirmando que é um aspecto de um complexo cultural, porque não é a totalidade de quem somos em termos de cultura. Interessante observar que, na maioria das vezes, o aprofundamento da discussão racial está associado a vivenciar a questão na própria pele, como é o caso de Kimbles, um homem negro e Brewster uma mulher negra.

Daremos realce, aqui, aos aprofundamentos realizados pela Dra. Fanny Brewster, analista junguiana negra que se destaca ao pensar sobre essas questões através do conceito de complexo racial. Uma pensadora extraordinária e fascinante, de uma potência gigantesca, com uma obra que ainda não foi traduzida para o português. Em seu primeiro livro, *African American and junguian psychology: leaving the shadow* (2017), através do conceito de sombra na linguagem e imagens, inaugura espaço para uma discussão muito mais ampla sobre raça e racismo na teoria junguiana, e inclusive faz críticas apontando para o racismo percebido no próprio C. G. Jung.

Na segunda publicação, *Archetypal Grief* (2018), ela aponta os efeitos psicológicos intergeracionais da perda infantil vivenciada por mulheres escravizadas nas Américas e de seus efeitos contínuos na sociedade contemporânea. Desenvolvendo o conceito de luto arquetípico em mulheres afro-americanas com um trauma cultural, que se estende por gerações. Busca entender e postular como os complexos raciais influenciam o desenvolvimento da personalidade, o comportamento cultural e o status social e político, e como eles impactam as relações raciais estadunidenses contemporâneas. Seu mais recente livro, *The racial complex* (2019b), traz uma perspectiva junguiana sobre raça e cultura. Para além das pesquisas, publicações e atendimentos clínicos individuais, a Dra. Brewster tem trabalhado com círculos e grupos inter-raciais, pois aposta muito em conscientização coletiva conjunta no trabalho com o complexo racial.

O encontro com a Dra. Fanny Brewster faz com que suas ideias possam ser sentidas em nosso próprio corpo. A partir da participação de uma das autoras deste texto em seu recente curso na Pacifica Graduate (2021), intitulado *Our Collective Shadow: racism, trauma and privilege*, foi possível sentir melhor os efeitos de seu trabalho. Ela salienta que cada indivíduo tem um complexo racial e que esse complexo também está agindo numa instância coletiva. Percebe-se que a própria metodologia de trabalho em círculos já apresenta um modelo para se trabalhar clinicamente com os complexos raciais. Parte-se do conceito de complexo, tal qual Jung apontou. E assim como Jung desenvolveu o conceito de complexo ideoafetivo, através do teste de associação de palavras, ela sugere que esse trabalho com grupos em círculos, que disparam a discussão racial a partir de poemas, sensibilizam imagens, linguagem e afetos diretamente relacionados com a consciência e inconsciência do complexo.

Nesse ponto, e a partir de Brewster, consideramos que há desdobramentos necessários em que o "discurso politicamente correto" afasta o trabalho clínico com os complexos raciais. É importante que, em uma sociedade em que o racismo é estrutural e perpassa instituições, relações e psiquismos, cada pessoa possa assumir o racismo que pratica, reproduz ou negligencia, e as consequências da dinâmica racista na sociedade, identificando, por exemplo, no caso de pessoas brancas, quais suas práticas racistas naturalizadas e os privilégios aos quais estão acostumadas. Interessante perceber quais emoções surgem, quais máscaras trincam, quais sombras emergem, quais os efeitos da presença ou ausência dessa temática na vida pessoal e profissional.

Trabalhar complexos envolve a teia ideoafetiva, e esta se encontra intimamente ligada aos elementos coletivos, ou seja, históricos, culturais, arquetípicos e sociais. Todes temos complexos raciais, faz parte da riqueza de dimensões que nos compõem. Isso só se torna um problema quando a inconsciência a respeito ou o pacto narcísico de silenciamento ativam processos de projeção, na tentativa de dominação política, exploração e extermínio. Trabalhar o complexo racial associado à branquitude implica sentir, conscientizar-se e enfrentar o privilégio branco, a raiva branca, a fragilidade branca. Se não há um olhar para a própria história, para as atitudes e pensamentos racializados, isso pode inviabilizar o trabalho clínico com os complexos.

Brewster (2021) enfatiza a necessidade de reflexão, estudo e diálogo acerca de nossa sombra coletiva. Segundo ela, o racismo presente no complexo racial pode se configurar como sombra e, no caso da branquitude, o privilégio branco não assumido pode ser projetado pela via de uma sombra bem destruidora. Para o trabalho com esses elementos, Brewster constrói um espaço de encontro e diálogo circular, horizontal e acolhedor. Um dos motivos é por se tratar de um assunto pesado que envolve escuridão, tristeza e sombra. Ela usa a estratégia de confiar e convidar cada pessoa presente no círculo para que tenha coração e coragem, para explorar essa escuridão. Comenta que "explorar nossa sombra racial junguiana fortalece a luz" (BREWSTER, 2021), em sintonia com a afirmação de Jung de que "não se chega à claridade pela representação da luz, mas tornando consciente aquilo que é obscuro" (JUNG, 2013, § 335).

Dra. Brewster revisa a clínica junguiana, a partir, inclusive, dos incômodos de não se ver representada na vertente teórica à qual dedicou anos e anos. "Como analista junguiana, fui ajudada, me enfureci e me senti emocionalmente cuidada pela psicologia junguiana" (BREWSTER, 2021). Sentiu-se ferida pelas palavras e pensamentos de C. G. Jung, enquanto constatou o racismo presente nas instituições da psicologia analítica, por meio de hierarquias entre brancos(es) e negros(es). Em suas pesquisas, identificou o complexo racial de Jung e, em pleno século XXI, entre junguianos(es).

Apesar da contradição, permaneceu e se dedicou a uma revisão crítica inovadora. Identifica que foi importante ter realizado seus estudos e pesquisas contando com a experiência clínica junguiana, o trabalho dos sonhos, o mergulho nas próprias imagens. Em face dessas questões, a poesia e a criatividade floresceram em seu processo de individuação, em suas práticas clínicas e teorias. Diante desse silêncio quase absoluto da psicologia analítica sobre as relações raciais, ela se dedica à sofisticação e diferenciação dos complexos culturais, conceituando os complexos raciais. Apresenta reflexões aprofundadas sobre os mesmos, enquanto pratica e ensina uma clínica com compromisso político. Traz, dessa forma, um marco no pensamento junguiano.

Com o aprofundamento das críticas e o desenvolvimento de suas pesquisas, a pensadora afirma que as palavras de Jung são paradoxais e que sua obra pede nova interpretação. Salientando o conceito de individuação como um dos melhores conceitos para o trabalho psicológico, pensa "que ainda é necessário ter na ideia de individuação algo mais próximo de uma forma coletiva de existência. Pois Jung, frequentemente, usando opostos, separa o individual do coletivo" (BREWSTER, 2021).

São muitos os apontamentos de Brewster (2013), apontamentos críticos e precisos ao modo como Jung mergulhou nas questões arquetípicas sem considerar o contexto cultural com diversidade racial. Mesmo tendo estado nos Estados Unidos em um momento histórico simultâneo à luta por direitos civis e a figuras com destaque internacional, como Martin Luther King. Ela ainda aponta que as escolas de formação junguianas ficaram "alienígenas" em termos de racialidade, por não discutirem um tema que o próprio Jung mencionou cem anos trás, o complexo de cores, e que chegou a ser explorado nas últimas décadas por Thomas Singer, Samuel Kimbles e Vanoy Adams.

A fertilidade e incoerente invisibilidade das referências negras na formação, pesquisa e nas estratégias de promoção da saúde inquietaram também uma das autoras deste texto, sendo o tema central do artigo intitulado *Não sou eu do campo psi: vo-*

zes de Juliano Moreira e outras figuras negras (PRESTES, 2020). Nele, estão apresentadas(os) várias(os) pensadoras(es) que, praticamente, não constam das formações desse campo, que permanece reproduzindo teorias e práticas pautadas apenas em referenciais hegemonicamente brancos, eurocêntricos, do Norte, heteronormativos, de classe média, entre outros. Resgatar nomes e outros conteúdos foi um movimento de referendar figuras marcantes, e de discutir a descolonização dessa área.

Esse movimento aparece nos textos de Juliano Moreira, Virgínia Bicudo, Neusa Santos Souza, Maria Aparecida Bento, Maria Lúcia da Silva, Grada Kilomba, Lélia Gonzalez e outras(os) pensadoras(es) negras(os) do campo *psi*. Em comum ainda, e com os trabalhos de Brewster e Prestes, o fato de terem a raça como uma categoria de análise da dinâmica psíquica, servindo, além disso, à compreensão da dinâmica histórica e social.

Uma questão especialmente apontada por Brewster (2021), é a urgente necessidade de rever o léxico junguiano, por exemplo, revendo termos colonialistas como "primitivos" ou "selvagens". Debruçar-se sobre as palavras e refletir sobre a linguagem usada para explicar conceitos pode colocar em movimento outras formas de pensar. Rever os termos colonialistas, mudando por "primordial", "primeiro", "original" indicam uma reflexão e consciência. Jung usou uma linguagem datada, uma linguagem segregatória da época em que viveu, e que, em parte, ainda se estendeu até os dias atuais, mas cabe a junguianos (es) de hoje essa e outras atualizações. Nós contamos com alguns avanços e carregamos demandas de novos tempos, pelo menos esse é o chamado que ela faz ao colocar a linguagem como algo a ser refletido. Pois o que é reproduzido sem reflexão sustenta a violência, ao invés de mudar e promover integração e individuação.

No próprio campo junguiano, analistas negros(as) têm produzido nesse sentido, como é o caso de Veridiana Machado (2012), que discute a concepção junguiana de *religare* a partir da simbologia do candomblé, e nos ajuda a compreender a importância do conhecimento de diferentes referenciais, especialmente os que dizem respeito a boa parte da população brasileira, para que os não-hegemônicos não sejam patologizados. É o caso também de Clyde W. Ford (1999), que faz uma demonstração de como mitos africanos também podem ser a base para a interpretação das jornadas pessoais e coletivas, em *O herói com rosto africano*. Ou, ainda, de Bruno Mota (2019), que produz uma pesquisa sobre a transmissão intergeracional do trauma coletivo decorrente da escravidão, o qual acompanha famílias negras e brancas, discutindo a historicidade e atualidade do complexo cultural no contexto brasileiro.

Os trabalhos de Prestes enfocam a saúde de/por mulheres negras. Assim como em Mota, aparece o estudo da transmissão psíquica intergeracional. Outro ponto é a análise de um arquétipo de guerreira que, comumente associado a mulheres negras, incute a elas(nós) o cuidado de si e dos seus, uma imagem insistente de força que pode impulsionar segurança na possibilidade de superar grandes adversidades, mas também reservar um lugar social de quem precisa ser forte, o lugar exigente e negligente em relação às mulheres negras que, a partir desse arquétipo, mesmo quando feridas, erguem-se guerreiras (PRESTES, 2013, 2016). Nos estereótipos associados a mulheres negras, estas não são vistas como quem recebe ou pensa o cuidado, mas como aquelas que o assumem (de forma subalterna, inclusive), ou para quem o cuidado não chega.

A pesquisa de doutorado (PRESTES, 2018) traz um mapeamento de estratégias de promoção da saúde de mulheres negras, estratégias que passam por processos de autonomia, emancipação, resiliência, empoderamento e agência. Foi construído um escopo de estratégias reconhecidas tanto no meio acadêmico quanto no movimento negro e de mulheres negras. Os resultados demonstraram que pouquíssimas tecnologias de cuidado incluem os recortes de gênero e raça na análise dos resultados, ou mulheres negras em seus referenciais teóricos. E quando o fazem, são trabalhos, em sua maioria, realizados pelas próprias.

Produções de pessoas negras, em especial de mulheres negras, trazem propostas com reflexão crítica sobre os pilares e definições de saúde. Na pesquisa de Prestes (2018), a interseccionalidade foi tomada como ferramenta de análise e como metodologia, o que significa que diferentes especificidades foram consideradas, com atenção para raça e gênero, e que diferentes fontes de conhecimento, prismas de abordagem do tema e referenciais teóricos foram acionados. Além disso, o bem viver foi tomado como horizonte ético-político, para conceber uma definição de saúde.

Essas bases trouxeram as perguntas: "é possível saúde sobre estruturas doentias?", "É certo chamar de saúde um bem-estar obtido às custas da exploração de outras pessoas ou do esgotamento dos recursos naturais, ou, ainda, da opressão de outros grupos?". Trouxeram também uma reflexão sobre o racismo e o sexismo como doenças autoimunes na realidade brasileira, por se configurarem como fenômenos em que não se reconhece a dignidade, empenhando-se no extermínio de parte significativa (maioria) da população, no extermínio doentio de si mesmo. A noção de saúde defendida busca contrapor as lógicas das violências estruturais vigentes, como é o caso do racismo, sexismo, classismo, capacitismo, entre outros "ismos", contrários ao horizonte do bem viver. Para este, a saúde de cada ser precisa estar conjugada com a saúde de outros seres, de seu entorno, grupos sociais, relações estabelecidas, enfim, de todo o ecossistema.

As bases das pesquisas de Prestes foram a abordagem psicossocial da saúde, e o prisma do feminismo negro. Nesse sentido, pensar a saúde implica não apenas os processos de emancipação, autonomia, empoderamento, agência e resiliência, mas, justamente por incluir todos esses elementos e bases, implica em transcender violências estruturais, com agência política, podendo ser sujeito de direitos, realizando potencialidades (das intelectuais às afetivas), e alcançando reconhecimento pelas diversas humanidades. E a tese de Prestes (2018) se encerra definindo que a saúde integral é o equilíbrio entre recursos e demandas, nas dimensões pessoal (orgânica, psíquica, energética etc.), coletiva, social, ecológica e cósmica.

Nas discussões de Brewster e de Prestes, a defesa de que o tema do racismo pede a tarefa de olharmos no espelho, identificando o lugar racial que ocupamos e quais seus efeitos psicossociais. Uma tarefa para quem, na clínica, tem o foco de cuidado, e igualmente para quem oferece escuta, para quem apresenta demandas e para quem teoriza. O desafio de compartilhar cuidado e escuta, de construir conjuntamente teorias, com cada pessoa envolvida ciente de si e reconhecendo a outra. Como diz Brewster (2021), "No final das contas, falar sobre raça e racialidade é falar sobre nós e nossas relações. Não é sobre o outro, é sobre mim. Sobre prestar atenção e refletir sobre o lugar racial que ocupamos", como um exame aberto na nossa história e relações. Nessa perspectiva clínica, um trabalho sobre nossa sombra coletiva nos move em direção à criação de novas narrativas.

Neusa Santos Souza (2021), pensadora e psicanalista negra, nos ensinou que a autonomia de pessoas negras é um processo que se alcança possuindo um discurso próprio e interligado ao concreto conhecimento da realidade. Grada Kilomba, psicanalista e artista negra, complementa:

> (...) nossa história nos assombra porque foi enterrada indevidamente. Escrever é, nesse sentido, uma maneira de ressuscitar uma experiência coletiva traumática e enterrá-la adequadamente.

> (...) todo o processo alcança um estado de descolonização, isto é, internamente não se existe mais como a/o "Outra/o", mas como o eu. Somos eu, somos sujeito, somos quem descreve, somos quem narra, somos autoras/es da nossa própria realidade. Assim, (...) tornamo-nos sujeito
>
> (Grada Kilomba).

Por fim, as perspectivas de mulheres negras sobre saúde chegam como propostas de revisão dos pilares sobre os quais se assentam as concepções adotadas. Afirmando a impossibilidade de se promover saúde a partir de bases de violência estrutural. E compreendendo que a integração das sombras culminaria em processos de amadurecimento amplo, inclusive das teorias e técnicas de cuidado, e, ainda, uma sofisticação das formas de posicionamento de cada ser diante de outros (es), e de si mesmo.

as mulheres que correm em minhas veias
me acordaram essa madrugada
para me avisar que grandioso não é o que me atravessa
grandioso é eu ainda permitir que coisas belas
me devolvam o chão
(Ryane Leão).

Referências

BENTO, M. A. S. Branqueamento e branquitude no Brasil. In: CARONE, I. e BENTO, M. A. S. (orgs.). *Psicologia social do racismo: estudos sobre branquitude e branqueamento no Brasil.* 6 ed. Petrópolis: Vozes, 2014.

______________. *Pactos narcísicos no racismo: branquitude e poder nas organizações empresariais e no poder público.* Tese de Doutorado, Instituto de Psicologia, Universidade de São Paulo, São Paulo, 2002.

BREWSTER, F. *Our Collective Shadow: racism, trauma and privilege.* Curso da Pacifica Graduate Institute, fev-2021, via Zoom.

______________. Childhood Innocence: Racial Prejudice and the Shaping of Psychological Complexes, *Psychological Perspectives*, 62:2-3, 164-175, 2019a.

______________. *Archetypal grief: slavery's legacy of intergenerational child loss.* London and New York: Routledge, 201

______________. *The racial complex: a junguian perspective on culture and race.* London and New York: Routledge, 2019b.

______________. *African Americans and Jungian Psychology. Leaving the shadows.* London and New York: Routledge, 2017.

______________. *Journey: The Middle Passage, Psychological Perspectives*, 2016, v. 59, Edição 4.

______________. *Jung Journal: Culture & Psyche Publication* details, including instructions for authors and subscription information: http://www.tandfonline.com/loi/ujun20 Wheel of Fire: The African American Dreamer and Cultural Consciousness Fanny Brewster Published on-line: 06 Mar 2013a.

______________. *Roda de fogo: O Sonhador Afro-Americano e a Consciência cultural.* Texto traduzido pelo núcleo de psicologia e individuação do IJRS, 2021. Retirado de Jung Journal: culture & psysche7:1 /winter2013b.

EVARISTO, C. Vozes-mulheres. In: *Poemas da recordação e outros movimentos*. Rio de Janeiro: Malê, 2017.

FORD, C. W. *O herói com rosto africano: mitos da África*. São Paulo: Summus, 1999.

JUNG, C. G. *A prática da psicoterapia: contribuições ao problema da psicoterapia e à psicologia da transferência*. Petrópolis: Vozes, 1988.

__________. *Estudos alquímicos*. 4 ed. Petrópolis: Vozes, 2013.

KILOMBA, G. *Memórias da plantação: episódios de racismo cotidiano*. Rio de Janeiro: Cobogó, 2019.

LEÃO, R. *Jamais peço desculpas por me derramar*. São Paulo: Planeta do Brasil, 2019.

MACHADO, V. S. A vivência religiosa no Candomblé e a concepção junguiana do religare. *Rev. SPAGESP* [online]. 2012, vol.13, n.2, pp. 30-43. ISSN 1677-2970.

MOTA, B. C. da. *Na teia do racismo: trauma coletivo e complexo cultural... marcas do Brasil negro!* 2019. 188p. Dissertação (Mestrado em Psicologia). Instituto de Educação, Departamento de Psicologia, Universidade Federal Rural do Rio de Janeiro, Seropédica, RJ, 2019.

MUNANGA, K. Por que ensinar a história da África e do negro no Brasil de hoje? *Rev. Inst. Estud. Bras.* nº 62 São Paulo Dec. 2015.

______________. Teoria social e relações raciais no Brasil contemporâneo. *Cadernos Penesb*, Niterói, 2010.

PRESTES, C. R. S. *Estratégias de promoção da saúde de mulheres negras: interseccionalidade e bem viver*. 2018. Tese (Doutorado em Psicologia Social) - Instituto de Psicologia, Universidade de São Paulo, São Paulo, 2018.

________________. *Feridas até o coração, erguem-se negras guerreiras: resiliência em mulheres negras: transmissão psíquica e pertencimentos.* 2013. Dissertação (Mestrado em Psicologia Social) - Instituto de Psicologia, Universidade de São Paulo, São Paulo, 2013.

________________. Não sou eu do campo *psi*? Vozes de Juliano Moreira e outras figuras negras. *Revista da Associação Brasileira de Pesquisadores/as Negros/as (ABPN),* [S.l.], v. 12, n. Ed. Especi, p. 52-77, out. 2020.

PRESTES, C. R. S.; PAIVA, Vera S. F. Abordagem psicossocial e saúde de mulheres negras: vulnerabilidades, direitos e resiliência. *Saúde soc.* 25 (3), Jul-Sep 2016.

SANTOS, M. *A natureza do espaço*: técnica e tempo, razão e emoção. São Paulo: HUCITEC, 1996.

SINGER, T. & KIMBLES, S. A teoria emergente dos complexos culturais. In Cambray J. Linda C. *Psicologia Analítica.* Petrópolis, RJ: Vozes, 2020.

SOUZA, N. S. *Tornar-se negro ou As vicissitudes do negro brasileiro em ascensão social.* Rio de Janeiro: Zahar, 2021.

O complexo cisheteropatriarcal: desde o desejo ao confronto do patriarcado

Gustavo PESSOA

A proposta deste capítulo é contribuir com o estudo da sexualidade na psicologia analítica, partindo de proposições que vem sendo elaboradas na teoria social desde os anos 1970. Tal articulação entre saberes tem como objetivo sofisticar a escuta clínica nesta abordagem, nas ocasiões em que o analista junguiano se depara com questões relativas à sexualidade humana.

Para avançar sobre o tema, procuro demonstrar que, dentro do arcabouço teórico elaborado por C. G. Jung, alguns fenômenos podem ser tomados por sua dimensão arquetípica e caracterizados como enunciadores de arquétipos. A conceituação de arquétipo, pela própria definição junguiana, relaciona-se aos potenciais presentes no inconsciente coletivo inacessíveis à psique individual e de caráter primordial, relativos às experiências acumuladas no desenvolvimento da espécie humana (JUNG, 2014). Em oposição à possibilidade de caracterizar um fenômeno como diretamente arquetípico, poderíamos nomeá-lo como enunciador de um complexo. O complexo pode ser compreendido como um centro de energia cujo funcionamento independe da vontade do eu, abastecido por uma dimensão arquetípica e que atua de forma concorrente à consciência. Muitas vezes, o complexo traz prejuízos ao funcionamento consciente pela falta de elaboração dos conflitos que ele traz ao nosso eu (JUNG, 2015).

O complexo pode ser particular a uma psique individual, no caso do complexo pessoal, ou a uma dada coletividade, no caso de um complexo cultural, este último uma ampliação teórica proposta por Singer e Kimbles (2004). No estudo da sexualidade, a diferenciação entre um fenômeno que expresse um arquétipo ou um complexo pode se tornar capital, uma vez que a premissa de imutabilidade e eternidade do arquétipo pode lhe conferir um contorno de verdade ou essência. Na seara dos desejos, verdade ou essência frequentemente são usadas como termos que validam uma norma e, portanto, ditam o que é desejável e indesejável, certo ou errado. Em termos práticos, essa discussão se espalha com diferentes linguagens em nossa sociedade e noutros campos do conhecimento quando pensamos na sexualidade. Basta que pensemos no dilema "nasce-se gay ou se torna gay?" para que entendamos a importância da discussão a respeito do que fala diretamente sobre um arquétipo ou de fenômenos que estariam mediados por complexos.

Ao contrário do funcionamento do complexo, o arquétipo é um constructo que antecede à formação da consciência individual; ele é apriorístico e, portanto, não é sensível às mudanças que temos na história de vida pessoal. O arquétipo nos fala sobre uma predisposição inata à formação de certas imagens e ao cumprimento de algumas funções na vida, como a função materna, por exemplo (JUNG, 2014). O que se transforma no decorrer da vida é a expressão arquetípica que ocorre por imagens, pela arte, pelos sonhos e pelos complexos individuais e culturais. Desta forma, argumentar que conceitos que habitam as discussões sobre sexualidade sejam diretamente arquetípicos pode trazer o verniz do essencialismo sobre temas como a homossexualidade e a heterossexualidade, o que não se conforma com os debates contemporâneos na teoria social a respeito destas questões. Além disso, dificultam a ênfase sobre os conflitos que vivenciamos, uma vez que a situação conflituosa ocorre na interação humana aqui e agora. O arquétipo, por psicoide e não humano, não é em si mesmo o palco dos conflitos.

Precisamos superar certa visão monolítica do par hetero-homossexualidade que o enxerga como características identitárias aplicadas aos sujeitos, possivelmente estanques ao longo da vida, de ordem arquetípica. Uma perspectiva que me parece mais interessante é a visão desta problemática como pertinente a um complexo cultural, denunciador de conflitos que nos atravessam a todos na exploração do fenômeno da sexualidade como foi vivenciado ao longo dos séculos, formando a noção coletiva de como deveríamos, supostamente, vivenciá-lo e compreendê-lo.

A intenção dessa perspectiva é cessar a visão da heterossexualidade como um dado apriorístico. Em vez disso, podemos pensar a heterossexualidade como o complexo que se forma na psique humana a partir de nossos desafios em elaborar um fenômeno muito mais amplo em sua origem, a própria sexualidade. Talvez esta possa mais facilmente se encaixar na categoria de arquétipo. Também resta importante notar que, como filho do capitalismo, o complexo cisheteropatriarcal abarca os conflitos que emergem entre os impulsos sexuais e o sistema socioeconômico que erigimos, indisposto por natureza a abarcar múltiplas possibilidades que não sejam padronizáveis e comercializáveis em larga escala.

A escolha do termo complexo cisheteropatriarcal toma emprestada a noção de Preciado (2017) de que a vivência das opressões e conflitos relacionados à sexualidade não se refere apenas à problemática do desejo entre os opostos homem-mulher; antes, hierarquiza o homem branco heterossexual e suas associações estereotípicas como superiores às questões da heterossexualidade da mulher. Além disso, ressalta as relações de poder construídas numa lógica patriarcal que privilegiam a heterossexualidade do homem. Para compreendermos como um complexo desta ordem afeta o bem viver dos indivíduos, torna-se mais preciso trabalharmos com a ideia mais ampla de cisheteropatriarcalidade. A crítica à heterossexualidade neste texto, portanto, deve sempre ser compreendida como crítica ao cisheteropatriarcado.

Proponho, quando nos debruçamos sobre a categoria mais clássica a respeito da sexualidade, isto é, o par hetero-homossexualidade, largamente criticado por Foucault (2020), que estejamos tratando de um complexo em vez de um arquétipo. Essa perspectiva é sustentada por Katz (1996) quando o autor argumenta que a heterossexualidade é um fenômeno histórico recente e de compreensão mutante a partir de sua formulação no século XIX. Ora, se estamos diante de um fenômeno localizado historicamente, pontuado por transformações, de compreensão cambiante e marcado por conflitos ao longo de seu tempo de existência, é mais provável que estejamos tratando de um fenômeno mediado por um complexo, este por sua vez amparado por bases arquetípicas, em vez de discutirmos diretamente o arquétipo que o fundamenta. A noção de complexo como algo de ordem coletiva nos permite dar guarida às teorias construcionistas na psicologia analítica: muito do que vivemos psicologicamente se trata de uma construção sociocultural. Katz (1996) afirma, ele mesmo, que a heterossexualidade foi uma construção social, isto é, foi mesmo inventada.

Wittig (1992) traz a reflexão da heterossexualidade como um modo de pensamento e, de forma mais sofisticada, um sistema político que ordena a vida pública e privada de todos nós. Tanto esta autora quanto Katz (1996) anunciam, em acordo com Foucault (2020), que a heterossexualidade como a conhecemos serve ao propósito de estabelecimento de normas e padrões que permitem a construção da sociedade capitalista ocidental como a conhecemos, fundamentada na família nuclear heterossexual. Este modelo produz a exclusão de tudo o que é considerado desviante da norma com a finalidade de permitir a acumulação de poder e riqueza por meio da escalabilidade do padrão heterossexual. Tudo o que desvia do objetivo outrora político e posteriormente fabril do casamento heterossexual é excluído e destituído de legitimidade, permanecendo às margens da sociedade.

Este funcionamento pode parecer estranhamente familiar aos conhecedores da teoria dos complexos de Jung (2015). O autor também propõe que a formação de complexos se relaciona à atitude da consciência de apartar uma dimensão da psique do restante do eu, produzindo a exclusão de conteúdos que sejam conflituosos ou dolorosos para o sujeito e que atuam de maneira autônoma. O benefício da dissociação para a consciência está na possibilidade de se identificar como um eu razoavelmente consistente e unificado. Este mesmo eu cuidadosamente desenvolvido, contudo, permanece sob prejuízo de afastar elementos da personalidade por considerá-los estranhos ao seu senso de si mesmo.

É necessário notar que, na psicologia analítica, somos atravessados por ao menos dois fatos históricos relevantes no estudo da sexualidade. O primeiro é a separação entre Freud e Jung ter ocorrido por uma divergência teórica que tange ao fenômeno da sexualidade, quando Jung (2013a) afirma que a libido não possui fundamento exclusivamente sexual mas tem o caráter mais amplo de energia psíquica, distanciando-se da psicanálise do início do século XX. Mesmo abrindo esta discordância, o autor enaltece a função da psicanálise em algumas circunstâncias, não tratando mais especificamente das dinâmicas de sexo e desejo de forma aprofundada a partir de seu rompimento com Freud. Este fator constitui hipótese relevante do porquê a sexualidade parece tema pouco explorado na psicologia analítica, afinal, para que estudar um motivo de divergência tão fundamental que, segundo o próprio Jung (2013a), parece ter sido suficientemente abarcado pela psicanálise?

O segundo elemento relevante é autobiográfico: do conhecimento que dispomos, Jung exerceu sua vida como homem branco heterossexual com muita desenvoltura, casando-se com uma mulher branca heterossexual e relacionando-se com inúmeras outras (BAIR, 2004). Quando buscou teorizar sobre o tema do gênero, Jung (2014) fez uma contribuição a partir de um pensamento fundamentalmente heterossexualizado. Em primeiro lugar, propôs o par anima-animus como um componente psíquico inconsciente contrassexual. Afirmou, por dedução, que como havia encontrado uma figura feminina que emergiu a partir de seu inconsciente, haveria, portanto, uma figura masculina equivalente atuando com função similar no inconsciente das mulheres. Essa incursão teórica na psicologia do gênero não foi fundamentada por pesquisa direta, como no caso da teoria dos complexos; dados bibliográficos secundários, como na teoria dos tipos psicológicos; experiência clínica direta, a partir da qual propôs inúmeros conceitos; ou estudo comparativo das mitologias e religiões, como no caso da teoria arquetípica. Uma hipótese que paira sobre a formulação dos conceitos de anima e animus, a qual estranhamente fugiu aos métodos científicos e rigorosos aplicados por Jung, é a de que ela mesma possa ser atravessada pelo complexo cisheteropatriarcal que atua sobre nossa forma de pensar e enxergar o mundo. Não haveria qualquer motivo para que o complexo cultural não afetasse Jung de maneira semelhante. Cabe resgatar o próprio autor, quando confessa que, sobre o amor, ele não havia mesmo entendido nada (JUNG, 2005).

Devo explicar o que pretendo ao afirmar que existe um pensamento heterossexualizado. Para isso, faço um pequeno resgate histórico tributário a Katz (1996) sobre o uso das palavras hetero e homossexualidade, rememorando o pano de fundo da medicina do século XIX, a partir da qual se viu nascer também a psicanálise e posteriormente a psicologia analítica. Segundo o autor, o par hetero-homossexualidade é reconhecido pela primeira vez no final do século XIX, na obra *Psychopatia Sexualis*, do psiquiatra alemão Krafft-Ebing. A partir daí, o tema foi explorado majoritariamente por médicos homens, brancos e heterossexuais, que omitiram o eixo normativo deste par, a heterossexualidade, para concentrar suas explorações no que era considerado um desvio, como no caso da homossexualidade.

O questionamento do pensamento médico se desenvolve na filosofia e nas ciências sociais, relacionando-se às lutas pelos direitos das mulheres a partir dos anos 1960. Butler (2003) e Rubin (2017) afirmam a existência de um sistema sexo-gênero como um fenômeno histórico que organiza nossas relações. Para Butler (2003), o gênero é uma performance intimamente relacionada com a cultura e, como tal, possui um caráter socialmente construído e mutável. Rubin (2017) não concebe o sexo separadamente do gênero, uma vez que ambos são categorias destinadas à organização social dos nossos desejos e possibilidades. Berry (2004) caminha em perspectiva semelhante no seminal *O Dogma de Gênero*, dentro da psicologia analítica, anunciando a fixidez de gênero como uma estratégia (hetero) patriarcal de ordenação e controle, tal como fazem as autoras das teorias sociais. A identidade sexual nasce no seio das discussões de gênero e não deve ser confundida com os atos sexuais. É interessante notar que o conceito de fluidez de sexo e gênero é um avanço proposto por mulheres e pessoas LGBTs, brancas e negras, em contrapartida à teorização rígida de divisões e categorias anteriormente propostas por homens brancos heterossexuais na medicina.

Analisando a ideia de heterossexualidade anterior aos séculos XIX e XX, Katz (1996), argumenta existir grave anacronismo na fantasia de que existia homossexualidade como identidade na Grécia Antiga. O autor demonstra que o desejo pelo mesmo sexo ou pelo sexo oposto era vivido como atos em vez de compreendido como aspecto da personalidade individual. A própria noção de indivíduo não existia à época. A nomeação de uma pessoa como heterossexual ou homossexual, segundo o autor, ocorre nos manuais de medicina e chega aos Estados Unidos apenas em 1892. A própria formulação de heterossexualidade passa por mudanças até se estabelecer como norma contra a qual se colocam as demais sexualidades a partir do século XX. A ideia dos homossexuais gregos pode ser considerada mais uma fantasia trazida pelo complexo cisheteropatriarcal.

A emergência das identidades sexuais é um fenômeno do século XX no *continuum* histórico que vai tornando prevalente a fantasia do amor romântico e sensual entre indivíduos complementares que formarão uma família. A família será vista, no capitalismo industrial dos séculos XVIII e XIX, como perfeita unidade para produção de pessoas que atuarão de forma escalável na produção das fábricas surgidas com a revolução industrial. É interessante notar a convergência entre as demandas por trabalhadores, a consolidação do conceito de casamento por amor romântico e da identidade sexual alinhada à função reprodutiva. Esta conjunção de fatores parece propiciar a validação de que o sexo e a sexualidade possam ser exercidos de forma sensual, isto é, os atos sexuais podem nesta época ser concretizados e o amor toma forma material em vez do ideal abstrato vivido em épocas anteriores (KATZ, 1996).

O complexo cisheteropatriarcal como o temos proposto se aproxima, teoricamente, ao dinamismo patriarcal de consciência (NEUMANN, 1990). Tal funcionamento atua como estruturador de uma discriminação binária dos elementos que vivenciamos. O sexo e o gênero, nesta compreensão, se dividem em dois e permanecem nessa dualidade rígida, jamais se elaborando em três ou mais fatores, fixando-se numa etapa da consciência que traz desafios à própria individuação. Ao se distanciar da profusão dos desejos e não se constituir como um sistema de afetos, o complexo cisheteropatriarcal assume um papel mais moral e ético, determinando o que é certo e errado em relação a nossos desejos e cumprindo um papel político de organização e ordenação social. Dessa forma, o complexo atua em sua formação mais sombria, transformando em estrutura lógica aquilo que inicialmente era uma pulsão erótica. Tudo é dois. Todo dois é homem e mulher, masculino e feminino. Essa divisão que reforça a compreensão da heterossexualidade como fenômeno de caráter eterno, o que se anuncia na sociedade contemporânea em exemplos desde as tomadas macho e fêmea das lojas de construção até as articulações entre mulher, feminino e sensibilidade, por um lado, e a identificação do homem com masculino e assertividade, por outro. Estas associações reforçam um binarismo a serviço da manutenção de uma ordem social de exclusão do Eros em sua potência arquetípica. A função dessa dinâmica opressiva se concentra em normatizar maniacamente em vez de possibilitar a vivência erótica.

Roughgarden (2005) fortalece a hipótese da existência de um complexo cisheteropatriarcal ao afirmar, como bióloga, que as pesquisas no campo das ciências naturais não apontam para o binarismo de sexo-gênero. Ao contrário, a autora lista inúmeras espécies que apresentam mais de dois sexos-gêneros e outras em que há mudança de sexo-gênero durante a vida de um animal. Concluo, baseando-me em Roughgarden (2005), que a leitura de um sistema sexo-gênero dual pode ser vista como uma interpretação cultural nossa. O viés exercido pelo complexo cultural da cisheteropatriarcalidade nos impele a enxergar um par complementar mesmo onde ele não se apresenta.

Em 1970, a publicação nos Estados Unidos do *Gay Manifesto* pelo ativista de causas LGBTs Carl Wittman sintetiza o movimento que emerge naquela sociedade. O documento, quando foi revisado, urgiu as pessoas para considerar atuarem de forma política, como protagonistas de uma mudança social que incluía outros temas, incluindo a luta contra o que ali se compreendia como chauvinismo. O entrelaçamento de temas revela a disposição de parte do movimento LGBT norteamericano da época em reconhecer o caráter político de sua identidade sexual, fundamentando a luta pelo reconhecimento dos direitos pertinentes à sexualidade no campo da política. Neste sentido, o movimento LGBT da época tem mais sucesso em articular a dimensão erótica privada à racionalidade da lógica pública, sem prejuízo entre os campos. O manifesto se torna um documento histórico clássico para o movimento LGBT norteamericano e termina com uma citação de Marcuse (2018, p. xxi): "hoje, a luta por Eros, a luta pela vida, é a luta política".

O movimento LGBT brasileiro historicamente interagiu com outras frentes de lutas políticas, participando de inúmeras manifestações a favor do movimento negro e dos sindicatos por melhores condições trabalhistas nos anos 1980. Mesmo dentro do movimento LGBT brasileiro, fica posta a dificuldade em promover relações iguais em relação às mulheres lésbicas e às pessoas trans (GREEN, 2018), mais uma vez reproduzindo o desafio do complexo cisheteropatriarcal hierarquizante que valoriza o homem branco em detrimento de mulheres e pessoas identificadas com outras possibilidades de sexo e gênero.

A partir das lutas dos anos 1980 e 1990, a questão gay ganha mais espaço na mídia e na política. O avanço da luta por direitos e a nova visibilidade privilegia novamente os homens brancos gays, enquanto o Brasil se mantém ano após ano como o líder mundial em assassinato de pessoas trans, segundo o Grupo Gay da Bahia. A exclusão de mulheres e pessoas trans não é novidade: após os movimentos em reação ao massacre de Stonewall de 1969 nos Estados Unidos, do qual participaram as travestis Marsha P. Johnson, uma mulher trans negra, e Sylvia Rivera, mulher trans latina, esta última é expulsa por homens gays brancos de um palco em uma parada gay de Nova York, em explícita transfobia (DUBERMAN, 2018).

Uma fantasia comum sustentada pelo complexo cisheteropatriarcal é esta: a heterossexualidade sempre existiu, ao contrário de outras expressões da sexualidade. Quanto menos uma sexualidade se conforma dentro da heterossexualidade patriarcal, seja por semelhança ou oposição a ela, como no caso da homossexualidade masculina branca, tanto mais esta sexualidade será vista como estranha e recém-descoberta. Como nos mostra Katz (1996), a narrativa heterossexual é a de que ela é e sempre foi a norma. Por ser a norma, portanto o normal, ela prescinde de explicações e tem a qualidade daquilo que é eterno e essencial. Todo o resto são fenômenos estranhos que emergem em algum momento, seja a partir da norma ou como desvio indesejado da norma. As sexualidades homoeróticas ou trans seriam, portanto, fenômenos derivados (e desviantes) da heterossexualidade e posteriores a ela, mais recentes, segundo a fantasia.

Um exame histórico apurado, contudo, desmancha no ar tal fantasia sem qualquer dificuldade. Mesmo em um país com dificuldade em manter registros históricos, temos a existência de Xica Manicongo, a primeira travesti identificada na *terra brasilis*, na cidade de Salvador nos idos de 1591 (JESUS, 2019). Xica Manicongo era uma travesti negra que andava livre pelas ruas da cidade, até a primeira visita da Inquisição no Brasil, o que a obrigou a usar trajes destinados aos homens para se salvar de punições contra sua vida.

A visibilidade das identidades trans e das sexualidades subalternizadas nos ajudam a repensar outra fantasia comum do complexo cisheteropatriarcal: a de que existem apenas dois sexos-gêneros e suas possíveis combinações. A emergência do gay branco como possível protagonista de algumas circunstâncias numa sociedade tingida por este complexo não causa fissura definitiva em seu funcionamento, já que a combinação homem-homem não rompe com o caráter dual necessário para a constituição da heterossexualidade e do patriarcado. O que ocorre, contudo, ao pensarmos que não há um número pré-estabelecido de sexos e gêneros? E, principalmente, se pudermos pensar que este número não é necessariamente o dois? Mais ainda, como podemos pensar que as sexualidades e os gêneros podem não ser apenas um ou dois dentro da mesma pessoa? São estas as primeiras perguntas que me ocorrem no esforço de questionar o pensamento cisheteropatriarcal.

A consequência dessa reflexão é a insustentabilidade mesmo do par consciência masculina-figura feminina inconsciente, como propôs Jung (2014). Tal constructo é fruto da fantasia heterossexual de dualidade essencial, o que não se comprova quando dialogamos com pessoas trans e outras sexualidades dissidentes da norma. Outro precioso ensinamento de meu fazer clínico, repetido à exaustão por diversos professores e confirmado pela própria experiência, é de que jamais devemos buscar encaixar pessoas nas teorias, conforme a própria obra de Jung nos traz. A função da teoria psicológica, de origem empírica como posta pelo próprio Jung (2015), é poder dar conta dos fenômenos que a vida nos apresenta, jamais tentando encaixar as pessoas em nossas ideias a fim de validar o que foi pensado.

Uma alternativa ao pensamento heterossexual é a contrassexualidade, como nos apresenta Preciado (2017). Segundo o autor, este termo é uma proposta de enxergar o sexo e a sexualidade incorporando suas construções sociopolíticas e de ler o regime heterossexual e suas consequências a partir de outro ponto de vista. Um dos esforços nesta perspectiva é poder questionar a fácil associação entre a sexualidade e a genitália, o que inscreve fatalmente a identidade sexual novamente no par homo-heterossexual e privilegia a genitália aparente, ou seja, a anatomia sexual do homem. Conforme nos mostra Laqueur (2001), na visão do século XIX os corpos eram identificados em seu gênero a partir de uma noção de calor: os corpos dos homens eram mais quentes e, por isso, mulheres possuíam vaginas, as quais eram uma atrofia do órgão reprodutor devido à falta de calor. Se as mulheres tivessem o nível adequado de calor (como os homens), todos teriam pênis.

Ao explorar a ideia de Deleuze de homossexualidade molecular, Preciado mostra da lógica binária do pensamento cisheteropatriarcal:

> Tanto a homossexualidade como a heterossexualidade são produto de uma arquitetura disciplinadora que ao mesmo tempo separa os órgãos masculinos e femininos e os condena a permanecer unidos. Desse modo, toda relação intersexual (isto é, heterossexual), é o cenário do intercâmbio de signos hermafroditas entre almas do mesmo sexo (PRECIADO, 2017, p. 187).

Aqui, a crítica de Preciado parece residir no furor disciplinar da heterossexualidade que associa e dissocia a genitália ao mesmo tempo, obrigando que uma *coniunctio* ocorra a partir do encontro de corpos anatomicamente diferentes dentro de uma perspectiva dual. A igualdade se revelaria apenas no plano imaterial, no tocante às almas, e neste sentido a homossexualidade e outras dissidências podem ser toleradas. Mantendo-se o celibato e o segredo, não é problema que alguém confesse impulsos homossexuais porque permanecem no nível da ideia. Este aspecto do complexo cisheteropatriarcal subsiste a partir da hierarquização do que pode ser sexualizado e generificado para ser vivido no cotidiano material, por um lado, e de outros fenômenos que serão mantidos a uma distância e uma abstração apropriadas, por outro.

No Brasil dos anos 1980, popularizou-se o show de transformistas na TV e foi recorde de vendas numa revista de nudez o corpo de uma das mulheres transexuais mais famosa do país à época. A distância mediada pela TV e pela revista são apropriadas e os corpos dissidentes podem ser sexualizados em segredo, mantendo a estrutura pública da heterossexualidade como o sistema a ser perseguido, jamais questionando sua estabilidade.

Muitas vezes, sequer questionamos a distância que adquirimos dos eventos das sexualidades dissidentes. Também não percebemos as associações quase inconscientes entre sexo e genitália que se expressam no preconceito cotidiano. Quantas vezes não ouvi "mas o que fazem duas lésbicas juntas?" numa ode (não-)acidental ao falo proferida por tantas pessoas. Por outro lado, muitos colegas identificados como heterossexuais jamais consideraram estranha a ausência de flerte entre pessoas do mesmo sexo em bares e restaurantes que não fossem explicitamente identificados como LGBT ou *gay friendly* até muito pouco tempo atrás.

Rich (2010) discorre sobre a heterossexualidade compulsória, criticando o modelo que nomeia como heterocentricidade. Neste modelo, a mulher é inevitavelmente levada até o homem como uma espécie de força gravitacional, na qual o desejo é naturalizado e o par complementar homem-mulher é uma fatalidade. A autora denuncia os modos de roubar o poder das mulheres, seja pelo comando do trabalho doméstico numa perspectiva servil e não-remunerada, pelo estupro, pelo rapto de seus filhos, por sua constituição como objeto material de valor, entre outros motivos. A existência lésbica, segundo Rich (2010), é continuamente apagada com o objetivo de reforçar a heterossexualidade e colocar as mulheres numa perspectiva sem saída em que precisam render-se aos homens e ao suposto desejo inegável por eles.

A subordinação da mulher é fetichizada e erotizada, em processo semelhante à subalternização dos corpos das pessoas trans e travestis. A inferiorização é um atributo inerente ao patriarcado que busca ordenar, discriminar e categorizar sem limites, a despeito das necessidades, desejos e sentimentos daqueles que são categorizados. Atuando sombriamente, reduz-se uma possibilidade da sexualidade a relações de poder e política polarizadas, denunciando a ação do complexo como sabotador de parte da consciência coletiva. Isto leva à intensificação de conflitos dentro da vivência de sexos e gêneros. Uma das alternativas de resistência apontada por Rich é o estímulo a relações entre mulheres no *continuum lésbico*, definido como

> um conjunto – ao longo da vida de cada mulher e através da história – de experiências de identificação da mulher, não simplesmente o fato de que uma mulher tivesse alguma vez tido ou conscientemente tivesse desejado uma experiência sexual genital com outra mulher. Se nós ampliamos isso a fim de abarcar muito mais formas de intensidade primária entre mulheres, inclusive o compartilhamento de uma vida interior mais rica, um vínculo contra a tirania masculina, o dar e receber de apoio prático e político, se nós podemos ouvir isso em associações como uma resistência ao ca-

> samento e em um comportamento, digamos, "exaurido", [...], nós começaremos a compreender a abrangência da história e da psicologia feminina que permaneceu fora de alcance como consequência de definições mais limitadas, na maioria clínicas, de lesbianismo (RICH, 2010, p. 35).

A suspeita da autora é de que existe um excluído do olhar sobre a sexualidade quando se trabalha sob a ótica da heterocentricidade. Este excluído é a própria psicologia da mulher, a qual pode ser observada mais precisamente nas suas relações com outras mulheres. A autora retira da psicologia da mulher a inevitabilidade do par homem-mulher, libertando o desejo feminino para outras configurações pensadas a partir da fenomenologia de um ser próprio, que se constrói a partir de si mesmo e da interação com suas semelhantes. A tentativa aqui é superar o mito da mulher como costela do homem, uma das narrativas embebida no complexo cisheteropatriarcal. O *continuum lésbico* é uma das radicalidades possíveis para dentro do fenômeno da sexualidade, povoada por muitos seres, entre eles este que é a mulher do século XX.

O pensamento junguiano é marcado pela proposição da tensão de opostos. Ao explicar a noção de arquétipo em contraposição a instinto, Jung (2014) recorre às polaridades para explicar o funcionamento psíquico que havia descoberto à época. Entretanto, é no mesmo Jung (2012) em que é explorado o Axioma de Maria, trazido pela alquimista Maria Prophetissa no século III. Ao analisar o axioma, o autor propõe que o caminho da individuação implica no desenvolvimento do elemento inicial, o um, para o dois e em seguida o desdobramento para o terceiro, até a formação dinâmica do quarto elemento que retornará ao um transformado. Assim, desenvolvem-se o indivíduo e a coletividade, desdobrando-se e elaborando a tensão entre opostos até que surja o terceiro elemento criativo em direção à totalidade, representada pelo quatérnio. Este, por sua vez, é um estado provisório que retorna ao elemento único para o reinício de um novo processo, no ciclo infindável da individuação. Esse dinamismo do um ao quatro demonstra o caráter mutável da própria polarização no processo de elaboração psíquica, que não se localiza somente na tensão entre dois elementos e cujos elementos que se tensionam não se mantêm necessariamente os mesmos ao longo do processo de elaboração. Em outro momento, Jung (2013b) propõe que em resultado da tensão de opostos suportada pelo tempo adequado teremos a formação de um terceiro que inaugurará um novo caminho para o conflito. Novamente, vemos o dois evoluir para o trio de dimensões que indicará uma alternativa para o caminho da individuação.

A partir dessas reflexões, que nos livremos do par complementar como dois termos fixos que se mantêm ao longo do tempo, como o par homem-mulher ou o par homo-heterossexual. Busquemos a superação do pensamento antiquado: a fixação normativa no par complementar e na tensão de opostos, sem considerar o dinamismo que leva ao três e ao quatro para o final retorno ao um e reinício do processo. Em outras palavras, precisamos, como coletividade, tornar obsoleta a formulação de que o dois é a norma. O dois é uma etapa do processo.

O propósito do complexo cisheteropatriarcal é nos manter a todos na fixidez do par complementar, identificado a partir da função reprodutiva da genitália metaforizada como solução chave-fechadura para todos os conflitos da humanidade. O caminho para dentro do fenômeno da sexualidade implica valorizarmos a possibilidade do par complementar como um estado dinâmico que não se manterá por muito tempo, seja dentro ou fora de nós. Desta forma, o desejo pelo sexo oposto pode se constituir como um evento ou uma ocasionalidade, formando-se como identidade naqueles que assim se construírem, enfim destituído de compulsoriedade. Ninguém deveria ter como obrigação existencial ser dois ou complementar um outro. Permanecer muito tempo no dois, inscritos sob a psicologia de homem-mulher, é interromper a expressão da sexualidade em suas múltiplas possibilidades. É a interdição moderna do desejo e das múltiplas configurações de relação. Em risco, claro, ficam a monogamia, as relações de pessoas que se complementam e o encaixe perfeito, porque já não há mais o que encaixar. Precisamos enfrentar estes medos.

Freud avançou como pôde ao nomear a homossexualidade como perversão. Para sua época, perversão era uma alternativa menos patologizante ou passível de punição que sodomia, possessão demoníaca ou desvio de caráter, outras atribuições das sexualidades dissidentes anteriores à formulação freudiana. Jung explicitou o complexo cisheteropatriarcal justamente ao propor uma psicologia profundamente heterossexualizada, estruturada a partir de *anima* e *animus*, imaginada a partir de uma pretensa dualidade que jamais deixou emergir um terceiro na própria teoria de gênero que formulou. Em certo sentido, avançou e possibilitou que entrássemos na fantasia do par complementar para que pudéssemos sair dela sem que precisássemos matá-la. Para escutarmos nossos pacientes, é necessário que superemos o dois como verdade última. Lutemos pelo 3 e o 4. Lutemos pela morte e renascimento da sexualidade, pois é de Eros que mais precisamos, ilustrado por todas as cores que tivermos para vivenciá-lo.

Referências

BAIR, D. *Jung: uma biografia*. Rio de Janeiro: Biblioteca Azul, 2004.

BERRY, P. Dogma de gênero. IN: BERRY, P. *O corpo sutil de eco*. Petrópolis: Vozes, 2004.

BUTLER, J. *Problemas de gênero: feminismo e subversão da*

identidade. Rio de Janeiro: Civilização Brasileira, 2003.

DUBERMAN, M. *Has the gay movement failed?* Oakland: University of California Press, 2018.

GREEN, J. N. Forjando alianças e reconhecendo complexidades: as ideias pioneiras do Grupo Somos de São Paulo. IN: GREEN, J. N., QUINALHA, R., CAETANO, M., FERNANDES, M. *História do movimento LGBT no Brasil.* São Paulo: Alameda, 2018.

FOUCAULT, M. *A história da sexualidade, vols. I, II e III.* São Paulo: Paz e Terra, 2020.

JESUS, J. G. *Xica Manicongo: a transgeneridade toma a palavra.* Revista Docência e Cibercultura, v. 3., n. 1, p. 250-260. Rio de Janeiro, 2019.

JUNG, C. G. *Sobre o amor.* São Paulo: Editora Ideias e Letras, 2005.

_________. *Psicologia e alquimia.* Obras Completas, vol. XII. Petrópolis: Vozes, 2012.

_________. *Símbolos da transformação.* Obras Completas, vol. V. Petrópolis: Vozes, 2013a.

_________. *A natureza da psique.* Obras Completas, vol. VIII. Petrópolis: Vozes, 2013b.

_________. *Os arquétipos e o inconsciente coletivo.* Obras Completas, vol. IX/1. Petrópolis: Vozes, 2014.

_________. *O eu e o inconsciente.* Obras Completas, vol. VII/2. Petrópolis: Vozes, 2015.

KATZ, J. N. *A invenção da heterossexualidade.* Rio de Janeiro: Ediouro, 1996.

LAQUEUR, T. *Inventando o sexo: corpo e gênero dos gregos a Freud.* Rio de Janeiro: Relume Dumará, 2001.

MARCUSE, H. *Eros e civilização: uma interpretação filosófica do pensamento de Freud*. Rio de Janeiro: LTC, 2018.

NEUMANN, E. *A história das origens da consciência*. São Paulo: Cultrix, 1990.

PRECIADO, P. B. *Manifesto contrassexual*. São Paulo: n-1 edições, 2017.

RICH, A. Heterossexualidade compulsória e existência lésbica. *Revista Bagoas*, n. 05, 2010, p. 17-44. Natal, 2010.

ROUGHGARDEN, J. *Evolução do gênero e da sexualidade*. Londrina: Editora Planta, 2005.

RUBIN, G. *Políticas do sexo*. São Paulo: Ubu Editora, 2017.

SINGER, T., KIMBLES, S. *The Cultural Complex: Contemporary Jungian Perspectives on Psyche and Society*. Londres: Routledge, 2004.

WITTIG, M. *The straight mind and other essays*. Boston: Beacon Press, 1992.

WITTMAN, C. *A Gay Manifesto*. Disponível em: http://library.gayhomeland.org/0006/EN/A_Gay_Manifesto.htm. Nova York: A Red Butterfly Publication, 1970. Acesso em 22 fev 2021.

Cis/transgeneridade: subjetividades e complexidades

Julia Kaddis EL KHOURI

**Debatedora:
Adriana Burani VENCESLAU**

Introdução

Apesar dos desafios e das divergências epistemológicas, o tema da transgeneridade continua provocando reflexões e questionamentos enquanto um novo paradigma, ganhando projeção e espaço para ampliar os diálogos sobre como a cultura ocidental moderna vem integrando a noção de corpo, sexualidade, gênero e identidade através de discussões teóricas, práticas clínicas e ações políticas.

A despeito da abertura e crescente compreensão em relação à diversidade sexual e às identidades trans, ainda estamos inconscientemente condicionados a um modelo dicotômico que dita a maneira como se experiencia a vida, bem como a forma como se expressa a sexualidade. Quer-se, a partir da compreensão junguiana e, para além do referencial patriarcal, hetero e cisnormativo, refletir sobre caminhos de expansão para se compreender subjetividade, corpo e sociedade, enquanto um complexo tecido psíquico, tão múltiplo na singularidade em que se compõem cada indivíduo e ao mesmo tempo tão único enquanto uma grande trama que configura a psique coletiva.

Identidade de gênero: algumas definições e terminologias

A noção de cisgeneridade (cis) e transgeneridade (trans) está relacionada ao gênero designado a uma pessoa a partir do seu sexo biológico. Quando a identidade e a compreensão que a pessoa tem de si coincidem com a projeção social acerca do pertencimento de gênero, são entendidas como pessoas cisgênero (cis). Por outro lado, são pessoas transgênero (trans) quando em algum grau a identidade difere do gênero que foi projetado e a pessoa possui o desejo de reivindicar transformações na sua expressão de gênero (CIASCA; HERCOWITZ; JUNIOR, 2021, p. 14).

Na busca de maior compreensão entre a noção de sexo biológico e gênero, Lanz esclarece que, da perspectiva sociocultural, sexo concerne às diferenças fisiológicas e gênero constitui-se como um dispositivo instituído pela cultura:

> [...] gênero não existe na natureza. Ao contrário do sexo, que pode ser considerado como uma produção da natureza, o gênero é uma construção social que varia intensamente de cultura para cultura e de época para época (LANZ, 2017, p. 40).

O termo transgênero, em inglês *transgender*, refere-se a uma categoria ampla de pessoas de várias identidades e expressões de gênero (nomeados e/ou autonomeados), como, por exemplo, travestis, transexuais, transformistas, *drag queens*, *drag kings* e *crossdressers*, e todos os outros em que o comportamento e o papel de gênero diferem das expectativas sociais, a citar, a pessoa do gênero não-binário ou do gênero fluido e, aquelas que, segundo Caetano e Santos (2019, p. 108), "[...] estão em um amplo espectro do trânsito entre os gêneros, seja de maneira momentânea ou permanente."

Quando se agrega à discussão de gênero a noção de orientação sexual, amplia-se a possibilidade de expressões que combinam identidade e sexualidade.

Gênero e sexualidade: reflexões sobre um novo paradigma

Aspectos históricos e mitológicos sempre revelaram a ocorrência de mudanças no campo da sexualidade, nas formas concretas ou simbólicas de existir e nas possibilidades paradoxais que definem o humano em sua multiplicidade. Entretanto, quando nos atemos ao símbolo do patriarcado histórico, por meio do olhar junguiano, concordamos com Tacey (1997) ao afirmar que, com o final do patriarcado, estamos experimentando uma desorientação coletiva na dimensão psicológica e na dimensão política, de modo que a grande maioria das pessoas parece não suportar a pressão do novo emergente. O que agrava esse descompasso? Tudo isso representa a *desintegração* de um eixo formador da estrutura subjetiva do indivíduo ou simplesmente um processo de desconstrução de um modelo que dá lugar para a manifestação de novas formas de ser e se relacionar? Zoja (2005) responde essa pergunta ao esclarecer que as mudanças ocorridas entre as décadas de 70 a 90 também foram importantes para se observar um enfraquecimento do paradigma patriarcal, abrindo espaços para muitas mudanças, entre elas o afrouxamento dos papéis gênero que estavam estabelecidos culturalmente.

Para Hillman a referência do que é ser homem e mulher está sendo questionada na atualidade. De acordo com o autor,

> [...] esta disputa ajudou a diferenciar papéis sexuais dos papéis sociais, e mesmo a diferenciar tipos de identidade sexual, isto é, se baseada em características sexuais primárias ou secundárias, manifestas ou genéticas, físicas ou psíquicas (HILLMAN, 1985, p. 29).

Assim, desde o movimento feminista, na década de 1960, e com a queda do modelo patriarcal cada vez mais pronunciada, na cultura ocidental contemporânea, impulsionou-se a construção de novos paradigmas. Nas palavras de Lanz (2017, p. 27), "[...] essas diferenças não são mais facilmente dedutíveis de uma simples inspeção visual da pessoa, do exame das funções que ela desempenha na sociedade ou mesmo das suas características genitais primárias e secundárias." Papéis vêm sendo revistos, no sentido dos modelos parentais e das novas e possíveis configurações familiares e sociais.

Ainda sob a perspectiva sociocultural e política, é na década de 1990, porém, que avanços ocorrem no sentido de maior compreensão sobre concepções do corpo, do gênero e da sexualidade, e a noção de gênero passa a não ser mais considerada uma qualidade natural e herdada biologicamente, mas resultado

> [...] da identificação de cada pessoa com um dos dois grandes discursos identitários "oficiais" - masculino e feminino - ou com ambos ou com nenhum deles. Gênero é um atributo que não se estabelece a partir de dotes físicos, mas a partir da subjetividade de cada indivíduo (LANZ, 2017, p. 145).

O movimento transgênero passou a desafiar o modelo binário, hetero e cisnormativo, resultando em uma diferenciação mais complexa entre identidade de gênero, papel de gênero, orientação sexual e sexo biológico, conforme já foi discutido anteriormente. Os temas relacionados à diversidade passam a se tornar mais presentes na sociedade brasileira, assim como a suas demandas, mas na prática, a superação da discriminação, do estigma e a inclusão do indivíduo transgênero na sociedade permanecem um desafio apesar do interesse pelo tema e dos avanços em termos de visibilidade social e direitos legais.

A transgeneridade e a psicologia analítica junguiana

Foi nos anos 1970, segundo Mckenzie (2006), que a teoria arquetípica de Hillman relativizou a noção linear dos opostos, direcionando o foco para a multiplicidade, para a fluidez e simultaneidade de aspectos arquetípicos. Esse movimento abriu espaço teórico para se refletir e fomentar uma nova visão de gênero e sexualidade, mais plural e fluida, e em consonância com os novos paradigmas.

Nas palavras de Boland (2017) a designação sexual é física, a identidade de gênero é intrapsíquica e a expressão de gênero é interpessoal. Para Young-Eisendarth (2002) a imutabilidade das características sexuais não impede a variabilidade de gênero, compreendendo que o mesmo pode ser considerado "[...] o clube de identidades, a categoria social, que recebemos ao nascer (e atualmente às vezes mais cedo, graças aos testes de ultra-som) com base no sexo do corpo" (YOUNG-EISENDARTH, 2002, p. 215).

Marsman (2007), em suas pesquisas, também discutiu a complexidade do fenômeno psique-corpo no que tange à transgeneridade, refletindo temas como as fantasias acerca dos gêneros, a dinâmica entre os arquétipos da *anima/animus*, o papel dos hormônios e da bioquímica na experiência do indivíduo, além dos conflitos sócioculturais. Além do mais, enfatizou que, no imaginário e mesmo a partir da compreensão científica e tecnológica, existe um espaço psíquico coletivo que precisa se expandir para incluir as pessoas trans, assim como já recentemente foi conquistado pela comunidade de pessoas *gays* e lésbicas.

A noção de pluralismo, conforme explora Samuels (1992), ganha um sentido importante nessa discussão, já que se caracteriza por uma atitude que sustenta a tensão de forças que reivindicam a tendência à unidade e à diversidade. Segundo Mckenzie (2006), é igualmente fundamental compreender esse movimento no que diz respeito à sexualidade humana, seja para nos orientar no trabalho clínico, seja para atualizar o pensamento junguiano na discussão dos temas contemporâneos.

Psique e corpo: um fenômeno criativo

O aprofundamento do tema da transgeneridade nos abre para um espectro amplo e subjetivo sobre a construção histórica e política que envolve a relação entre sexo, gênero e a materialidade do corpo. Concordamos com Silva e Lopes (2014, p. 35) quando esclarecem que "[...] para além de perspectivas 'puramente' construcionistas ou biologicistas, talvez seja mais interessante (e proveitoso) reconhecer a materialidade de um corpo que é, simultaneamente, social, cultural, histórico e político."

Lanz, da perspectiva sociocultural, frisa que o ponto de partida para a construção da subjetividade humana é a linguagem, sendo o corpo uma criação do campo simbólico, continuamente reafirmado no campo do imaginário coletivo. Portanto, independentemente da constituição biológica, entende-se que o desenvolvimento como sujeito social, homem ou mulher ocorre

> [...] mediante a aprendizagem de papéis de gênero, realizada sobre a tutela e a supervisão permanentes de instituições sociais como a família, a escola e a mídia, esta última onipresente no mundo contemporâneo (LANZ, 2017, p. 137).

Do ponto de vista psicanalítico, a complexidade das identificações de gênero compreende uma construção que também envolve processos corporais e inconscientes. Arán explica que

> [...] essas identificações fazem-se ao longo da vida, principalmente na primeira infância, a partir do encontro afetivo e corporal com o outro, o qual sempre está inscrito em uma determinada cultura que transmite valores e reitera ou não as normas de gênero (ARÀN, 2012, p.67).

Nesse sentido, Ceccarelli (2017) também pontua que o corpo tem uma história, e que a relação que um indivíduo estabelece com seu corpo varia no tempo e é influenciada pelo contexto social ao qual o sujeito pertence.

Do mesmo modo, na perspectiva junguiana, Mckenzie (2006) frisa que o senso de identidade de gênero se desenvolve muito precocemente, a partir de um processo complexo que envolve a biologia corporal, a mente e o ambiente cultural. Para a autora, "[...] o sentimento de gênero, dessa perspectiva, seria um aspecto emergente da mente e não uma herança arquetípica, e a vivência do corpo seria a chave para a emergência do gênero" (MCKENZIE, 2006, p. 401, tradução nossa).

Com base no princípio de que o fenômeno corpo-mente não pode ser pensado separadamente, Ramos (1995) compreende que, do ponto de vista psíquico, os processos serão sempre acompanhados de uma representação corpórea, seja no nível somático, seja no nível anatômico, ou seja, o corpo é considerado simbólico e passível de simbolização. Daí a importância de compreender as transformações físicas como parte de um processo de ampliação e adequação para uma experiência mais plena e autêntica. Nesse sentido, Benedetti (2005) também afirma ser fundamental encarnar, no cotidiano, a forma como a pessoa se reconhece em seu sexo e gênero, através das modificações físicas e de sua expressão, por meio das roupas, cabelos, adereços e trejeitos, muitas vezes quebrando as normas de gênero que definem como um homem ou uma mulher devem agir e se comportar.

Segundo Arán (2009), o apoio dessa autonomia que cresce com o avanço da biomedicina, possibilita a redesignação sexual e outras transformações físicas desde a segunda metade do século XX, por meio de vários procedimentos cirúrgicos e hormonais, apesar de todos os desafios que representam. É importante considerar que Jung (2002) já havia pontuado que o ideal progressista é sempre antinatural e infiel à tradição, mas ao mesmo tempo é Deo concedente. No entanto, a perda com uma conexão mais profunda das motivações que geram a realização dos desejos conscientes pode gerar reações inconscientes negativas compensatórias. Em suas palavras:

> [...] Uma vez que a consciência diferenciada do homem civilizado possui um instrumento eficaz para a realização de seus conteúdos através da dinâmica da vontade, com o crescente fortalecimento desta última há um perigo maior de perder-se na unilateralidade desviando-se das leis e raízes do seu ser (JUNG, 2002, § 276, p. 164).

Observamos que há muito para se integrar no processo da vida e se o corpo é negado como parte integral da vivência do indivíduo no mundo, vai sempre permanecer vulnerável. O que antes era visto como patológico hoje está sendo compreendido como natureza, permitindo-se, desse modo, a expressão mais livre do gênero e da sexualidade, e junto com isso, uma liberdade que inclui a expressão do corpo como possibilidade de experimentação e transformação. E, conforme salientam Petry e Meyer (2011, p. 196), "[...] estamos questionando e trabalhando com o que entendemos que seja um paradoxo contemporâneo: o mesmo processo que rompeu com representações seculares de 'corpo sexuado natural' presta-se para a restauração dessa normalidade."

Complexo de gênero

Estudos contemporâneos sobre o desenvolvimento infantil têm identificado cada vez mais a ligação intrínseca entre o corpo e a mente no processo de aprendizagem e nos processos básicos de percepção, linguagem, emoções e operações psicomotoras. Do ponto de vista da neurobiologia, esses processos estão condicionados à vivência direta da experiência do corpo no mundo (TRESAN, 1996; KNOX, 1999; LAKOFF e JOHNSON, 2003).

No que se refere à formação da identidade, estudos de diversas áreas revelam um consenso quanto à compreensão de que a identidade de gênero é resultado da integração de um processo que envolve a experiência do corpo, da psique, da cultura e da sociedade, sendo um processo fluído que pode ser ressignificado ao longo da vida (MCKENZIE, 2006; EHRENSAFT; 2012).

Mckenzie, ao citar o conceito de "proto-eu-pré-consciente", de Damasio (1990), ou de um "eu emergente", de Stern (1985), sugere que os mesmos se propõem a explicar a organização corporal e mental mais precoce, e que esse sentimento emergente do Self precede à organização de imagens arquetípicas na psique e da formação do complexo de gênero em uma pessoa. Em suas palavras,

> [...] os arquétipos de Jung, nesse arcabouço neurológico, seriam mecanismos organizadores de segunda ordem na mente e não princípios arquetípicos de primeira ordem, que determinam o sentimento corporal ou de gênero. (MCKENZIE, 2006, p. 412, tradução nossa)

Ainda segundo a autora, as experiências de apego também influenciam a construção do eu e de seu gênero, e dos relacionamentos interpessoais, moldado positiva ou negativamente pelas experiências precoces com os cuidadores primários, constituindo-se como fatores primários na formação de complexos emergentes de gênero. Ademais, os complexos de gênero são ainda influenciados em sua constituição pela relação com a cultura e pelos mitos culturais de gênero da sociedade à qual uma pessoa pertence. Portanto, a identidade de gênero é resultante da ligação do desenvolvimento do corpo/mente, das experiências de apego, dos aspectos de gênero relacionados ao ambiente cultural de cada um. "Essa trama é uma tapeçaria viva, uma forma de arte pessoal que é um trabalho em andamento e que continua ao longo da vida" (MCKENZIE, 2006, p. 413, tradução nossa).

Patriarcado e a cisnormatividade

Para confrontar e transcender o modelo patriarcal, hetero e cisnormativo em nossa cultura, é fundamental reconhecer o quanto a sua lógica binária ainda governa inconscientemente o nosso modo de pensar, agir e se relacionar. Neumann explica que só quando atingimos o desenvolvimento da consciência extrema patriarcal é que foi possível compreender a complexidade da consciência ocidental moderna, na sua forma patriarcal. Também foi possível compreender tudo que foi simbolicamente descrito como psicologia "masculina" e "feminina", desenvolvimento normal, anormal de pessoas modernas, quer homens, quer mulheres. Esse pressuposto é mais bem elucidado no seguinte excerto:

> O casamento patriarcal é uma solução coletiva na qual o homem e a mulher, o masculino e o feminino, se unem no estado no qual cada um ampara o outro, de modo que conseguem uma simbiose que constitui a coluna vertebral da cultural patriarcal. A preservação desta instituição mais transpessoal - isto é, a da cultura patriarcal, e a segurança do indivíduo nela inserido - ergue-se como um significado transpessoal acima do relacionamento das partes envolvidas. Mitologicamente, a estabilidade da cultura patriarcal está refletida no relacionamento do céu e da terra em sua interdependência mútua, cuja certeza serve de garantia para a existência continuada do mundo. Espera-se que os parceiros no casamento correspondam a esta constelação: o homem simboliza o céu ou o paraíso e a mulher, a terra, como não apenas o mito, mas também o rito revelam claramente em inúmeros costumes referentes ao casamento. A fim de fazer esta identificação simbólica, ambos os parceiros devem renun-

> ciar à sua bissexualidade psicológica natural, cuja existência em versões modernas é mostrada, entre outras coisas, pelo fato de que o lado feminino do homem se constela como anima, e o lado masculino da mulher como animus. A identificação do indivíduo do sexo masculino com a estrutura da consciência e do ego, que deixa seu lado feminino inconsciente, facilita psicologicamente esta espécie de unilateralidade (NEUMANN, 2000, p. 33-34).

Tal estrutura produz uma fantasia de segurança que reforça o binômio da cultura patriarcal, em que homens se identifiquem com o masculino e as mulheres com o feminino.

> Esta estrutura simbiótica constitui o fundamento da família e da cultura patriarcal, pois garante não apenas segurança e inequivocabilidade, mas também uma tensão inerentemente fértil dos opostos entre Masculino e Feminino, homem e mulher (NEUMANN, 2000, p. 35).

No entanto, como previu Heydt (1979), os valores pertencentes ao mundo do pai e o do pai transpessoal seriam questionados e atacados, como a lei, ordem, disciplina, autocontrole, moralidade e responsabilidade, e a história do patriarcado, para Zoja seguiria uma linha de declínio, mesmo que ocasionalmente marcada por alguns episódios ascendentes. Deste modo,

> [...] as propostas que sugerem o seu retorno, ou têm o caráter de um auto-engano, ou apenas dão ensejos a uma breve recuperação de sua força. O patriarcado não existirá mais: o pai não será mais a metáfora da ordem que prevalece ao vértice da sociedade. (ZOJA, 2005, p. 270).

Com isso, não se quer negar as referências nem matriarcais e nem patriarcais, mas explorar os aspectos mais criativos e espirituais desses dois arquétipos: o da Grande mãe e o do Espírito do Pai, para culminar, segundo Whitmont (1969), na alteridade que tanto falamos. Em última instância, quer-se ampliar as possibilidade e dinâmica da experiência com esses arquétipos, de tal modo que a multiplicidade que habitam no espaço entre esses dois pólos sejam reconhecidos, expressos e legitimados.

Papéis e gênero

É possível observar uma variação cambiante da noção de gênero, ao logo das épocas e nas diversas culturas, estando sempre relacionadas às suas crenças religiosas, biológicas e psicológicas. Concordamos com Mckenzie (2010) quando afirma que as culturas ocidentais monoteístas validam apenas dois gêneros, rejeitando qualquer outra manifestação entre esses dois pólos. É igualmente importante ressaltar que a própria teoria sobre as tensões dos opostos reforçou as considerações de Jung sobre a dinâmica contrassexual, tendo ainda os fatores sociais e culturais de sua época para sedimentar essas suposições. Assim,

> [...] embora Jung entendesse que a psique se expressa com uma poderosa tensão entre forças opostas, em muitas dimensões psicológicas, é possível que suas ideias sobre opostos se fixaram, inconscientemente, em elementos como a noção de gênero (SANTANA, 2017, p. 83-84, tradução nossa).

Por outro lado, Young-Eisendarth (2002, p. 216), afirma que mudanças acerca das concepções de gênero e papéis sociais vêm ocorrendo nas últimas décadas, mas ainda representam uma ameaça da dicotomia de poder dos homens sobre as mulheres enquanto o velho paradigma da vida civilizada. Nesse sentido Mckenzie (2006) e Boland (2017) observam que, na geração mais jovem, já é possível observar uma vivência da sexualidade mais fluída e de papéis sociais menos dicotômicos.

Ainda buscamos na psicologia analítica uma fundamentação teórica e uma base arquetípica para compreender toda essa transição de valores com respeito ao gênero, sexo, papéis e orientação sexual. De acordo com Hopcke (1991) essa teoria deveria estar associada aos arquétipos do inconsciente coletivo, uma vez que tal fenômeno deva ter suas raízes num nível profundo da alma, mesmo que modelado por fatores pessoais e culturais subjacentes.

Anima/animus

Como já foi discutido anteriormente, tem sido cada vez mais necessário ressignificar o que foi estabelecido como "grandes verdades" para acolher e legitimar os questionamentos urgentes e emergentes da nossa cultura. Dentro do pensamento junguiano, uma dessas questões tem sido a forma essencialista como Jung compreendeu *anima/animus*, no sentido da identidade de gênero e da relação interna que se estabelece com as características de gênero do sexo oposto, entendidas como qualidades essenciais e distintas nos homens e nas mulheres (COLMAN, 1998; HAUKE, 2000; SAMUELS, 1992; YOUNG-EISENDARTH, 2002).

Young-Eisendarth sintetiza esse pressuposto ao frisar que:

> [...] a divisão universal da comunidade humana em dois sexos, marcada por sinais símbolos de gênero, tem efeitos duradouros e poderosos em nosso funcionamento psicológico como indivíduos, casais e grupos. Nós não apenas nascemos em meio a histórias contínuas sobre nosso sexo e o sexo oposto, histórias que reprimem e engendram possibilidades de ação e identidade,

> mas também formamos fortes imagens internas de feminilidade e masculinidade. Enquanto nos identificamos com um, desenvolvemos um complexo inconsciente em torno do Outro (uso a inicial maiúscula no Outro subjetivo para distingui-lo do outro interpessoal) (YOUNG-EISENDARTH, 2002, p.213).

Na busca da ressignificação da nossa experiência com esses arquétipos, é importante reconhecer na própria teoria de Jung (2002a) a compreensão da *anima* como a personificação do inconsciente coletivo, atuando como uma ponte entre a consciência e o universo das imagens interiores. Hillman (1985) tomou essa possibilidade do arquétipo e expandiu sua compreensão para longe da ideia de polaridades masculino e feminino. *Anima*, em latim significa alma ou psique e, embora o termo tenha sido utilizado inicialmente por Jung para referir-se à interioridade feminina do homem, ele abrangeu seu significado de interioridade para todos.

Anima pode então ser compreendida enquanto função, deslocando-se da condição de imagem para conteúdo, da fantasia para significado, abrindo-nos os sentidos e os afetos para a beleza de um mundo animado. Assim,

> [...] a posição filosófica de Jung de estar na alma ou, em outras palavras, que não é a psique que está no homem, mas o homem que está na psique, mantém a antiga conexão e a antiga preocupação com a *anima mundi* (HILLMAN, 1985, p. 125).

Por isso o sentido da *anima* como "feminino" e como "vida" é tão relevante na psique de qualquer pessoa, de qualquer gênero, já que estamos, afinal, aludindo à imagem arquetípica do feminino. Para Hillman (1985, p. 60), "[...] a *anima*, como arquétipo, é por demais ampla para ser contida na noção de contrassexualidade".

Entre outros autores contemporâneos junguianos que vem discutindo novos significados para esses arquétipos, Colman (1998) também valoriza *anima/animus* enquanto um sentido de "alma", pertencente a ambos os sexos. O mesmo autor elucida que o fato de ela assumir a forma feminina nos homens e masculina nas mulheres está relacionado à circunstância de que o inconsciente se representa como contrassexual à forma assumida pela persona. Tal posição permite considerarmos a possibilidade

> [...] de a *anima* aparecer sob o disfarce do mesmo sexo, especialmente talvez para homossexuais. Se a alma é ou não caracterizada pelo espírito, dependeria não de gênero, mas da natureza da atitude consciente e da maneira como a alma é complementar a ela (COLMAN, 1998, p. 201, tradução nossa).

Portanto, o que de fato reside por trás da imagem da *anima/animus* projetados, em sua proposição, é o anseio pela integração: "[...] quando são recuperadas como parte do Self, podem agir como a função que liga o interior ao exterior. Em última análise, eles são a imagem do relacionamento em si" (COLMAN, 1998, p. 204, tradução nossa).

A reflexão atualizada desses conceitos abre possibilidades para situarmos a experiência com esses arquétipos para além do modelo binário. Hopcke (1991) também chama a atenção para a necessidade de se levar em conta questionamentos a respeito do tema da masculinidade e feminilidade, agregando-se a essa discussão os *insights* de Jung sobre a contrassexualidade inerente ao homem e à mulher. Para o autor, ao refletir uma teoria junguiana sobre a sexualidade, pressupõe que deveria ser resultado de "[...] uma interação complexa entre o masculino, o feminino e o andrógino no plano pessoal e arquetípico gerando uma visão mais clara e profunda das vidas interiores e dos amores dos homens e mulheres heterossexuais e homossexuais nas culturas ocidentais" (HOPCKE, 1993, p. 196).

Essa proposição possibilita a legitimação da vivência mais ampla da sexualidade como um aspecto inerente da personalidade e da multiplicidade de expressões e configurações arquetípicas. Da mesma forma, leva-nos a compreender que a orientação sexual pode mudar ao longo das diferentes fases da vida, podendo estar a serviço do processo de individuação de um indivíduo. Ao seu modo, também nos serve como inspiração para refletirmos igualmente sobre a vivência da transgeneridade.

Alteridade e o arquétipo do andrógino

Ao diferenciarmos tecnicamente o termo *hermafrodita do termo andrógino*, compreendemos que, segundo as definições básicas, *hermafrodita* é o ser que possui os dois órgãos reprodutores, masculino e feminino, sendo um mais desenvolvido que o outro. Hoje, chamamos esse fenômeno biológico de intersexo. Já o termo *andrógino* refere-se à aparência, ou seja, à expressão de gênero que mescla características masculinas e femininas em um indivíduo, independentemente de seu sexo biológico. É importante salientar que uma pessoa intersexo não tem necessariamente uma expressão andrógina (KHOURI, 2021).

Jung (2003) foi possivelmente o primeiro cientista a investigar essas figuras míticas como representações de sua compreensão psíquica a propósito da totalidade. Enfatizou que a maioria dos deuses cosmogônicos tem uma natureza bissexual, sendo o hermafrodito uma imagem de união dos opostos. Por um lado, sua imagem representa um estado de indiferenciação e, ao mesmo tempo, de reconciliação das partes. Jung (2003, § 460, p. 394) assinala: "Hermafrodita é constituído de opostos e ao mesmo tempo é o símbolo unificador dos opostos." E, como a alquimia mostra, "[...] o si-mesmo é um andrógino, constituído de um princípio masculino e um feminino" (JUNG, 2002b, § 653, p. 359).

Hillman (1985) também defendeu a necessidade de cuidado com o literalismo dessa imagem, pois para ele a noção de hermafrodita não significa unir características de dois gêneros em uma só pessoa. Em suas palavras: "[...] significa uma consciência dupla, mercurial, verdadeira e não verdadeira, atividade e inatividade, visão e cegueira, viver o impossível oxímoro, mais como um animal que é ao mesmo tempo extremamente consciente em suas ações e totalmente inconsciente delas". Complementa afirmando que literalizar a imagem do hermafrodita nos gêneros sexuais seria "[...] um passo tão errôneo quanto considerar o *phallus* como o pênis biológico ou a grande mãe como sendo a mãe da sua própria infância" (HILLMAN, 1985, p. 139).

Até pouco tempo a compreensão simbólica da imagem do andrógino ainda estava relacionada quase que exclusivamente ao mundo interior, de qualidade sutil, "não-material" e associada às dimensões inconscientes da psique coletiva, como Singer (1995) bem elucida. Ademais, segundo a mesma autora, seu significado poderia inclusive ameaçar um senso de equilíbrio e segurança de muitos, uma vez que confronta questões ligadas à nossa identidade enquanto homem ou mulher. No entanto, nossa atitude tem sido contemplar e observar como essa tendência andrógina vem sendo vivenciada hoje enquanto consciência, valores, e sua relação com os novos espaços que se abrem para a manifestação do seu potencial conciliador.

Ao relacionarmos a experiência do arquétipo com o movimento da transgeneridade, encontramos nas palavras de Scandiucci (2019, p. 122) um importante questionamento: "[...] poderia, por exemplo, a imagem do corpo transgênero, como corpo simbólico e mítico, ser um artefato vivo que mantém aberto um potencial da cultura para o desenvolvimento da consciência hermafrodita?" Ainda segundo o mesmo autor, "assim, talvez experimentemos a alteridade como um tipo de sedução de diferenças fluídas, diferenças mais sutis que meras oposições - uma sedução cujo poder reside na preservação da estranheza do outro" (SCANDIUCCI, 2019, p. 122).

Considerações futuras

É importante pontuar que, na Psicologia Analítica, a linguagem dos símbolos é a linguagem dos arquétipos, potenciais que se ativam e se atualizam na relação com o outro, seja no sentido do despertar para novas motivações, seja na ressignificação de velhas estruturas, seja ainda na ampliação da consciência do indivíduo sobre si mesmo, na relação com o outro e com o mundo.

A discussão das transgeneridades por autores junguianos ainda se encontra num nível muito especulativo, porém, olhando para trás, conseguimos visualizar o percurso social, histórico e político até aqui realizado, o qual deu abertura para todo esse movimento. Por isso, concordamos com Tarnas (2007), quando afirma que ainda nos encontramos num limiar de transformação, segundo podemos testemunhar através dos paradigmas emergentes. Muito se foca na desconstrução e pouco se dedica à contemplação do novo. Não sabemos para onde e não sabemos como. Já não estamos falando do que é certo ou errado, mas de como nos preparamos para suportar a angústia do vazio e do incerto. Só nos resta contemplar, lutar e reconhecer essas mudanças na direção da alteridade que buscamos, enraizando uma nova consciência que permita a erradicação do estigma, da violência e da discriminação social que ainda é fortemente vivenciada pelas minorias.

Referências

ARÁN, M.; MURTA, D.; LIONÇO, T. Transexualidade e Saúde Pública no Brasil. *Ciência e Saúde Coletiva*, v. 14, n. 4, p. 1141-1149, 2009.

AUFRANC, A. L. Expressões da sexualidade: um olhar junguiano. *Junguiana*, v.36, n. 1, p. 37-48, 2018.

BENEDETTI, M. *Toda Feita: o corpo e o gênero das travestis. Rio de Janeiro: Garamond, 2005.*

BOLAND, A. God of the hinge: treating LGBTQIA patients. *Journal of Analytical Psychology*, v. 62, n. 5, p. 688-700, 2017.

CAETANO, L. O.; SANTOS, R. S. Direitos das pessoas trans. *In*: SAADEH, A. (org.). *Como lidar com a disforia de gênero (transexualidade)*: guia prático para pacientes, familiares e profissionais de saúde. São Paulo: Hogrefe, 2019.

CECCARELLI, P. R. *Transexualidades*. 3.ed. São Paulo: Pearson Clinical Brasil, 2017.

CIASCA, S. V; HERCOWITZ, A.; JUNIOR, A. L. Definições da sexualidade humana. In: CIASCA, S. V; HERCOWITZ, A.; JUNIOR, A. L. (org). *Saúde LGBTQIA+:* Práticas de cuidado transdisciplinar. São Paulo: Manole, 2021.

COLMAN, W. Contrasexuality and the unknown soul. *In:* ALISTER, I.; HAUKE, C. (org.) *Contemporary Jungian Analysis – Post Jungian Perspectives from the Society of Analytical Psychology*. Londres: Routledge, 1998.

DAMASIO, A. *The Feeling of What Happens*. San Diego, New York & London: Harcourt, 1999.

EHRENSAFT, D. From gender identity disorder to gender identity creativity: true gender self child therapy. J homosexuality. 2012; 59(3):337-56.

HAUKE, C. Postmodern Gender: masculine, feminine and the other. *In: Jung and the postmodern:* the interpretation of realities. Londres: Routledge, 2000.

HEYDT, V. V. der. O Pai na psicoterapia. *In:* VITALE, A. *et al. Pais e mães:* seis estudos sobre o fundamento arquetípico da psicologia da família. São Paulo: Símbolo, 1979.

HILLMAN, J. *Anima*: anatomia de uma noção personificada. São Paulo: Cultrix, 1985.

HOPCKE, R. H. Toward a Jungian theory of Sexual Orientation: Gay Men and the Archetypal Feminine. *In:*______. *Jung, Jungians, and Homosexuality*. Boston & London: Shambhla, 1991.

______. *Jung, Junguianos e a Homossexualidade***.** São Paulo: Siciliano, 1993.

JUNG, C. G. A psicologia do arquétipo da criança. *In: Os Arquétipos e o Inconsciente Coletivo*. 3ª. ed. O.C 9/1. Petrópolis:-Vozes, 2002. (1ª ed. 1959).

______. Consciência, inconsciente e individuação. *In: Os Arquétipos e o Inconsciente Coletivo*. 3ª. ed. O.C 9/1. Petrópolis:-Vozes, 2002a. (1ª ed. 1959).

______. O simbolismo da mandala. *In: Os Arquétipos e o Inconsciente Coletivo*. 3ª. ed. O.C 9/1. Petrópolis: Vozes, 2002b. (1ª ed. 1959).

______. As ideias de salvação na alquimia. *In: Psicologia e Alquimia***.** 5ª ed. O.C 12. Petrópolis: Vozes, 2003 (1ª ed. 1944).

KHOURI, J. K. E. (2021). *Uma investigação de aspectos psicodinâmicos da transexualidade por meio da Terapia Breve de Sandplay*. Tese (Doutorado em Psicologia Clínica). Pontifícia Universidade Católica de São Paulo, São Paulo, 2021.

KNOX, J. The relevance of attachment theory to a contemporary Jungian vies of the internal world. *Journal of Analytical Psychology*, v. 44, p. 511-530. 1999.

LAKOFF, G.; JOHNSON, M. *Metaphors we live by*. London: The University of Chicago Press, 2003.

LANZ, L. *O Corpo da Roupa*: a pessoa transgênera entre a transgressão e a conformidade com as normas de gênero.

Uma introdução aos estudos transgênero. 2. ed. Paraná: Transgente, 2017.

MARSMAN, M.A.Transgenderism and transformation: an at a Jungian understanding. *The Journal of Analytical Psychology*, v. 62, n. 5, p. 678-687, nov.2017.

MCKENZIE, S. Queering genders: anima/animus and the paradigm of emergence.

Journal of Analytical Psychology, v. 51, p. 401-421, 2006.

______. Genders and sexualities in individuation: theoretical and clinical explorations. *Journal of Analytical Psychology*, v. 55, p. 91-111, 2010.

NEUMANN, E. *O medo do feminino:* e outros ensaios sobre a psicologia feminina.São Paulo: Paulus, 2000.

PETRY, A. R.; MEYER, D. E. E. Transexualidade e heteronormatividade: algumas questões para a pesquisa. *Textos & Contextos*, Porto Alegre, v. 10, n. 1, p. 193 - 198, jan./jul. 2011.

RAMOS, D. G. *A Psique do Corpo*: a dimensão simbólica da doença.São Paulo: Summus, 1995.

SAMUELS, A. *A psique plural: personalidade, moralidade e o pai.* Rio de Janeiro: Imago, 1992.

SANTANA, E. *Jung and Sex*: Re-visioning the treatment of sexual issues. New York: Routledge, 2017.

SCANDIUCCI, G. *Alma LGBTQ+: gênero, sexualidades e a anima na contemporaneidade.* Cadernos Junguianos n. 15, 2019. 104-124.

SILVA, L. A. V. da; LOPES, M. Corpos híbridos e transexualidade: para além da dicotomia de gênero. *In:* COELHO, M. T. A. D.; SAMPAIO, L. L. P. (org.). *Transexualidades: um olhar multidisciplinar.* Salvador: EDUFBA, 2014.

SINGER, J. *Androginia*: rumo a uma nova teoria da sexualidade. São Paulo: Cultrix, 1995.

STERN, D. *The Interpersonal World of the Infant*. New York:

Basic Books, 1985.

TACEY, D. *Remaking Men:* Jung, Spirituality and Social Change. New York: Routledge, 1997.

TARNAS, R. *Cosmos and Psyche:* intimations of a New world View. Plume edition, 2007.

TRESAN, D. Jungian metapsychology and neurobiological theory. *Journal of analytical Psychology*, v. 41, p. 399-436, 1996.

WHITMONT, E.C. *A Busca do Símbolo*: Conceitos básicos de Psicologia Analítica. São Paulo: Cultrix, 1969.

YOUNG-EISENDRATH, P. *Gênero e contra-sexualidade: a contribuição de Jung e além. In:* EISENDRATH, P. Y.; DAWSON, T. (org.). Manual de Cambridge para estudos junguianos. Porto Alegre: Artmed, 2002.

ZOJA, L. *O pai: história e psicologia de uma espécie em extinção.* São Paulo: Axis Mundi, 2005.

Feminismo: um caminho para não morrer

Cristiane Vianna AMARAL

Debatedora:
Mariana LAHAM

[...] precisamos sempre nos perguntar: o que é ser mulher?

(Marielle Franco em 08/03/2018, seis dias antes de seu feminicídio).

O feminismo é um movimento revolucionário[1] que marcou o século XX e tudo indica que terá o mesmo protagonismo pelo menos nos próximos 100 anos. Para além da política, é uma perspectiva de pensar o mundo, uma teoria e uma práxis, que transforma não só o coletivo, mas também as subjetividades. E seus reflexos iluminam a clínica psicológica.

No entanto, no Brasil, o que podemos chamar de "mundo junguiano", incluindo todas as correntes que orbitam nesse entorno, pouco dialoga com o feminismo, mesmo que o próprio Jung já tenha a ele se referido (em *A Mulher na Europa*[2]), assim como Emma Jung, Jean Shinoda Bolen, Ricki Stefanie Tannen, Andrew Samuels, entre outras e outros, e que Susan Rowland[3] tenha dedicado um livro só para fazer uma revisão do legado junguiano sob o ponto de vista feminista.

Não é fácil definir um movimento tão complexo, mas é preciso dizer de onde partimos. Podemos dizer que o feminismo é um movimento contra a opressão do patriarcado, protagonizado por mulheres. Cis ou trans. Entre as tantas correntes, muitas até mesmo contraditórias, está o feminismo interseccional: as mulheres negras se deram conta de que a partir do gênero, associado a outras opressões como raça, classe e estéticas,

1. SCHUMAHER, Schuma. Os movimentos feministas ontem e hoje no Brasil: desafios da sua institucionalização. In: MATOS, Marlise; ALVAREZ, Sonia. *Expressões feministas nas Conferências Nacionais de Políticas para Mulheres.* Vol II: Quem são as mulheres das políticas para as mulheres no Brasil? Porto Alegre: Zouk, 2018, p. 21-56.

2. JUNG, Carl Gustav. Civilização em transição. Petrópolis: Vozes, 2013.

3. ROWLAND, Susan. Jung. A Feminist revision. Cambridge: Polity Press, 2002.

são produzidas situações de violência singulares. E se a palavra feminismo vem sempre associada à igualdade, para que esta última deixe de ser uma utopia tão distante, a luta precisa ser decolonial e anticapitalista.

Protagonismo, memória, luta e gratidão

As imagens do movimento feminista estão na psique do mundo. O colorido das passeatas do Dia da Mulher a cada 8 de março, com destaque especial para o Brasil, os gorros rosas da marcha contra Trump nos Estados Unidos[4] e a campanha dos lenços verdes da Argentina, que conquistou mais um direito em defesa da vida das mulheres, a legalização do aborto, são algumas delas. No entanto, há quem prefira ver essas manifestações com um *close* específico, tendo como principal associação ao movimento o desnudamento dos corpos e as performances que afrontam a moral cristã.

Na mídia, o movimento feminista aparece, principalmente, por meio de suas pautas de luta. Uma estratégia de assessoria de imprensa acertada fez do ato "Quem ama não mata", na escadaria da Igreja São José, no Centro de Belo Horizonte, em 1980, um marco do início do debate público contra a violência doméstica e o feminicídio no país. Como consequência imediata da pressão social, o *playboy* Doca Street, assassino confesso de sua companheira, a *socialite* Ângela Diniz, foi condenado, o que antes parecia ser impossível. A repercussão do caso foi tão grande que impulsionou a criação das primeiras Delegacias Especializadas no Atendimento às Mulheres Vítimas de Violência[5].

---

4. Os gorros são chamados de *pussy hats* e fazem a referência ao episódio em que Donald Trump disse que pegaria as mulheres pela *pussy* (vagina).

5. SCHUMAHER, Schuma. Os movimentos feministas ontem e hoje no Brasil: desafios da sua institucionalização. In: Matos, Marlise; Alvarez, Sonia. *Expressões feministas nas Conferencias Nacionais de Políticas para*

Foi graças ao movimento, que sustentou o chamado *Lobby do Batom*, formado por 26 parlamentares, apenas 5% do total (nem todas feministas, diga-se de passagem) na Assembleia Constituinte em 1988, que as brasileiras conquistaram a licença-maternidade de 120 dias, o direito à igualdade de salários e da posse da terra, entre outros. Importante destacar outras reivindicações que não diziam respeito especificamente às mulheres, como a criação do Sistema Único de Saúde.

Nossos passos vêm de muito tempo e de longe, quando esse movimento sequer tinha um nome. O papel das mulheres brasileiras na luta contra a escravidão, passando pela garantia do voto e da educação para todas foi fundamental. Nesse sentido, honrar todas as mulheres que nos trouxeram até aqui é urgente. Feminismo é gratidão.

Mulheres partidas

Se falamos do conjunto, também é preciso falar das partes, das *sujeitas* que formam essa massa. E cada uma chega com uma história pessoal diferente, mas todas do mesmo lugar: o sofrimento de estar presa a um corpo subjugado. Seja por ter sido violentada, torturada ou mutilada (quase morta), ou por querer, simplesmente, ser ouvida. Ser feminista é ter a consciência de que a única garantia da liberdade de cada uma é a libertação de todas. E para tanto, esse corpo no coletivo se faz potência.

Num país com um dos maiores índices de violência contra a mulher do mundo, o campo da Psicologia Analítica precisa se debruçar sobre o tema. Se não podemos andar sozinhas nas ruas, ficar em casa pode ser ainda mais perigoso. A maioria dos estupros no Brasil, especialmente de crianças, é protagonizado por pessoas próximas. Segundo levantamento da Ouvidoria Nacional de Direitos Humanos (ONDH), divulgado

---

Mulheres. Vol II: Quem são as mulheres das políticas para as mulheres no Brasil? Porto Alegre: Zouk, 2018, p. 21-56.

pelo Ministério da Mulher, da Família e dos Direitos Humanos em 2020, a violência sexual acontece, em 73% dos casos, na casa da própria vítima ou do suspeito, e é cometida por pai ou padrasto em 40% das denúncias. O suspeito é do sexo masculino em 87% dos registros e, igualmente, de idade adulta, entre 25 e 40 anos, para 62% dos casos[6].

O país é o líder em assassinatos de pessoas trans no mundo. Segundo a Rede Trans Brasil, a cada 26 horas, aproximadamente, uma pessoa trans é morta[7]. Em 2020, segundo a Associação Nacional de Travestis e Transexuais (Antra), entre as vítimas, todas seriam pobres, travestis ou mulheres transexuais, a maioria pretas ou pardas, que trabalhavam como prostitutas[8]. Por outro lado, o Brasil também lidera o consumo de pornografia trans no mundo desde 2016, segundo o *RedTube*, website de compartilhamento de vídeos pornográficos[9].

Mesmo assim, pouco se fala do tema da violência sexual, física, patrimonial e moral contra as mulheres nos meios junguianos do país. Assim como a violência psicológica, todas configuram crime, previstos na Lei Maria da Penha. Seria o papel das/os psicoterapeutas *junguianes* atender crianças, adolescentes e mulheres vítimas de violência ou mesmo seus agressores, encaminhados pelo sistema judicial, somente após as fatalidades? Qual a responsabilidade e as possibilidades do corpo da Psicologia Analítica em pensar uma clínica e um posicionamento político que contribua para mudar essa triste realidade brasileira?

---

6. Disponível em https://www.gov.br/mdh/pt-br/ondh/dados-e-estudos/disque100/relatorios/relatorio-2019_disque-100.pdf/view Acesso em 16/2/2022.

7. Disponível em https://www.brasildefato.com.br/2021/05/17/dia-internacional-contra-a-lgbtfobia-mortes-foram-subnotificadas-no-ultimo-ano Acesso em 21/7/2021.

8. Disponível em https://antrabrasil.files.wordpress.com/2021/01/dossie-trans-2021-29jan2021.pdf Acesso em 16/2/2022.

9. Disponível em https://revistahibrida.com.br/2020/05/11/o-paradoxo-do-brasil-no-consumo-de-pornografia-e-assassinatos-trans/ Acesso em 21/7/2021.

Nesse sentido, as pesquisadoras Barbara Tancetti e Jéssica Harumi Esteves defendem esse diálogo entre o feminismo (especialmente o feminismo decolonial e o feminismo negro) e a teoria junguiana para pensar a clínica contemporânea:

> Nesse processo, o feminismo, denunciando o sexismo e o androcentrismo, por meio de sua crítica ao modo dominante de produção de conhecimento científico, se mostrou uma ferramenta essencial para desconstruir saberes universais, propondo um modo alternativo de articulação entre a esfera subjetiva e sociocultural, resgatando, assim, o precioso diálogo que a teoria *junguiana* provê entre os campos individuais e coletivos. As mulheres, ao trazerem experiências a partir das "margens", na gestão dos detalhes, acabam por produzir um contra-discurso enriquecedor. Por sua vez, o feminismo negro e o pensamento decolonial alertam para o caráter essencialista e segregatório do feminismo eurocentrado e institucionalizado, que acabou por excluir de suas pautas reivindicações e a realidade de mulheres negras e racializadas, destacando a urgência de pensarmos de forma interligada, fato que nós, enquanto psicoterapeutas, nos deparamos a todo momento dentro da prática clínica.[10]

Feminismo como uma defesa do processo de individuação

Quando Simone de Beauvoir escreve no livro *O segundo sexo*: "Ninguém nasce mulher: torna-se mulher" (BEAUVOIR,

10. TANCETTI, Barbara; ESTEVES, Jéssica Harumi. O racismo como complexo cultural brasileiro: uma revisão a partir do feminismo decolonial. Junguiana, São Paulo, v. 38, n. 2, p. 59, 2020. Disponível em http://pepsic.bvsalud.org/scielo.php?script=sci_arttext&pid=S0103-08252020000200004&lng=pt&nrm=iso Acesso em 18/2/2022.

1967, p. 9), a filósofa não estava se referindo a uma espécie de individuação do feminino como nos fazem pensar os cartões de felicitação do dia 8 de março. Muito pelo contrário. O que vem em seguida é "Nenhum destino biológico, psíquico, econômico define a forma que a fêmea humana assume no seio da sociedade; é o conjunto da civilização que elabora esse produto intermediário entre o macho e o castrado que qualificam o feminino" (BEAUVOIR, 1967, p. 9), [11].

E Jung também deu sua contribuição na construção desse produto intermediário. Entre elas, está seu ensaio *A mulher na Europa*, de 1927, no qual fala das habitantes dos grandes centros urbanos, representantes "do espírito de uma época"[12]. Inconsciente e passiva, do ponto de vista biológico, com uma psicologia baseada no Eros e não no Logos, "ela" é sempre imaginada pelo autor como o contrário do homem. Animus e anima nesse texto são vistos apenas como aspectos contrassexuais. Isso não seria problema se essa ideia não continuasse sendo repetida até os dias de hoje, sem os questionamentos exigidos por um mundo no qual tantas possibilidades de gênero e sexualidade estão sendo vividas e construídas. Seria mesmo possível que apenas dois arquétipos estejam associados a um determinado sexo, diferentemente de todos os outros?

Se as mulheres são *sujeitas* de opressão social, mesmo consideradas suas incríveis potências, como é possível ter a liber-

---

11. BEAUVOIR, S. O segundo sexo. São Paulo: Difusão Europeia do Livro, 1967.

12. "Proporcionalmente à soma total de mulheres europeias, só uma imperceptível minoria vive na Europa *de hoje*; e trata-se de mulheres que vivem nas cidades e que pertencem - com as devidas precauções - às pessoas mais complicadas. Isso é inevitável, pois sempre foi uma pequena minoria que conseguiu expressar claramente o espírito de uma época [...] O processo cultural característico de uma época se desdobra mais intensamente nas cidades, pois necessita do concurso de muitas pessoas para tornar possível a cultura, e é desse agrupamento que as conquistas culturais se difundem gradativamente aos grupos menores, historicamente mais atrasados." JUNG, Carl Gustav. Civilização em transição. Petrópolis: Vozes, 2013, p. 125-126.

dade para a individuação no contexto em que as mulheres vivem? Num mundo no qual uma mulher precisa performar a maternidade e o papel de esposa (para ser validada perante a sociedade), ser bela, uma excelente profissional e ainda ser a cuidadora da família, sobra tempo de vida para a introspecção necessária ao processo de individuação?

"O desenvolvimento da individualidade é simultaneamente um desenvolvimento da sociedade. A repressão da individualidade pela predominância de ideias de organizações coletivas significa a decadência moral da sociedade", diz Jung em *O Eu e o Inconsciente*, (JUNG, 2015, p. 173). Se metade da população mundial vive oprimida, falando-se só das mulheres, não é estranho pensar no porquê da sociedade estar moralmente falida.

> De maneira simples, o capitalismo heteropatriarcal pode ser compreendido como um sistema de organização política, social, econômica e cultural que persegue e favorece a posição privilegiada dos homens - entendido como ostentação e controle do capital acumulado e seus benefícios - e que se sustenta na dominação e exploração das pessoas e do planeta, particularmente das mulheres, do seu trabalho e de seus corpos e a violação de seus direitos, uma exploração que se exercita diferencialmente com base em outros fatores (etnia, idade, opção sexual[13], local de origem etc.) e de acordo com o contexto (no sentido amplo: momento histórico, território, cosmovisão e estrutura cultural) em que se encontra.
>
> Para tanto, utiliza diversas estratégias e mecanismos, todos úteis ao funcionamento e perpetuação do próprio sistema de dominação, tais como: a divisão sexual do trabalho e o modelo de família nuclear (lado a lado com a

13. Considera-se que o termo mais adequado seja orientação sexual ao invés de opção sexual, já que não se trata de uma escolha consciente.

> heterossexualidade compulsória e o pacto sexual), a invisibilidade, o não reconhecimento, a precariedade do trabalho das mulheres ou dos imperativos religiosos.[14]

Nesse contexto, às mulheres cabe a reprodução da vida, ou seja, dar à luz e preparar os novos trabalhadores para o capitalismo, bem como cuidar daqueles que estão excluídos do mercado de trabalho, como os doentes e idosos. Na sindemia[15] da Covid-19, isso ficou claro, já que a exaustão das mulheres veio a público como um dos grandes temas de discussão.

Se a individuação é o caminho junguiano, por outro lado, o próprio autor diz que a individualidade é determinada, por um lado, "pelo princípio da singularidade e da diferenciação e por outro pela necessária pertinência à sociedade" (JUNG, 2015, p. 173).

Segundo Jung, em *Os arquétipos e o inconsciente coletivo*,

> ninguém pode colocar-se à margem da humanidade, de forma a não ter nenhuma *représentation collective* dominante. O seu materialismo, ateísmo, comunismo, socialismo, liberalismo, intelectualismo, existencialismo [e por que não acrescentar o feminismo] etc., testemunharam contra a sua inocência. De alguma forma, em alguma parte, aberta ou dissimuladamente, ele é possuído por uma ideia supraordenada (JUNG, 2014, p. 71).

Não se justifica o medo que alguns junguianos parecem ter de se conectarem ao coletivo, de identificarem-se com determi-

14. Disponível em https://glosario.pikaramagazine.com/glosario.php?lg=es&let=c&ter=capitalismo-heteropatriarcal Acesso em 18/2/2022. Tradução nossa.

15. O termo sindemia considera outros impactos de uma pandemia, como fatores econômicos, sociais e psicológicos.

nados movimentos, como se isso fosse tirá-los de seu processo de individuação quando, na verdade, o vínculo com uma ideia comum faz parte da história da humanidade. Neste sentido, não há como falar de individuação sem defender o feminismo.

Ser feminista é relatar-se a si mesma

Em seu livro *Feminismo em comum para todas, todes e todos*, Márcia Tiburi dedica um capítulo para a importância de as mulheres relatarem-se a si mesmas. Já no início, ela faz um alerta importante, aliado ao fato de que demorou muito a se assumir feminista. "Demorei a perceber que eu também, de algum modo, era mulher e que, de modos diversos, sofria com discriminações de sexo e gênero. Não basta ser igual a um homem para poder viver em sociedade sem ser muito perturbada e coagida" (TIBURI, 2018, p. 100)[16].

A filósofa diz que é preciso combater o essencialismo, que diz como são as mulheres e como são os homens. Como seria possível individuar se há uma ideia de que existe uma verdade única, localizada na essência? Para Tiburi, o feminismo nos dá uma biografia, uma narrativa de si, a autoavaliação crítica e autocrítica das mulheres. A narrativa daquelas pessoas que não tiveram narrativa, que não tiveram direito a uma história. O feminismo nos daria então a chance de nos desenvolver ao nosso tempo, aos nossos pensamentos, ao nosso corpo.

Jung em *Ab-reação, análise dos sonhos e transferência*, relata a história da alquimista Mrs. Atwood, que teve seu trabalho destruído pelo pai (mesmo que ele também tenha acabado com o seu próprio estudo). O trecho mostra a importância da produção das mulheres e como elas foram apagadas da história. Na verdade, há muito tempo escrevemos sobre nós ou sobre o mundo. Mas por isso somos mortas, como Hipácia de

16. TIBURI, Marcia. *Feminismo em Comum: para todas, todes e todos.* Rio de Janeiro: Rosa dos Tempos, 2018.

Alexandria, filósofa neoplatônica, que se destacou em campos como matemática e astronomia e foi assassinada pelos cristãos por sua vida pagã que ia de encontro ao patriarcado.

O machismo também marcou o lançamento do livro *Frankenstein: ou o Prometeu moderno*. A primeira edição foi publicada anonimamente em 1818. Sua autoria foi questionada por ter sido escrito por uma mulher, ainda por cima tão jovem. Foi só a partir da segunda edição (1823), que a obra foi devidamente atribuída a Mary Shelley, filha da feminista Mary Wollstonecraft e do filósofo James Godwin.

Por outro lado, muitas mulheres vêm insistindo em colocar seus pensamentos, sentimentos, intuições e sensações no mundo: Virginia Woolf, Nise da Silveira, Silvia Federici, Clarice Lispector e, mais recentemente, Natalia Timerman, só para homenagear algumas.

Para dar conta das novas formas de ser mulher na sociedade, novos conteúdos precisam ser partilhados, novas palavras precisam ser inventadas. Nos passos do *pretuguês* de Lélia Gonzales, a carioca Vilma Piedade cunha o termo *dororidade*, num livro marcado por reticências e letras maiúsculas.

> Dororidade carrega no seu significado a dor provocada em todas as Mulheres pelo Machismo. Contudo, quando se trata de Nós, Mulheres Pretas, tem um agravo nessa dor. A Pele Preta nos marca na escala inferior na sociedade. E a Carne Preta ainda continua sendo a carne mais barata do mercado. É só verificar os dados... A Sororidade parece não dar conta da nossa pretitude.[17]

17. PIEDADE, Vilma. Dororidade. São Paulo: Editora Nós, 2017, p.17.

A clínica: de célula a corpo para um outro mundo possível

As conquistas feministas têm melhorado, objetivamente, a vida das mulheres em todo o mundo, mesmo que de forma heterogênea. No entanto, a resistência a essas lutas também vem tomando forma. O neoliberalismo precisa se blindar do poder popular para se manter. Segundo Wendy Brown, a partir da II Guerra Mundial, novos dispositivos, aparentemente contraditórios, começam a surgir na democracia liberal-capitalista, como o nacionalismo, o conservadorismo cristão, o racismo e o masculinismo. Encontram eco em saudosistas da "imagem de um passado mítico de famílias felizes, íntegras e heterossexuais, quando mulheres e minorias raciais sabiam seus lugares, quando as vizinhanças eram ordeiras, seguras e homogêneas, a heroína era problema dos negros, o terrorismo não estava em solo pátrio e quando cristandade e branquitude hegemônicas constituíam a identidade, o poder e o orgulho manifestos da nação e do Ocidente" (BROWN, 2019, p. 13)[18].

Nos Estados Unidos, o ex-presidente Donald Trump (2017-2021) é quem melhor representa essas ideias. Seu discurso misógino organizou uma grande oposição feminista desde os primeiros dias de seu mandato, quando mais de 2 milhões de manifestantes tomaram as ruas da capital Washington e de outras cidades, inclusive no exterior, não apenas em defesa das mulheres, mas pelos Direitos Humanos como um todo.

Sua agenda antimulheres atacou, entre outras questões, a autonomia reprodutiva, a segurança econômica das famílias e formas de proteção contra a violência de gênero. Uma das medidas mais impactantes de seu governo foi um retrocesso na definição do que é violência doméstica e agressão sexual,

18. BROWN, Wendy. Nas ruínas do neoliberalismo. São Paulo: Editora Filosófica Politeia, 2019.

passando a reconhecer apenas a violência física[19]. A Lei Maria da Penha, do Brasil, considera também as agressões psicológicas, morais, sexuais e patrimoniais.

No maior país da América Latina, quem encarna um personagem semelhante é Jair Bolsonaro, eleito presidente em 2018, especialmente a partir de uma pauta conservadora e da disseminação de fake news. Desde então, as feministas brasileiras não têm mais sossego. Inspirado no líder estadunidense, ele ataca cotidianamente as mulheres, especialmente as jornalistas e políticas, e tem um discurso LGBTfóbico. Em seu governo, as políticas públicas de promoção da igualdade das mulheres perderam importância e orçamento que, quando existe, não é executado[20]. A situação foi agravada com a sindemia da Covid-19, que tornou a vida das trabalhadoras e suas famílias ainda mais precária.

Bolsonaro colocou a advogada e pastora evangélica Damares Alves como ministra da Mulher, da Família e dos Direitos Humanos. Apesar de ser mulher, ela é parte do jogo masculino conservador. Para além de retrógradas, suas declarações vão de encontro ao estado laico. E sua atuação aposta em políticas públicas como campanhas pró-abstinência sexual para prevenir a gravidez na adolescência, na direção contrária às orientações da Organização Mundial da Saúde e da Organização das Nações Unidas para a Educação (Unesco) para tratar do tema[21]. Em votação do Conselho de Direitos Humanos da ONU, em 2019, sobre direitos sexuais e das mulheres, o Brasil acompanhou a posição de países de maioria islâmica, contribuindo

---

19. Disponível em https://resist.org/latest/trump-administration-rolling-back-womens-rights-by-50-years-by-changing-definitions-of-domestic-violence-and-sexual-assault/ Acesso em 18/2/2022

20. Disponível em https://revistamarieclaire.globo.com/Mulheres-do-Mundo/noticia/2021/08/lei-maria-da-penha-gestao-cor-de-rosa-de-damares-enxuga-orcamento-ano-ano.html Acesso em 06/8/ 2021.

21. Disponível em https://iris.paho.org/bitstream/handle/10665.2/34853/9789275319765_spa.pdf?sequence=1&isAllowed=y Acesso em 06/8/2021.

para um cenário mundial contra as lutas feministas. Ainda é difícil avaliar o impacto de tudo isso nas gerações futuras.

Se para James Hillman, em seu livro *Cem anos de psicoterapia e o mundo está cada vez pior*[22], a clínica pode ser vista como uma célula revolucionária; é preciso ir além. Para formar um corpo, é preciso que essas células estejam organizadas. O feminismo, o antirracismo e tantas outras lutas políticas e sociais podem amalgamar a ligação entre essas células, forjando uma contribuição significativa do campo junguiano para um outro mundo possível. É o que diz a sabedoria popular: *uma andorinha só não faz verão*. E se isso não for bem compreendido pelos que levam o legado junguiano adiante, outra centena de anos se passará e continuaremos tendo a impressão de que o mundo está cada vez pior.

Junguianas para encantar o mundo

Não é por acaso, que nem a Psicanálise ou mesmo a Psicologia Analítica tenham uma grande linha de pensamento fundada por uma mulher que diga o que é "normal" ou "saudável". É tarefa das feministas junguianas honrar e rasurar o legado de Sabina Spielrein, Marie-Louise von Franz e Toni Wolff, de autoras mais contemporâneas como Verena Kast, Patricia Berry e Fanny Brewster, entre tantas outras, inclusive as já citadas, bem como encantar o mundo com o pensamento das brasileiras. Apesar das instituições junguianas do país serem integradas por muitas mulheres, essas não têm o feminismo como um valor fundamental, o que deveria ser uma realidade até que essa palavra virasse um anacronismo. A ordem ainda é hierárquica e pouco acessível e inclusiva, ainda mais quando falamos de países periféricos. É preciso entendermos que somos mortas histórica e simbolicamente quando não temos nossa própria voz, onde não somos ouvidas. Ninguém nasce mulher, mas morre-se por ser mulher.

---

22. HILLMAN, James e VENTURA, Michael. Cem anos de psicoterapia – e o mundo está cada vez pior São Paulo, Summus, 1995.

Sofisticando a escuta rumo à uma clínica plural

Narcisismo ontológico e etnocídio na área psi[1]

Amnéris MARONI
Paulo Victor Albertoni LISBOA

1. Este artigo é fruto de nossas apresentações e dos debates que vivenciamos no curso "Re-imaginando um lugar de escuta: a pluralidade da clínica contemporânea e os complexos culturais" (Instituto Junguiano de São Paulo/ 2021). Agradecemos ao IJUSP, a todas as pessoas presentes, e em especial a Carmen Livia Parise e Guilherme Scandiucci, pela experiência da individuação do presente artigo.

Em entrevista concedida a Ciro Barros e a Thiago Domenici, em 2019, o antropólogo Eduardo Viveiros de Castro avaliou que estávamos assistindo a "***uma ofensiva final contra os povos indígenas***"[2]. A entrevista percorreu os temas políticos e ambientais das duas últimas décadas no Brasil, passando pela história do país e lembrou do conceito de etnocídio, que é fundamental para o nosso artigo. Aqui nos interessará, sobretudo, nomear as diferentes recepções do perspectivismo ameríndio pela área *psi*, no contexto de avanço do etnocídio perpetrado pelo Estado brasileiro em sua aliança com o deflorestamento e o garimpo ilegais, contra os povos indígenas localizados no território nacional - a saber, o etnocídio praticado enquanto dissolução do "espírito" e das formas de organização social e cosmopolítica dos povos originários.

Desde o final do século passado, lideranças dos povos indígenas denunciam a derrubada das florestas e das matas, e também o nacional-desenvolvimentismo associado à destruição da natureza. Durante a pandemia de COVID-19, a situação se agravou ainda mais para as populações das terras indígenas quando um ministro do meio ambiente não mediu esforços para "passar a boiada", a partir de uma parceria *quartel+neoliberalismo* aplicada à Amazônia, ao Pantanal e à Mata Atlântica. O papel do capitalismo na produção do colapso ambiental[3] no Brasil foi especialmente ampliado nos momentos em que os militares chegaram ao governo do Estado brasileiro, como agora, desde 2018, e com amplo apoio dos brasileiros na última eleição.

Em consonância com a urgência climática global e a decolonialidade, a área *psi* tem renovado o seu diálogo com os povos indígenas, tecendo novas alianças de linguagens, saberes e práticas políticas. Nesse sentido, os junguianos e pós-junguianos são grandes entusiastas de novos diálogos e abertos à crítica

2. Ver em: https://apublica.org/2019/10/viveiros-de-castro-estamos-assistindo-a-uma-ofensiva-final-contra-os-povos-indigenas/. Acesso em: 29/06/2021.

3. Ver "Capitalismo e colapso ambiental" (MARQUES, 2015).

decolonial, permitindo, até certo ponto, ser confrontados por outros Mundos e *seus modos de existir e diferir*. Enquanto isso, a psicanálise freudiana reafirma o sujeito moderno ocidental, por ela revolucionado (consciente/inconsciente), mas permanece alheia aos povos originários e aos mundos animistas. Já nos escritos de Christian Dunker, encontramos uma leitura lacaniana do pensamento animista (e do perspectivismo ameríndio), associando a ontologia animista dos povos originários desta terra à diagnóstica da psicopatologia moderna.

Nós, ao contrário, escritores deste artigo, aliamos a crítica decolonial da área *psi* à antropologia perspectivista, a que denominamos criativamente *antropologia da equivocação da escuta*. A faiscação no conflito ontológico delineia mundos irredutíveis, incorpora o exercício contínuo da descolonização do pensamento na área *psi* e se abre à individuação permanente da escuta.

Pensamos que este diálogo entre antropologia e psicanálise esteja sob um campo de tensões a partir do qual a equivocação delineia realidades irredutíveis, ontologias em relação, possibilidades existenciais porvindo.

A neurose e o animismo

Em 1913, Sigmund Freud havia escrito, em *Totem e tabu: concordância entre a vida mental dos selvagens e dos neuróticos*, que o animismo é a doutrina das almas, em diálogo com a antropologia evolucionista de Edward Burnett Tylor. Os povos chamados "primitivos" seriam, então, a viva percepção de que o mundo é povoado por seres benévolos e malignos, pois "veem nesses espíritos e demônios as causas dos processos naturais e acreditam que não apenas os animais e plantas, mas também as coisas inanimadas são animadas por eles" (FREUD, 2012 [1913], p. 80). Para Freud, o animismo figurava como sistema de pensamento e teoria psicológica, precedendo outras "visões de mundo": a religiosa e a científica.

Como se sabe, o animismo foi admitido por Freud como precursor da técnica da magia e do modo de ação animista no mundo, sendo duas expressões da onipotência dos pensamentos animistas. Em suma, seguindo a psicanálise, os animistas - individual e coletivamente - acreditariam mudar o mundo exterior com os seus próprios pensamentos. Por isso, o animismo foi considerado o primeiro estágio de desenvolvimento do pensamento em *Totem e tabu* (1913), seguido do totemismo religioso e da ciência, porque se trataria de uma passagem da onipotência do homem (animismo), à autoridade religiosa (totemismo religioso) e, finalmente, submetendo-se o homem às leis da realidade (ciência).

A teoria dos estágios do desenvolvimento das sociedades foi também associada a uma hipótese do desenvolvimento libidinal do indivíduo. Assim, a fase animista corresponderia também ao narcisismo infantil; a fase religiosa, à ligação aos pais; a fase científica, ao estado maduro do indivíduo adequado à realidade. Em outras palavras, segundo o escrito em questão, o indivíduo moderno prosperaria em razão de seu distanciamento do animismo.

Se, por um lado, os escritos de Freud do início do século XX foram informados pela literatura evolucionista, por outro, as interpretações do início do século passado estão ainda muito vivas na psicanálise freudiana no século XXI. Em 2013, Betty Fucks, Carina Basualdo e Néstor Braunstein organizaram o livro *100 anos de Totem e tabu*, que em nada se distanciou das teses freudianas do antianimismo.

No capítulo *Totem e tabu: Freud, Wittgenstein e o arcaico*, Anne Dufoumantelle (2013) lembra das características animistas manifestadas na criança e no neurótico obsessivo. Segundo a autora, trata-se de uma relação com o mundo desaparecida ou "restrita a alguns povos pouco contaminados pelo Ocidente" (DUFOUMANTELLE,2013, p. 39); ou seja, o animismo como *modo de existir e diferir* ou é irrelevante ou os seus resíduos estão presentes na diagnóstica e na psicopatologia modernas.

Para os autores da homenagem à obra *Totem e Tabu* (1913), os escritos do antropólogo Claude Lévi-Strauss têm um papel de validação da universalidade da psicanálise. Néstor Braunstein (2013) compreende que a proibição do incesto, na obra de Lévi-Strauss, valida uma função totêmica ao pai, aos seus representantes imaginários e simbólicos, como se os estudos do antropólogo apenas confirmassem, então, as convicções da psicanálise[4].

Curiosamente, a obra de Lévi-Strauss – informada por diversas etnografias de povos de diferentes áreas continentais – diz respeito também a uma crítica dirigida à psicanálise freudiana e à universalização do complexo de édipo[5]. Os autores da homenagem *100 anos de Totem e tabu* se esquivam ainda do prefácio de 1966 contido em *As estruturas elementares do parentesco*, escrito por Lévi-Strauss (1982). Nele, o antropólogo francês associa *as teorias modernas da separação da natureza e da cultura* às teorias da excepcionalidade da espécie humana, as quais consideram a espécie humana a única detentora de cultura. Portanto, tais teorias reservam aos seres da *natureza* a dessubjetivação, a desumanização política e a submissão aos interesses da espécie humana. Em outras palavras, trata-se de uma crítica de Lévi-Strauss dirigida à civilização ocidental e ao pensamento predominante, que encontram na cultura uma visão de mundo ajustada à destruição de formas de vida e de formas sociais.

---

4. O documentário "O que Lévi-Strauss deve aos Ameríndios?", de Edson Tosta Matarezio Filho (2015), apresenta essa transformação do pensamento de Claude Lévi-Strauss na sua relação com o pensamento dos povos originários das Américas e o impacto no "universalismo moderno".

5. Posteriormente, Claude Lévi-Strauss retomou o tema em "De perto e de longe" (1990 [1988]), quando afirmou: "É preciso evitar que os psicanalistas se apossem deles [mitos ameríndios] para aí encontrar uma legitimação" (LÉVI-STRAUSS, 1990, p. 139).

> Somos assim levados a perguntar qual é o verdadeiro alcance da oposição entre a cultura e a natureza. Sua simplicidade seria ilusória se, em grande parte, tivesse sido obra de uma espécie do gênero *Homo* chamada por antífrase *sapiens*, que se esforçava ferozmente em eliminar formas ambíguas, julgadas próximas do animal, porque teria sido inspirada, há centenas de milhares de anos, pelo mesmo espírito obtuso e destruidor que a impele hoje em dia a aniquilar outras formas vivas, depois de tantas sociedades humanas falsamente repelidas para o lado da natureza, porque não a repudiavam (...) É como se ela tivesse primeiramente pretendido ser a única a personificar a cultura em face da natureza, e permanecer agora, exceto em casos nos quais pode submetê-la totalmente, a exclusiva encarnação da vida em face da matéria inanimada.
>
> Nesta hipótese, a oposição entre cultura e natureza não seria nem um dado primitivo nem um aspecto objetivo da ordem do mundo. Seria preciso ver nela uma criação artificial da cultura, uma obra defensiva que esta última teria cavado em redor de si porque não se sentia capaz de afirmar sua existência e originalidade a não ser cortando todas as passagens adequadas a demonstrar sua conivência originária com as outras manifestações da vida. Para compreender a essência da cultura seria preciso, portanto, remontar até à fonte e contrariar-lhe o ímpeto, reatar todos os fios rompidos, procurando a extremidade livre deles em outras famílias animais e mesmo vegetais (LÉVI-STRAUSS, 1982, p. 26).

O prefácio de 1966 marcou um distanciamento de Claude Lévi-Strauss em relação à "sociologia da Família", reforçando que a oposição da natureza e da cultura era uma criação da espécie humana. Lida, a partir de então, como artificial e particular a cada sociedade, a passagem da natureza à cultura é pensada e vivida diferentemente pelos povos. Para os ameríndios, por exemplo, essa divisão tem outros sentidos e outra complexidade, divergindo nos seus efeitos políticos.

Na década de 60, Lévi-Strauss publicou também as obras *O pensamento selvagem* (1962) e *O totemismo hoje* (1962), com amplo material etnográfico das áreas continentais. As duas obras descrevem diferentes modos pelos quais a relação dos povos indígenas com a natureza responde a uma ordem intelectual de problemas, a partir da qual erigem ciências e filosofias outras, desestabilizando o lugar concedido ao animismo no interior das teorias dos estágios do desenvolvimento humano.

Frente aos desdobramentos etnográficos e etnológicos do século passado, a homenagem à obra *Totem e tabu* (FREUD, 1913), intitulada *Cem anos de Totem e tabu* (2013), persiste numa psicanálise refratária ao animismo. Na obra em questão, os autores, como Paula Mieli (2013, p. 132), insistem na passagem entre três sistemas de pensamento – animista, religioso e científico – como transição da onipotência narcísica "ao incompleto, à perda, a uma renúncia passional".

Jacques Nassif (2013, p. 144) compreende, no seu turno, que as fobias infantis erigem lá onde o primitivo se encontra em nossa humanidade e homenageia Freud enquanto "exímio conhecedor dos arcanos de sua biblioteca, sem jamais ir, em direção ao sul, além das ruínas da Pompeia ou da baía de Agrigento, ou se enfarpelar com algum chapéu colonial" – ignorando uma das principais conquistas da antropologia no início do século XX, a pesquisa de campo. Carina Basualdo (2013, p. 158) que parecia compreender os diferentes caminhos percorridos pela psicanálise e a antropologia, esbarra no especismo.

Márcio Seligmann-Silva (2013, p. 212), em adesão ao escrito freudiano, aproxima os chamados "primitivos" à vida anímica infantil e aos pacientes com doenças psicológicas. O autor parece absorver, sem ressalvas, a proposição do cruzamento da infância da humanidade com a infância ontogenética – das crianças. Segundo nossa leitura da homenagem aos cem anos de *Totem e tabu* (1913/2013), Seligmann-Silva reitera muitos dos equívocos da psicanálise moderna diante de subjetividades animistas.

Vê-se, então, que a homenagem aos cem anos ignora os desenvolvimentos da etnografia e da etnologia. Em particular, a homenagem ignora que o totemismo e o animismo alcançaram autodeterminação ontológica, ou seja, deixaram de ser objeto dos sistemas classificatórios eurocentrados e conquistaram a autodeterminação intelectual, espiritual e cosmopolítica.

Em 2010, o antropólogo brasileiro Eduardo Viveiros de Castro esteve na Sociedade Brasileira de Psicanálise e discutiu a herança do antropocentrismo e da metafísica moderna no interior da psicanálise. Porém, a fala do antropólogo não encontrou escuta, porque os contrapontos oferecidos a ele foram reviver os conceitos da psicanálise moderna. É bastante terrível que, sob a denúncia do racismo e do especismo, os autores prefiram exercer a recusa da crítica *canibal* dirigida à metafísica moderna. E mais, que a psicanálise do indivíduo moderno não tenha interesse pelo animismo, senão para cruzá-lo com a infância ontogenética.

A recusa do reconhecimento da chamada "virada ontológica"[6], conta, possivelmente, com variadas interpretações. Pensamos que uma delas seja a recusa a admitir que a psicanálise freudiana tende a uma ontologia moderna; a segunda, a recusa

6. Compreendemos aqui a "virada ontológica" como a expressão da *existência equitativa de Mundos em relação e suas multirrealidades*. Contrária à dominação ontológica preconizada pela modernidade e o Mundo Moderno, a nossa leitura dialoga com o "pluralismo ontológico" (LATOUR, 2019) e com o "anarquismo ontológico" (ALMEIDA, 2021), na descrição de "mundos por vir" (DANOWSKI, VIVEIROS DE CASTRO, 2017), ou *mundos porvindo*, como compreendemos a gênese incessante de possibilidades existenciais.

a admitir que a psicanálise moderna padeceu – e ainda padece – de narcisismo ontológico.

A psicose e o animismo

Passemos, agora, à recepção do perspectivismo ameríndio por Christian Dunker, psicanalista lacaniano, e à nossa crítica ao uso que o autor faz de um modelo animista aplicado à diagnóstica da psicose.

Christian Dunker publicou, em 2015, a obra *Mal-estar, sofrimento e sintoma*, na qual incorpora parcialmente uma crítica à psicanálise no Brasil. Quem sabe, em razão de uma crítica decolonial dirigida à psicanálise francesa, o autor tenha se dedicado a incorporar elementos nativos (perspectivismo ameríndio) para elaborar uma psicanálise lacaniana *à brasileira*. No entanto, o exercício de diálogo não reserva um lugar à reflexão sobre a pertinência, e para alguns a impertinência, da aplicação das metodologias psicanalíticas às ciências sociais. Anteriormente, a *psicanálise aplicada* à sociedade brasileira associou as religiões africanas e afro-brasileiras ao delírio psicótico, exercício criticado por Roger Bastide (1974).

Christian Dunker constrói um *perspectivismo aplicado* para pensar a psicose como menos deficitária a partir de um *perspectivismo psicossomático*, com o intuito de abordar as experiências de indeterminação, ou seja, "uma das facetas mais interessantes daquilo que Lacan chamou de Real" (DUNKER, 2015, p. 294). Trata-se de um caso de captura de elementos de uma metafísica canibal e antiespecista para incorporá-los à metafísica moderna, respondendo a problemas que a própria psicanálise lacaniana já elencava.

A recusa de Christian Dunker da "virada ontológica" e da antropologia pós-estruturalista acaba por destituir o perspectivismo ameríndio da autodeterminação ontológica – soberania intelectual, "espiritual" e (cosmo)política. Isto permitiu o autor ancorar o perspectivismo na antropologia estruturalista de Claude Lévi-Strauss, recusando as presenças de Pierre Clastres, Gilles Deleuze e Félix Guattari, fundamentais para a formulação do perspectivismo ameríndio na obra de Eduardo Viveiros de Castro. Ao se distanciar dos mecanismos de conjuração do Um (DELEUZE e GUATTARI, 1997), Dunker se manteve no domínio da subsunção das diferenças.

A antropologia estruturalista é, como se sabe, a antropologia de base linguística. A opção do autor pelo estruturalismo significou também saltar a "virada ontológica" e se valer do perspectivismo como "um novo olhar" para o corpo teórico de Lacan, em resumo, a transformação da metafísica canibal em uma "virada de olhares" para o sujeito do conhecimento[7]. Essa negação ontológica permite o autor fazer do tema da "inconstância da alma selvagem" (VIVEIROS DE CASTRO, 2002) um equivalente conceitual discursivo (DUNKER, 2015, p. 385), com feições neo-hegelianas, e uma nova unidade no campo discursivo. Com o propósito de conferir uma existência anticondominial aos ameríndios (DUNKER, 2015, p. 385), o autor se recusou, por outro lado, a reconhecer o principal: a metafísica canibal é uma cosmologia contra o Estado e assubjetiva (VIVEIROS DE CASTRO, 2011). Mediante à recusa do reconhecimento de sua própria antropologia e ontologia, Dunker não equivoca a sua comparação, não delineia mundos irredutíveis e ignora o que é uma cosmologia contra o Estado: guerra contra a dissolução das diferenças, guerra contra o etnocídio.

7. Ao contrário do exercício realizado por Dunker, a "virada ontológica" também anunciou a subordinação analítica da realidade social à realidade do respectivo Mundo. Isto destituiu o sujeito moderno de sua universalidade no conhecimento porque *a existência equitativa entre Mundos em relação* exigiu, ainda, a atitude descritiva de outros "sujeitos do conhecimento" e de conhecimentos outros, a exemplo do *cogito* canibal (VIVEIROS DE CASTRO, 2015). Philippe Descola (2015) sugeriu, em outra direção, a descrição de corpos e intencionalidades, rumo à fisicalidade (dispositivos de ação) e à interioridade (dimensões autorreflexivas), uma vez que são realidades variáveis em diferentes ontologias.

No entanto, buscando incorporar a abordagem da "versão múltipla do pai" da teoria lacaniana, sem recusar a "versão totêmica do pai" (DUNKER, 2015, p. 165), Christian Dunker abre o lacanismo à filiação múltipla e à variação, tentando se desfazer de uma relação necessária relativa à ontologia naturalista. Além disso, o escrito de Dunker elege uma proposição política para a psicanálise brasileira, quando sugere uma relação entre experiências da hiper-regulação condominial, o desejo de servidão e a experiência de indeterminação como temas caros à clínica como crítica social por outros meios. No campo da brasilidade, parece refletir sobre um dilema nacional, quem sabe sob escuta clínica: o nacionalismo autoritário e a ilusão identitária nacional.

Embora Dunker tenha se situado junto a uma psicanálise de esquerda aliada aos povos ameríndios, é preciso lembrar junto aos leitores que a cosmologia ameríndia contra o Estado supõe uma máquina de guerra contra o etnocídio, contra a fixação das representações do nacionalismo imbricadas com os órgãos conservativos do poder coercitivo de subsunção ao Um, ao Estado-nação (CLASTRES, 2003).

Em razão de uma incompreensão ou recusa da proposição de uma "identidade brasileira" sem centro no seu interior, Dunker supõe uma tese oswaldiana da incorporação do "índio", quando é justamente o contrário que está em questão. Na antropofagia oswaldiana, trata-se da devoração dos "verdes e amarelos" pelo "índio", numa verdadeira revolução caraíba[8].

Ao contrário da psicanálise freudiana refratária ao animismo, Christian Dunker encontra na antropologia contemporânea, no perspectivismo ameríndio, um meio extrativista para enriquecer a obra de Lacan. O autor não equivoca a sua escuta e, ao não fazê-lo, não sustenta a autodeterminação ontológica, e submete o perspectivismo ameríndio ao Um Lacan[9].

---

8. Ver "Manifesto Antropófago e outros textos", de Oswald de Andrade (2017).

9. Neste caso, a subsunção ao Um é a dissolução do pensamento ameríndio, e do cogito canibal, no pensamento de Lacan.

Identidade brasileira e nova religião universal?

Por fim, passemos à recepção junguiana do perspectivismo ameríndio. Como se sabe, o conjunto das reflexões da ecologia profunda, da ecopsicologia e da ecoespiritualidade reacenderam a reflexão do animismo no interior da psicologia analítica, a partir da segunda metade do século passado (v.g., ROSZAK, 1992; TACEY, 2005; HILLMAN, 2010). No Brasil, o meio junguiano tem também se dedicado ao tema da alma brasileira e mediado o diálogo teórico via assimilação, termo com acepção psicológica e política, razão pela qual insistiremos no aspecto psicopolítico da assimilação nacional.

A obra *Espelho índio: a formação da alma brasileira* (2000), de Roberto Gambini, foi sem dúvidas um marco no interior da área psi. Dialogando com o título da obra, a sua proposição era, ao mesmo tempo, uma denúncia da colonização – em referência aos espelhos entregues pelos colonizadores aos índios – e também da recusa brasileira narcisista em admitir, igualmente, a participação indígena na composição de futuro para o país.

No entanto, discordamos do debate psicopolítico nacionalista que presentifica o índio em razão da sua função integradora para a psique brasileira; ou que a fusão genética, a fusão biológica, a assimilação cultural não tenham sido *suficientes* para resolver o drama da consciência moderna do brasileiro, faltando, então, "a fusão profunda no nível psicológico" (GAMBINI, 1992, p. 25). Reconhecemos as contribuições dos estudos de projeção psíquica e das possibilidades de reparação mediante a integração das partes clivadas da psique, mas a associação da proposição psicopolítica ao tema da assimilação ao povo é politicamente equivocada. Especialmente, considerando que a característica marcante dos projetos colonialistas, imperialistas e republicanos-militares – inclusive aquele que vivemos e Darcy Ribeiro não pôde antecipá-lo – foi a assimilação das diversas possibilidades existenciais à economia- política da dissolução das diferenças na empresa colonial-escravista, na reserva de mão de obra imperial ou na subcidadania no interior do capitalismo brasileiro – ou ainda, para falar contemporaneamente, índio bom é índio empreendedor de si mesmo, como sugere a quartelada neoliberal do atual governo?

É importante insistir que, mesmo admitindo a aderência de uma projeção do brasileiro moderno dissociado, pendurando imagens (*imago*) no gancho-índio, a conquista de um ponto de vista similar ao dos povos ameríndios das Terras Baixas Sul-Americanas não seria própria da Identidade Brasileira. Trata-se de um contrassenso a proposição de que a grande tarefa utópica para o século XXI brasileiro é levar à última depuração da mistura (GAMBINI, 1992, p. 30). Ao contrário dessa alquimia finalmente levada a termo na leitura junguiana, lembramos ao leitor que a metafísica canibal e os *modos de existir e diferir* dos ameríndios não nos convida ao Um e à Identidade Brasileira; antes compreendemos que o *cogito* canibal nos convida à multiplicação de possibilidades existenciais, inspira um território de gêneses permanentes de modos de existência.

É claro, no entanto, que a chamada "virada ontológica" foi posterior à obra de Roberto Gambini (1992), *Espelho índio: A formação da alma brasileira*, e só podemos situá-la em relação às críticas posteriores elaboradas no interior da antropologia. O mesmo não podemos afirmar sobre a obra *Morte e renascimento da ancestralidade indígena na alma brasileira: psicologia junguiana e inconsciente cultural* (2020), organizada por Humbertho Oliveira.

É importante lembrar, ainda, que a metafísica canibal e a ontologia animista dos ameríndios compõem organizações social, política e cultural diferenciadas. Ou seja, não acessamos o animismo ameríndio via dissolução do indivíduo moderno porque o animismo ameríndio não é sequer o equivalente ao fundo anímico indiferenciado; para dizermos ao modo junguiano, a duras custas as sociedades milenares se individuaram individual, coletiva e espiritualmente, individuaram as formas ameríndias e os devires ameríndios. A respeito dos seus modos de dissolução e composição de coletivos e pessoas, o perspectivismo ameríndio não é uma doutrina das almas, como o animismo já fora compreendido antes. O idioma do perspectivismo ameríndio é o corpo, "fabricado", ornamentado etc., por povos etnicamente diferenciados; para alguns povos, por exemplo, os espíritos têm pontos de vista diferentes porque têm corpos singulares.

Humbertho Oliveira diz: "Atuamos na interface das nossas três vertentes míticas: mitologia indígena, mitologia afro-brasileira e a mítica popular" (OLIVEIRA, 2020, p. 9). O autor descreve a atuação nessa interface brasileira a partir de um destacamento do pensamento ou da economia simbólica em relação às organizações sociais e (cosmo)políticas a elas correspondentes. Nós discordamos da leitura do autor porque a interface realizada por aproximação, colagens, misturas parciais, acaba por dissolver a organização social e política dos povos, invisibilizando o confronto entre *modos de existir e diferir*.

Para os autores deste escrito, as leituras junguianas nos favorecem a pensar que a integração e a assimilação ainda são os elementos centrais a elas. Roberto Gambini, no prefácio de *Morte e renascimento da ancestralidade indígena na alma brasileira* (2020, p. 23), reforça que podemos nos orgulhar da ancestralidade como *protofamília* brasileira. As observações de Tereza Caribé (2020) em relação ao processo assimilacionista também não incorpora as recentes insurgências étnicas da reversibilidade da integração nacional, tema abordado, no entanto, por Andrea Cunha (2020). Duque, por sua vez, sugere que os povos ameríndios vivem o *unus mundus*; nas suas palavras: "Para eles, a alma do mundo é uma realidade, estamos imersos nessa sabedoria mesmo sem reconhecê-la" (DUQUE, 2020, p. 171). Ou como sugere mais à frente, "a necessidade de nos abrirmos para a cultura indígena, de aprendermos com eles a nos reintegrar na alma do mundo" (DUQUE, 2020, p. 181). Uma parte das reflexões reduz a cosmopolítica ameríndia a uma melhor versão viva das convicções junguianas ou da psicologia profunda, tornando os "pajés" verdadeiros artífices de uma cosmo-religião-universal.

Não se trata, para nós, de uma recusa da realidade da mestiçagem ou do sincretismo, e sim da recusa de um regime de equivalências entre a experiência sincrética nacional e as sociedades ameríndias. As experiências e as cosmopolíticas não compõem o Mesmo: trata-se de frisar *os modos de existir e diferir* entre essas ontologias.

As leituras junguianas e pós-junguianas têm como alvo o antropocentrismo e se abrem ao animismo. Mas, a proposta da psicologia hillmaniana de reverter a visão da psicologia para a poética e os deuses polimórficos tende à apropriação seletiva de expressões culturais dos povos indígenas e ao abandono da sua economia da reciprocidade, de suas organizações sociais e (cosmo)políticas – vale dizer, anticapitalistas e antiespecistas.

Sendo assim, a proposição de uma psicologia teofânica (HILLMAN, 1992, p. 429) tem o seu campo legítimo de atuação na área psi, mas, ao buscá-lo na tradição ocidental (HILLMAN, 1992, p.24), difere radicalmente dos *modos de existir e diferir* das cosmopolíticas ameríndias. Além disso, tal proposição dialoga com o crescente interesse de jovens de diversos lugares do mundo pelas arqueologias da alma em novos movimentos de ecoespiritualidade (TACEY, 2005). A nossa pergunta recai, nesse contexto, sobre os modos de incorporação e arqueologia simbólicas no interior das sociedades modernas e capitalistas. De novo atentos à psicopolítica no Brasil, a incorporação do animismo ameríndio nesta sociedade capitalista não resultaria, possivelmente, no reordenamento do animismo no interior das suas desigualdades estruturais, por exemplo, de classe, de gênero e étnico-racial? Por essa razão, parafraseando um contundente Ailton Krenak, tendo em vista o amplo anseio por transformações políticas profundas na sociedade brasileira, a alternativa ecoespiritualista no interior desta sociedade moderna e capitalista encontra-se reduzida à vaidade pessoal.

Equivocações finais

Pensamos que esta *equivocação da escuta* nos tenha proporcionado um exercício de descolonização do imaginário, delineando mundos irredutíveis em relação. Se a psicanálise freudiana insiste na formulação de uma ciência moderna refratária aos *animismos*, por outro lado, a proposição de Dunker exerce um extrativismo de enriquecimento do Mundo moderno sem reconhecer a soberania intelectual, espiritual e política das metafísicas e cosmopolíticas dos povos originários desta terra. Frente às duas psicanálises, a psicologia analítica conta com o seu próprio animismo, mas o oferta para fusionar as diferenças.

Em diálogo com a autodeterminação ontológica dos povos, pensamos, então, em *psicanálises e psicoterapias das equivocações da escuta* entre saberes, ciências e filosofias, oposta à guerra entre as escolas e situada na faiscação entre ontologias – uma escuta individuante. Pois, são justamente as diferenças e os potenciais faiscados que nos proporcionam novos sentidos, tal como propusemos neste exercício de equivocação. Quem sabe, uma psicopolítica contrária ao narcisismo ontológico e ao etnocídio possa constituir uma aliança na diversidade de *modos de existir e diferir* em franco protesto diante da "ofensiva final" endereçada, hoje, aos povos ameríndios no Brasil.

Referências:

ALMEIDA, M. Anarquismo ontológico e Verdade no Antropoceno. *ILHA*, Florianópolis, v.23, n.1, 2021.

ANDRADE, O. *Manifesto Antropófago e outros textos*. São Paulo: Companhia das Letras, 2017.

BASTIDE, R. *Sociologia e psicanálise*. São Paulo: Melhoramentos, Ed. da Universidade de São Paulo, 1974.

BASUALDO, C. Uma nova versão do mito da horda parricida: As estruturas elementares do parentesco, de Claude Lévi-Strauss. In: FUKS, B.; BASUALDO, C.; BRAUNSTEIN, N. (org.). *100 anos de Totem e tabu*. Rio de Janeiro: Contra Capa, 2013.

BRAUNSTEIN, N. "O pai primitivo e o pai digitalizado. Do Urvater ao Big Brother". In: FUKS, B.; BASUALDO, C.; BRAUNSTEIN, N. (org.). *100 anos de Totem e tabu*. Rio de Janeiro: Contra Capa, 2013.

CLASTRES, P. *A sociedade contra o Estado*. São Paulo: Cosac & Naify, 2003.

CUNHA, A. Pacificando o encontro com a origem ancestral. In: OLIVEIRA, H. (org.). *Morte e renascimento da ancestralidade indígena na alma brasileira:* psicologia junguiana e inconsciente cultural. Petrópolis, RJ: Vozes, 2020.

DANOWSKI, D.; VIVEIROS DE CASTRO, E. *Há mundo por vir? Ensaio sobre os medos e os fins*. Florianópolis: Desterro, Cultura e Barbárie, Instituto Socioambiental, 2017.

DELEUZE, G.; GUATTARI, F. *Mil platôs* – capitalismo e esquizofrenia. Vol. 5. São Paulo: Editora 34, 1997.

DESCOLA, P. Além de natureza e cultura. *Tessituras*, Pelotas, v. 3, n. 1, p. 7-33, jan./jun. 2015.

DUFOURMANTELLE, A. Totem e tabu: Freud, Wittgenstein e o

arcaico. In: FUKS, B.; BASUALDO, C.; BRAUNSTEIN, N. (org.). *100 anos de Totem e tabu*. Rio de Janeiro: Contra Capa, 2013.

DUQUE, G. Cosmomediação – Unidade e confronto no plano da *anima mundi*. In: OLIVEIRA, H. (org.). *Morte e renascimento da ancestralidade indígena na alma brasileira:* psicologia junguiana e inconsciente cultural. Petrópolis, RJ: Vozes, 2020.

FREUD, S. Totem e tabu: Algumas concordâncias entre a vida psíquica dos homens primitivos e dos neuróticos. In: *Obras Completas*, Vol. 11. São Paulo: Editora Companhia das Letras, 2012.

FUENTES, L. Nós Outros – Um diálogo entre o perspectivismo ameríndio e a psicologia de C.G. Jung. In: OLIVEIRA, H. (org.). *Morte e renascimento da ancestralidade indígena na alma brasileira:* psicologia junguiana e inconsciente cultural. Petrópolis, RJ: Vozes, 2020.

FUKS, B.; BASUALDO, C.; BRAUNSTEIN, N. (org.). *100 anos de Totem e tabu*. Rio de Janeiro: Contra Capa, 2013.

GOULART, A. Psicanálise e tempo; Psicanálise e epistemologia hoje; O Anti-Narciso: lugar e função da Antropologia no mundo contemporâneo. In: *Revista Brasileira de Psicanálise*, Órgão Oficial da Federação Brasileira de Psicanálise, Volume 44, n.4, 2010.

HILLMAN, J. *Re-vendo a psicologia*. Petrópolis, RJ: Vozes, 2010.

GAMBINI, R. *Espelho índio*: a formação da alma brasileira. São Paulo; Axis Mundi: Terceiro Nome, 2000.

___________. À guisa de prefácio – a identidade brasileira e seu drama oculto. In: OLIVEIRA, H. (org.). *Morte e renascimento da ancestralidade indígena na alma brasileira:* psicologia junguiana e inconsciente cultural. Petrópolis, RJ: Vozes, 2020.

LATOUR, B. *Investigação sobre os modos de existência*: uma antropologia dos Modernos. Petrópolis, RJ: Vozes, 2019.

LÉVI-STRAUSS, C. *Totemismo hoje*. Petrópolis, RJ: Vozes, 1975.

______________. *As estruturas elementares do parentesco*. Petrópolis, RJ: Vozes, 1982.

LÉVI-STRAUSS, C.; ERIBON, D. *De perto e de longe*. Rio de Janeiro: Nova Fronteira, 1990.

MARQUES, L. *Capitalismo e colapso ambiental*. Campinas: Editora da Unicamp, 2015.

MARONI, A. Conflito entre ontologias: revisitando C.G. Jung e G. Simondon. In: GAETA, I.; VERGUEIRO, P. (Orgs.) *Tecnologia & Alma*. São Paulo: Sattva Editora, 2020.

___________. Civilização em transição (confronto entre ontologias)/ Civilization in Transition (ontological confrontation)/ Civilización en Transición (confrontación entre ontologias). *Latin American Conference, The Journal of Analytical Psychology, Society of Analytical Psychology*. 9 de abril de 2021.

MATAREZIO FILHO, Edson Tosta O que Lévi-Strauss deve aos Ameríndios, *Ponto Urbe* [Online],16 | 2015, URL:http://journals.openedition.org/pontourbe/2748; DOI:https://doi.org/10.4000/pontourbe.2748. Acesso em 25.07.21.

MIELI, P. Totem e tabu: nota sobre a função do pensamento no aparelho psíquico freudiano. In: FUKS, B.; BASUALDO, C.; BRAUNSTEIN, N. (org.). 100 anos de *Totem e tabu*. Rio de Janeiro: Contra Capa, 2013.

NASSIF, J. Entre Freud e Lacan, há Bataille. In: FUKS, B.; BASUALDO, C.; BRAUNSTEIN, N. (org.). *100 anos de Totem e tabu*. Rio de Janeiro: Contra Capa, 2013.

OLIVEIRA, H. (org.). *Morte e renascimento da ancestralidade indígena na alma brasileira*: psicologia junguiana e inconsciente cultural. Petrópolis, RJ: Vozes, 2020.

SEDES SAPIENTIAE. Laços afetivos: de Freud ao contemporâneo, Joel Birman, Pablo Castanho, Lazslo Ávila e Maria Luiza Scrosoppi Persicano. Disponível em: *Instituto Sedes Sapientiae* no Youtube. https://www.youtube.com/watch?-v=MkFTf06-AS4&t=5900s&ab_channel=InstitutoSedesSapientiae Acesso em 19.06.21.

SELGMANN-SILVA, M. Totem e tabu: o 'mito científico' da era das catástrofes. In: FUKS, B.; BASUALDO, C.; BRAUNSTEIN, N. (org.). *100 anos de Totem e tabu*. Rio de Janeiro: Contra Capa, 2013.

TACEY, D. *The spirituality Revolution* – the emergence of contemporary spirituality. Taylor & Francis e-Library, 2005.

VIDILLE, W. "Antropologia ataca narcisismo". In: *Revista Brasileira de Psicanálise*, Órgão Oficial da Federação Brasileira de Psicanálise, Volume 44, n.4, 2010.

VIVEIROS DE CASTRO, E. *A Inconstância da Alma Selvagem e Outros Ensaios de Antropologia*. São Paulo: Cosac & Naify, 2002.

________________________. "Os pronomes cosmológicos e o perspectivismo ameríndio". *Mana* [online]. 1996, v. 2, n. 2, pp. 115-144. Disponível em: <https://doi.org/10.1590/S0104-93131996000200005>. Epub 08 Maio 2007. ISSN 1678-4944. https://doi.org/10.1590/S0104-93131996000200005. Acesso em 29.06.21.

________________________. O Anti-Narciso: lugar e função da Antropologia no mundo contemporâneo. In: *Revista Brasileira de Psicanálise*, Órgão Oficial da Federação Brasileira de Psicanálise, Volume 44, n.4, 2010.

________________________. O intempestivo, ainda. In: CLASTRES, Pierre. *Arqueologia da violência*. Tradução de Paulo Neves. 2. ed. São Paulo: Cosac Naify, 2011.

________________________. *Metafísicas canibais*. São Paulo: CosacNaify/N-1, 2015.

________________________. Entrevista. *Publica*, agência de jornalismo investigativo, 2019. Disponível em: https://apublica.org/2019/10/viveiros-de-castro-estamos-assistindo-a-uma-ofensiva-final-contra-os-povos-indigenas/ Acesso em: 29/06/2021.

Anima Mundi e o Fazer alma: sonho ou ilusão?

Luciana XIMENEZ

"Saber não ter ilusões é absolutamente necessário para se poder ter sonhos." A frase de Fernando Pessoa, escrita em seu *Livro do Desassossego* (1982, p. 325), me acompanha há tempos e, nos dias atuais, me despertou o seguinte questionamento: seria ilusório fazer alma em uma *anima mundi* que carrega relações tão difíceis, distanciadas e com tanta pulsão de morte, intolerância, doença, desrespeito, destruição? Qual o significado da palavra ilusão? Qual a diferença entre ter ilusões e ter um sonho? Existe alguma diferença?

À primeira vista, poderíamos relacionar a palavra ilusão com algo ingênuo, mentiroso, irreal. Algo que nos afasta de possibilidades, que nos transporta para um lugar que está longe de ser a nossa vida vivida. Sim. Ilusão é isso também. Nos enganamos com pessoas, somos traídos porque depositamos nossa confiança na pessoa errada, acreditamos em um projeto que era totalmente equivocado, nos relacionamos de forma entusiasmada com coisas ou pessoas que nunca se relacionaram conosco e tantos outros exemplos. Mas é o analista James Hillman quem vem polemizar nos perguntando: qual o problema disso? Não seria essa uma forma de dialogar com a imaginação – a linguagem do coração? E é ele mesmo quem nos responde:

> A imaginação começa num coração consciente de que há imagens falsas e verdadeiras e de que elas não são contraditórias, mas correlatas, até mesmo contíguas. Não podemos ter o verdadeiro sem ter o falso. Reconhecemos a imaginação verdadeira por meio de um sentido sutil das ilusões, uma sensibilidade para se perder (HILLMAN, 2010, p.67).

Ou seja: o verdadeiro problema, não são as ilusões, mas sim confundirmos as ilusões com realidades externas. As ilusões são completamente necessárias para um certo refinamento do imaginar.

Talvez possamos entender que a ilusão, essa que aponta para nossos desejos, esteja de alguma forma vinculada aos sonhos. Sonhos, como uma certa meta a ser atingida. Sonho como a utopia, de Eduardo Galeano:

"A utopia está lá no horizonte, me aproximo dois passos, ela se afasta dois passos. Caminho dez passos e o horizonte corre dez passos. Por mais que eu caminhe, jamais alcançarei. Para que serve a utopia? Serve para isso: para que eu não deixe de caminhar". (GALEANO, 1984, p.30) O sonho é o que nos mantém no caminho. Sonhos podem semear utopias.

Ainda nessa linha de pensamento, utopias, segundo Pelbart, são sempre sinal de inconformação e prenúncio da revolta. Expressão de desejos que se alargam, proliferam, contagiam, se multiplicam e se reinventam. Tornam-se coletivos, podem ser uma forma de romper com a ordem vigente, um tipo de protesto, que não se acostuma com a normalidade, com os absurdos e com os horrores que nos são impostos dia após dia. Nesse sentido, poderíamos dizer que a ilusão é uma forma de imaginar maneiras de perseguirmos nosso sonho de protesto. E o nosso sonho de protesto é fazer alma. Fazer alma frente a uma *anima mundi* tão machucada, tão enlutada e deteriorada.

O termo *anima mundi* se refere a um conceito inicialmente utilizado por Jung. Muitos atribuem a Hillman o desenvolvimento deste conceito, mas Hillman apenas relembrou, e isso não é pouco, o que muitos junguianos haviam deixado cair no esquecimento. Jung fala sobre isso de forma assistemática, característica de toda a sua obra, em parágrafos espalhados, principalmente em dois de seus livros, *Mysterium Coniunctionis* e *Sincronicidade*. Hillman também escreve sobre esse tema ao longo de toda a sua obra, porém tem um texto específico - *anima mundi* e o retorno da alma ao mundo.

Ambos os autores afirmam que a alma não é pré-requisito humano. Pelo contrário. A alma é, no mundo. É preciso desumanizá-la. Nós somos simples habitantes de um universo muito maior do que nós mesmos. Alma existe independentemente dos seres humanos. "Há alma em todas as coisas". (HILLMAN, 2010. p.81) Não há como fazer uma clara diferenciação entre as patologias e neuroses do eu e as do mundo. A divisão entre mundo externo – o público, o objetivo, o social e físico – e experiência particular, imaginação e desejos, é mais didática do que verdadeira. Nem o objetivo está apenas no mundo externo e nem a alma apenas no mundo interno.

O mundo é almado e não depende das nossas projeções. O mundo tem desejos, e não depende de desejarmos por ele. O mundo imagina e não precisamos imaginar em seu lugar.

> O mundo se revela em formatos, cores, atmosferas, texturas. Todas as coisas exibem rostos, o mundo não é apenas uma assinatura codificada para ser decifrada em busca do significado, mas uma fisionomia para ser encarada. Como formas expressivas, as coisas falam (HILLMAN, 2010, p.89).

As coisas clamam por atenção, nos chamam para a relação, incitam nossa imaginação. Isso é um mundo almado. Imaginar e sentir o mundo o anima e o devolve à alma. O mundo é almado porque se oferece para ser imaginado. As coisas nos convidam a serem imaginadas. Isso não é projeção, na medida em que há uma relação, pois são os movimentos da *anima mundi* que afetam nossa imaginação. Afetar e ser afetado: nós imaginamos o mundo e somos imaginados por ele. Então a alma do mundo une-se à nossa.

A falta deste conhecimento tão básico e fundamental é o que nos aprisiona em nossa visão pequena e egóica, na qual tudo depende dos seres humanos. Se não projetarmos nossos sentimentos, nossa subjetividade, nossa interioridade, nossa profundidade, nossa imaginação, o mundo não é capaz de fazê-lo. Novamente: é preciso desumanizar a alma do mundo. Essa, talvez seja uma das formas de nos livrarmos do antropocentrismo.

Não é possível falar de uma alma individual, isolada da enfermidade da alma do mundo. O mundo sofre imensamente e exibe sintomas agudos e grosseiros pelos quais se defende para não colapsar. A psicoterapia fracassa quando trabalha somente dentro da alma e remove a alma do mundo, não reconhecendo que está também inserida nele e que é necessário analisar o mundo e a cultura com o mesmo olhar patológico que analisamos nossos pacientes. Dessa forma, torna-se absolutamente necessário levarmos em conta uma característica intrínseca à alma, que é o complexo. O mundo também possui seus complexos. Os complexos culturais.

Uma breve explicação sobre como os complexos se constelam em nossa cultura. A noção de complexos culturais resulta de uma junção da teoria dos complexos de Jung com a noção de inconsciente cultural de Joseph Henderson. Ou seja, o conceito de complexo – aquelas partes da psique que são inconscientes, autônomas, carregada de afetos, memórias e imagens, que se formam em torno de um núcleo arquetípico – é aplicado não apenas no entendimento da psique do indivíduo, mas também no entendimento da psique de um grupo, sociedade ou cultura. Tais complexos são compartilhados por indivíduos dentro de um coletivo definido.

Dessa forma "o complexo cultural pode possuir a psique e o corpo de um indivíduo ou de um grupo, fazendo-os pensar e sentir de modos que podem ser muito diferentes do que racionalmente deveriam sentir ou pensar" (SINGER e KAPLINSKY, 2019, p.58). Em outras palavras podemos dizer que a noção de complexos culturais assume que há um intercâmbio de espaços entre o mundo exterior da vida grupal e o mundo interior do indivíduo. *Anima mundi.* Indivíduos e grupos inseridos e conectados na alma do mundo.

Jung propõe que seria interessante considerar o processo criativo como uma essência viva presente na alma do homem. Isso seria o complexo autônomo. Assim como os complexos individuais, que aparecem e desaparecem de acordo com a tendência que lhes é inerente, o complexo criativo e o cultural também possuem essa autonomia. Quando são constelados utilizam-se de uma via para tornarem-se conscientes e evidenciarem o sofrimento, o sintoma de uma sociedade.

Assim como os complexos individuais, os complexos culturais aparecem e desaparecem de acordo com a tendência que lhes é inerente. Possuem autonomia. Quando são constelados utilizam-se de uma via para tornarem-se conscientes e evidenciarem o sofrimento, o sintoma de uma sociedade. *Anima mundi* é também composta de todos os complexos constelados em uma cultura.

Podemos citar vários deles: todas as repressões impostas pelo patriarcado, o antropocentrismo, o racismo, a homofobia, o desmatamento, a destruição dos animais, o narcisismo político, o fundamentalismo religioso, o moralismo. Os complexos também compõem a alma do mundo, pois são sintomas que gritam por atenção.

Ao retirarmos a alma do mundo, a matamos. E ao matá-la matamos a nós mesmos, pois nossas almas não existem independentemente da alma do mundo. Um mundo sem alma não oferece intimidade. As coisas são ignoradas e só existem para satisfazer um desejo narcisista. Dessa forma o mundo se sente negligenciado e, assim como os complexos, vão assumir posturas autônomas e incontroláveis. Nada mais atual do que a pandemia, ou a onda de extrema direita que nos assola para exemplificar.

No momento em que cada coisa e cada acontecimento se apresenta como realidade psíquica, somos absorvidos para uma conversa íntima. Somos chamados para um relacionamento sério. Chegamos assim, ao último conceito contido no título, aquele que justamente tem a função de enlaçar todos os outros: o fazer alma. Hillman (2010) usa o termo "alma" tanto quando se refere à psique quanto à anima. São as possibilidades imaginativas – sonho, imagem ou fantasia – que reconhecem todas as realidades como metafóricas. Jung (1976), por sua vez, afirmou que a psique cria realidades todos os dias. Podemos entender, dessa forma que a psique é uma criadora de imagens e, segundo Hillman, criar imagens é criar alma. Se fazer alma é a capacidade da psique de transformar eventos em experiências, podemos dizer que fazer alma é a capacidade de imaginar e metaforizar eventos. É dessa forma que se faz possível a relação com coisas, pessoas, com o mundo em geral. Através da imaginação.

Diz Hillman:

> Por alma entendo, antes de mais nada, uma perspectiva em vez de uma substância, uma perspectiva sobre as coisas em vez de uma coisa em si. Essa perspectiva é reflexiva; ela media os eventos e faz diferenças entre nós e tudo aquilo que acontece. Entre nós e os eventos, entre aquele que faz e o que é feito há um momento reflexivo – e o cultivo da alma significa diferenciar esse chão intermediário (HILLMAN, 2010, p.27).

Estamos falando de relação. De reflexão na relação com as imagens, sejam elas internas ou externas. E as imagens nos cercam e nos invadem mundo afora.

Se imagem é psique, estamos mergulhados na psique, mergulhados na alma do mundo, na *anima mundi*. O trabalho de fazer alma seria uma tentativa de abrir os olhos da alma humana para se encontrar uma possiblidade de enxergar a alma do mundo, convocando o indivíduo a se unir, através da imaginação, àquilo que nunca deveria ter se desconectado: a alma do mundo, seja ela na relação com a natureza, com as cidades ou com qualquer outro ser.

Chegamos a um impasse. Que é necessário encontrar novas formas de se relacionar com o mundo; que é preciso devolver ao mundo sua alma; que a sombra das culturas tem levado o mundo à destruição, me parece indiscutível. O que precisamos trazer para a discussão é: estamos inseridos em uma fantasia ilusória e sem sentido ou estamos inseridos em uma fantasia ilusória, que nos levará ao nosso sonho utópico de fazer alma?

Jung afirmou em seu livro *Aion*, que o processo de análise se inicia a partir do contato com a sombra. A sombra pode ser uma importante via de acesso ao inconsciente, uma vez que se localiza no inconsciente pessoal e no inconsciente coletivo. É encarando a sombra que confrontaremos nossas ilusões, essa que nos leva a um refinamento do imaginar, e talvez consigamos ressignificá-las. Pois bem. Se estamos considerando que a nossa psique, a nossa alma e a alma do mundo possuem a mesma dinâmica, por serem feitos da mesma matéria, podemos considerar que essa afirmação também vale para as feridas e complexos do mundo. Voltar-se para a sombra significa encarar partes inaceitáveis, incômodas e subdesenvolvidas. Mas também descobrir potenciais de desenvolvimento dos quais nos privamos por estarem inconscientes.

São inúmeros os complexos constelados em nossa cultura, mas alguns vêm à tona com mais clareza. O patriarcado e sua sombra - que se manifesta na revolta da natureza, na depressão que atinge pessoas de todos os gêneros, nas desigualdades sociais que provocam uma violência urbana incontrolável, nos preconceitos - é um deles. É certo que modificar um *modus operandi* pode ser desestabilizante e por isso provoca resistências. E é aqui que se encontra a brecha para atuarmos com uma outra lógica. A lógica da sombra. A lógica do fracasso, das partes quebradas e arruinadas, que precisa descobrir um novo modo de vida.

É muito comum ouvirmos que o patriarcado é a dominância do masculino. Resta sabermos a que nos referimos ao falar de masculino. Não se trata do homem literalmente. Não é o homem que precisa ser atacado. Talvez estejamos nos referindo a um princípio masculino. Mais especificamente a um monoteísmo do princípio masculino. O monoteísmo de *Logos* – a racionalidade, a lógica, o intelecto, a realização. Inclui um interesse pelo pensamento assertivo, intelectual, penetrante, objetivo. Interesse pela ação e produção. "O logos cria o mundo como narrativa e como tal é um a priori para todos os seus conteúdos e acontecimentos" (HILLMAN, 1984, p.72).

Para falarmos de patriarcado, assumiremos aqui uma definição trazida por Andrew Samuels:

> a essência do patriarcado é ter e precisar ter as coisas em seus lugares. É caracterizado pela ordem, talvez pela hierarquia, certamente pela disciplina. Mesmo nosso uso da linguagem reforça esse aspecto, pois dificilmente concebemos um elemento sem ter algo em contraposição. O patriarcado não gosta da percepção difusa, não busca uma sabedoria na mudança, a reflexão lunar não recebe aprovação (SAMUELS, 1989, p.271).

Ou seja, o patriarcado busca as certezas absolutas, a rigidez, o maniqueísmo, a impessoalidade. Exalta a diferença e a discriminação. Desaprova o relacionamento, a emoção, tudo aquilo que é vago e nebuloso. É notoriamente resistente a mudanças. O patriarcado aprisiona. Aprisiona no momento em que se coloca como o único e certeiro deus a ser cultuado. Aprisiona com seu monoteísmo. Aprisiona com sua certeza. Aprisiona com sua arrogância. Aprisiona quando assume um determinado conceito como verdade absoluta.

David Tacey, faz uma pertinente associação da representação do patriarcado na mitologia grega com a figura de Cronos-Saturno, "o ogro recalcitrante e estático que devora sua própria prole ao menor sinal de ameaça a seu governo hegemônico" (TACEY, 1997, p.23). O patriarcado destrói.

Ao falarmos de um monoteísmo do patriarcado, assumimos que vários outros deuses do panteão olímpico precisaram ficar de fora. Deuses andróginos como Dioniso, não encontraram formas de manifestação. Mas principalmente, não há como não reconhecer, quantas deusas permaneceram do lado de fora, na sombra, indignadas com tamanho descaso, aguardando o momento que deixariam de ser invisíveis e que nos esforçaríamos para entrar em suas lógicas. Deusas que, na verdade, são potências arquetípicas que ficaram negligenciadas na contemporaneidade, devido à prevalência unilateral, violenta e autoritária do princípio masculino.

Nessa prevalência do princípio masculino, é preciso mencionar que as mulheres sofreram muito mais do que os homens a repressão do patriarcado. Maria Rita Kehl, em seu livro *Desdobramentos do feminino* nos recorda o quanto a relação da mulher com a feminilidade foi desestabilizada ao longo da história. Acredita que Rousseau foi o mais influente dos pensadores a se manifestarem a favor do retorno das mulheres ao seu verdadeiro estado.

Rousseau tem seu lugar na história após o ápice da repressão dos corpos femininos, na época da caça às bruxas. O desejo feminino era temido pelo patriarcado. A força de seus corpos rebelados precisava ser contida. Considerando o gênero, a classe das acusadas e os efeitos da perseguição, Silvia Federici, no seu livro *Calibã e a bruxa*, concluiu que a caça às bruxas na Europa foi uma resposta à resistência das mulheres às relações difundidas pelo capitalismo e contra o poder que obtiveram em virtude da sua sexualidade, da sua proximidade com a natureza, dos seus desejos e do controle sobre a reprodução. Em outras palavras, a caça às bruxas foi instrumento da construção de uma nova ordem patriarcal sobre os corpos das mulheres. O medo da fogueira e das torturas ergueu barreiras quase intransponíveis ao redor dos corpos das mulheres que, ou recuavam e se subordinavam, ou seriam vítimas do genocídio em andamento.

Foi na construção dessa ordem patriarcal que muitas deusas perderam seus espaços. Ártemis é uma dessas deusas. A deusa de uma feminilidade pura e primitiva, que se apresenta de forma absoluta, sem a necessidade de ser referenciada por amantes, crianças, marido ou pai. Aqui, a feminilidade se apresenta completa em si mesma.

Segundo Ginette Paris,

> Ártemis existe para santificar a solidão, o modo primitivo e natural de viver, para o qual todos voltamos quando achamos que é necessário pertencer só a nós mesmos. Amazona e arqueira infalível, Ártemis garante nossa resistência a uma completa domesticação (PARIS, 1994, p.146).

O patriarcado desconsiderou o templo dessa deusa. Desrespeitou rios, florestas, sua castidade, sua virgindade. Ártemis foi estuprada, mas não se rendeu ao patriarcado, pois não se submete. É ela nosso modelo de resistência. Ártemis e suas florestas foram abusadas, usadas para satisfação de prazeres e não mais para devoção. O feminino a serviço do masculino. Porém Ártemis nos revela um aspecto do princípio feminino que, apesar de toda a violência sofrida, não se rende e se mantém na luta, defendendo sua independência.

Tomemos como exemplo da potência arquetípica de Ártemis duas guerreiras lutadoras e defensoras de seus ideais. A primeira delas, Greta Thunberg, uma adolescente sueca de 16 anos que discursou na abertura da Cúpula do Clima, na sede das Nações Unidas. Lembremos que a adolescência é o ápice de Ártemis, pois é a fase na qual se clama por liberdade. Com sua coragem feminina e adolescente, Greta responsabilizou adultos por não fazerem o bastante para proteger o meio ambiente. Evidenciou o descaso, a falta de políticas eficazes, a perda do sonho dela e de milhares de outras crianças e adolescentes mas, o mais importante, mobilizou uma quantidade enorme de pessoas – homens, mulheres, crianças, adolescentes, políticos - com sua ousadia. Uma revolta artemisíaca, que se nega a obedecer a aceitar valores vigentes. Greta se vestiu da rebeldia de Ártemis para expressar e desenvolver sua própria força.

A outra guerreira é Eduarda, uma brasileira de 20 anos, retratada na reportagem da *National geographic* de setembro de 2020, pelo jornalista Gustavo Basso. Em meio ao fogo ocorrido naquele ano no Pantanal, indignada pela demora que animais sobreviventes das queimadas tinham para obter socorro, organizou um grupo de voluntários, dentre eles biólogos e veterinários, para fazer o que estava ao seu alcance para salvar ou aliviar o sofrimento dos animais. A Jovem, que foi chamada pelo título (do qual Ártemis muito se orgulharia) de pirralha teimosa, improvisou uma base de socorros em uma pousada e, além de tratar os ferimentos dos animais, a equipe de voluntários passava seus dias fazendo o que lhes era possível na tentativa de conter o fogo e diminuir o estrago feito em uma geração inteira de animais.

Esse é um dentre tantos exemplos que podemos encontrar à nossa volta. Exemplos de sonhos, não apenas individuais, mas sonhos sociais – termo usado por Mary Watkins (2020 em palestra no Thiasos, oficina de imaginação compartilhada, cujo conteúdo ainda não foi publicado). Sonhos que construam pontes, que estabeleçam diálogos, que devolvam as conexões. Com a própria alma e com a alma do mundo.

Poderíamos citar muitas deusas que foram relegadas à sombra devido à hegemonia do patriarcado: Héstia com sua introversão sábia e sua intimidade segura - opostas à sociedade de hiperconsumo e hipercomunicação, negando toda disputa por poder que desconsidera os seres vivos; Deméter, a grande mãe que se rebela contra a tirania do masculino e se recusa a nutrir se não for valorizada e respeitada, Perséfone, que tem seu feminino transitando no submundo, dentre tantas outras.

Seria injusto, e suspeito que até perigoso, terminar essas reflexões sobre *anima mundi* e o fazer alma sem falar da deusa que, por ser a deusa da beleza, é aquela que poderia nos ajudar a imaginar um antídoto contra a feiura que nos assola. Afrodite também foi relegada à sombra nessa sociedade patriarcal monoteísta e tirânica. O processo civilizatório nos fez acreditar que a beleza era uma característica secundária para o progresso, para a produtividade e para o desenvolvimento. Ciência e tecnologia bastavam. No entanto, não é nesses lugares que o desejo se manifesta. O desejo se manifesta na beleza dos momentos efêmeros. Beleza e alma caminham juntas e necessitam ser cultivadas, como um jardim. Ginette Paris afirma que "precisamos descobrir o equilíbrio afrodisíaco entre a espontaneidade e o treinamento cultural" (PARIS, 1994, p.32). E completa: "para que serve o brilho de Apolo se perdemos tudo o que torna uma cultura viva e feliz?" (PARIS, 1994, p.33). Ou seja, Afrodite, por tornar a vida mais bela, poética e metafórica, também a torna mais civilizada.

Um exemplo pode nos ajudar a entender qual o sentido da beleza e onde Afrodite foi esquecida: a história de Erin Gruwell, que é retratada no filme "escritores da liberdade". Erin Gruwell é uma professora que foi trabalhar em uma escola da periferia de Nova York, e designada especialmente a dar aula em uma classe de alunos desacreditados pela sociedade. Adolescentes que viviam em situação de vulnerabilidade, envolvidos com drogas ou com o mundo do crime. A própria escola apenas utilizava métodos tradicionais, disciplinares e punitivos para lidar com eles. O sofrimento e angústia desses jovens eram tantos, que a escola não trazia nenhum outro benefício a não ser um pouco de descanso da dura vida que eles tinham fora de lá. A professora tentou várias formas de despertar o interesse daqueles adolescentes, porém só o que via era a feiura de suas vidas.

Foi quando ela entendeu que precisaria entrar nessas histórias feias, para que alguma beleza pudesse entrar nessas narrativas e talvez causar alguma transformação. Erin sugeriu que os alunos escrevessem suas histórias. Sugeriu que fizessem um diário de suas vidas passadas, do presente e de seus desejos futuros. Para eles, apenas. Ela não precisaria lê-los. Porém, para sua surpresa, todos quiseram contar suas histórias e quiseram ser lidos, ouvidos e deixar de ser invisíveis para o mundo. As histórias eram tristes e belas. E dessa beleza surgiram outros desejos nas vidas desses jovens. Pelo menos de alguns deles. Esse é o efeito de Afrodite. E assim se reimaginam novas formas de viver.

A beleza de Afrodite faz com que o sujeito saia de si e olhe para o outro e para o mundo. Isso não é possível sem a presença de Eros. Byung-Chul Han (2017), em seu livro a agonia de Eros afirma que hoje, as pessoas estão narcisicamente voltadas para o desempenho e para seu próprio sucesso. Eros arranca esse sujeito de si mesmo. Nesse sentido, a utopia de Eros é o reconhecimento do outro. O sair de si seria se relacionar com o outro, mas na sua diferença e não na sua semelhança. Outros seres, outras culturas, outras histórias, outras vivências. Uma relação com o outro que se estabelece para além do desempenho e do poder, sem a tentativa de apreendê-lo e de convertê-lo a um igual, porque assim ele deixará de ser o outro.

Ainda Byung-Chul Han afirma que

> a primazia do outro distingue o poder de Eros da violência de Ares. Na relação de poder enquanto relação de domínio eu me afirmo e me estabeleço frente ao outro, na medida em que o submeto a mim. Mas o poder de Eros, ao contrário, implica uma impotência na qual, em vez de me afirmar, me perco no outro ou me perco para o outro (HAN, 2017, p.49).

Ou seja, o amor pressupõe morte. Morte do eu, morte de ideais narcisistas, morte do poder, morte de ideias pré-concebidas, morte do antropocentrismo. De quais outras mortes

Eros precisa para ter espaço e se instaurar? Quais as projeções egóicas que precisam ser retiradas para o despertar de Eros? Como recuperar o verdadeiro sentido ecológico, ou seja, preservar a alma do mundo porque assim preservaremos a nós mesmos, pois nossas almas não existem independente da alma do mundo? Poderíamos dizer que fazer alma é recuperar a potência das ilusões que sustentam nossos sonhos de protesto, fazendo as deusas retornarem aos lugares das quais foram suprimidas? De que forma isso poderia ser colocado em prática?

Jung entende que o trabalho clínico, esse que promove a consciência individual e vagarosamente, um a um, sessão após sessão, é a forma de atingir e provocar mudanças nos grupos, nas comunidades, nas sociedades. Isso aconteceria como uma forma de contágio. Jung explica:

> Não me refiro aqui a uma persuasão ou pregação, mas apenas ao fato da experiência de que aquele que alcançou uma compreensão de suas próprias ações e, desse modo, teve acesso ao inconsciente, exerce, mesmo sem querer, uma influência sobre o seu meio. O aprofundamento e ampliação da consciência produz os efeitos de "mana". "Mana" é uma influência involuntária sobre o inconsciente de outros, uma espécie de prestígio inconsciente, e seu efeito dura enquanto não for perturbado pela intenção consciente (JUNG, 1974, § 583).

Hillman questiona. Acredita que o fazer alma precisa sair dos consultórios, ir para as ruas, onde a vida acontece. Ao enfatizar a alma interior e ignorá-la do lado de fora, a psicoterapia sustenta a decadência do mundo real. Ele não acredita que "crescimento pessoal possa conduzir automaticamente a resultados políticos" (HILLMAN,1995, p.16-17). É preciso trabalho. É preciso esforço e suor. É preciso rever em quais fantasias estão pautadas as práticas clínicas. Hillman diz que "se a análise tivesse outras fantasias próprias, o consultório se transformaria numa célula onde se prepara a revolução" (HILLMAN,1995. p.42).

Eros é o grande agente dessa revolução. Ele se rebela por uma sociedade distinta, por uma rebelião poética na nossa existência, que nutra nossas ações, inclusive as ações políticas e transformadoras. Eros interliga o artístico, o existencial e o político e nos ensina a amar nossos fracassos e só assim poderemos imaginar a cura.

Nossa utopia, nosso sonho e nossa ilusão é a reconexão da nossa alma com a alma do mundo. Não temos o poder de reverter ou salvar o mundo e sua alma. Só o que está ao nosso alcance é reconhecer nossa pequenez e nossa impotência, nos curvando a algo em que estamos contidos: *Anima mundi*, que anima e movimenta o mundo. Dessa forma, poderemos tentar abrir espaço para que Eros retorne ao mundo, criando relações e fazendo alma.

Referências

FEDERICI, S. *Calibã e a Bruxa: mulheres, corpo e acumulação primitiva*. Tradução: Coletivo Sycorax. São Paulo: Editora Elefante, 2017.

GALEANO, E. *As palavras andantes*. Rio de Janeiro: L&PM, 1994.

HAN, B.C. *Agonia do Eros*. Petrópolis, RJ: Vozes, 2017.

HENDERSON, J. *The cultural unconscious*. Wilmette: Chiron, 1990.

HILLMAN, J. *O pensamento do coração e a alma do mundo*. Campinas,SP: Verus, 2010.

__________. *Cem anos de Psicoterapia ... E o mundo está cada vez pior*. São Paulo: Summus, 1995.

JUNG C. G. *Presente e Futuro (OC vol X)*. Petrópolis: Vozes 1974.

__________. *Aion – estudo sobre o simbolismo do Si-Mesmo.* Petrópolis: Vozes, 1976.

KHEL, M.R. *Deslocamentos do feminino: a mulher freudiana na passagem para a modernidade.* São Paulo: Boitempo, 2016.

LÓPEZ-PEDRAZA, R. *Dioniso no exílio: sobre a repressão da emoção e do corpo*. São Paulo: Paulus, 2002.

PARIS, G. *Meditações pagãs.* Petrópolis, RJ: Vozes, 1994.

PESSOA, F. *O livro do desassossego.* Lisboa: Ática, 1982.

PELBART, P.P. *Ensaios do assombro.* São Paulo: n-1 edições, 2019.

TACEY, D. *Remaking man: Jung, spirituality and social change.* London: Routledge, 1997.

SAMUELS, A. *A psique plural: personalidade, moralidade e o pai.* Rio de Janeiro: Imago, 1992.

SINGER T. e KAPLINSKY. *Complexos culturais em análise.* In STEIN, M. (edit). Psicanálise junguiana – trabalhando no espírito de C. G. Jung. Petrópolis, Vozes, 2019.

PESSOA, F. *O livro do desassossego.* Lisboa: Ática, 1982.

Diga-me do que sofres e te direi quem és: a política do sofrimento contemporâneo

Marcus QUINTAES

Pretendo postular nas próximas linhas certa hipótese teórica que diz respeito a considerar que cada momento histórico-cultural produz, de maneira quase sintomática, uma certa estrutura clínica que perdurará e ganhará um lugar de destaque dentro desse contexto. Seguirei pensando que se, nesse sentido, todo analista deve situar-se no horizonte subjetivo de sua época, como pode encarar as novas imagens do sofrimento psíquico de nosso tempo? Trata-se de reconhecer o que há de mais idiossincrático nestas formações culturais, sociais, psicológicas e políticas a fim de não cairmos na tentação de encontrar um elemento absoluto que possa apagar e minimizar as diferenças de cada momento histórico.

Essa ideia leva em conta pressupor que cada momento cultural produz ou tem uma maneira muito própria e particular de produzir aquilo que James Hillman (1993) nomeou como a sua *infirmitas*, a sua ferida. Essa perspectiva considera que determinados contextos socioculturais tem uma maneira muito peculiar de expressar o seu sofrimento psíquico.

Nesse sentido, eu queria primeiro fazer uma espécie de olhar retrospectivo. Se nós considerarmos o final do século XIX e o início do século XX, poderíamos pensar que a histeria foi o modo predominante do sofrimento psíquico, a estrutura clínica dominante que ganhou o maior protagonismo nesse momento cultural.

A histeria trouxe à tona os elementos que estavam localizados na sombra de uma determinada construção social coletiva da época: a sexualidade, o gozo e o corpo feminino, além da própria palavra da mulher que havia se tornado uma espécie de Cassandra moderna. A histeria aparece como sendo a estrutura clínica predominante com a sua multiplicidade de sintomas, apresentando a sua conversão somática a desfilar sua plasticidade infinita de dores que vagueiam errantes pelo corpo das mulheres.

Ao avançar em nossa hipótese teórica, iremos considerar que, do final do século XX — meados de 1980 — até o início do século XXI — *o início dos anos 2000* —, há uma outra ordenação subjetiva e novas coordenadas simbólicas e agora não mais a histeria aparece como a categoria fundamental ou prioritária do sofrimento psíquico. O que aparecerá nesse momento é uma outra modalidade de sofrimento psíquico. O que nós assistimos no final do século XX é o que muitos historiadores chamam de uma epidemia dos afetos depressivos.

A depressão torna-se então essa manifestação clínica que abarca toda a consciência coletiva de uma determinada época e se se faz efeito de um tipo de construção econômica social vigente nesse período. Podemos pensar em uma relação do capital e da vida psíquica, de modos de estruturação de subjetividades produzidas por modelos neoliberais produtivos, econômicos que são causadores de um sofrimento psíquico. Pensando que, na justa medida em que os modelos neoliberais promovem a exaltação de um sujeito empreendedor de si mesmo, de um sujeito performático, de um sujeito que faz de si a sua própria organização a ser gerenciada, todo aquele que não responde a essa regra ou que de algum modo não se adequa a esses princípios se revela uma peça fora da engrenagem. Nesse sentido, podemos pensar que o deprimido é a peça fora da engrenagem do sistema do capital ou de um capital regido por uma certa modalidade neoliberal.

Assim, a depressão pode ser pensada tanto quanto algo da ordem de um sofrimento mental, de um transtorno — como os DSMs irão interpretar, mas também como um sintoma social. Um sintoma do sofrer psíquico, mas também um sofrimento social.

O sujeito deprimido também irá inaugurar uma nova fantasia arquetípica sobre o homem e a vigência de um novo mito sobre a psique. Essa nova fantasia arquetípica é a mitologia do homem cerebral. Do inconsciente para o cérebro. Ou seja, a psiquiatria biológica vem propor uma espécie de biologização do psíquico. Ou seja, um fisicalismo daquilo que anteriormente era considerado como da ordem do mental.

Ali, onde havia até a década de 1960, a fantasia de um homem psíquico dotado de uma instância chamada inconsciente, esse sujeito psicológico, dividido, marcado por conflitos, é substituído por outra configuração e aparece o homem neuronal, o homem biológico, o homem orgânico. A identidade do sujeito não está mais nos conflitos que ele vive, na sua biografia, na sua história pessoal, nos seus dramas subjetivos, nas manifestações sintomáticas do seu inconsciente, mas a identidade do sujeito agora está cravada nas sinapses, nos neurotransmissores, nas dopaminas. Nesse sentido, a depressão passa a ser esse lugar onde o sujeito é exilado, divorciado, separado da sua subjetividade.

Entretanto nós avançamos e hoje estamos testemunhando um outro dramático momento histórico. A paranoia está de volta. Ainda que nas últimas edições do DSM, a paranoia como identidade clínica tenha sido desmembrada e dividida em várias sintomatologias, em vários transtornos, é importante pensar que a paranoia clássica está de volta. Aliás, ela nunca deixou de existir. Porém, parece-me que aqui se revela exatamente o salto diferencial: a paranoia não mais habita tão somente os hospitais, as clínicas psiquiátricas ou mesmo os consultórios A paranoia está na pólis. A paranoia está nos meios de comunicação. A paranoia nos contaminou com a sua lógica. De alguma maneira, estamos todos esbarrando com práticas, dinâmicas, lógicas e interpretações paranoicas do existir.

Vivemos tempos paranoicos. Estamos, quase todos, enredados dentro da implacável lógica paranoica que traz consequências inevitáveis tanto na construção dos laços sociais junto à cultura quanto nas novas construções da subjetividade contemporânea. O ressurgimento e a eleição em vários países do mundo de partidos e políticos de extrema direita com seus discursos populistas, xenófobos, racistas, misóginos, intolerantes e de radical postura conservadora nos faz poder formular a questão: é a política paranoica?

Como poder manter e preservar os espaços democráticos tanto na vida psíquica quanto na vida política diante da insurgência de afetos paranoicos que que se caracterizam pela tirania do idêntico[1] e a exclusão da diferença?

Se pensarmos com cuidado, na segunda metade do século XIX, a etimologia da palavra paranoia quer dizer "quem pensa ao lado". Na Alemanha, esse conceito ganha uma descrição mais precisa com um médico psiquiátrico chamado Kahlbaum, em 1863, quando ele falará da paranoia como uma estrutura clínica ligada à categoria dos delírios sistematizados. E aí há um detalhe importante: delírios sistematizados *sem enfraquecimento intelectual*. O sujeito paranoico é um sujeito que possui as suas funções do pensamento intactas, preservadas, atuantes. Isso explicará por que é que o delírio paranoico é tão bem sistematizado, tão rigorosamente coerente. Daí a dificuldade de dissolvê-lo, de questioná-lo ou mesmo de metaforizá-lo.

O que caracteriza fundamentalmente a paranoia é a sua crença irrefutável. Ou seja, o paranoico não duvida, não hesita, não vacila. A construção delirante que sustenta o sujeito paranoico, é constituída fundamentalmente de uma certeza delirante, de uma crença irrefutável. Não é à toa que alguns psiquiatras nomeiam a paranoia como uma loucura "racionalizante", uma loucura que pensa. Freud chamará a paranoia de "a psicose intelectual".

O que isso quer dizer? Isso quer dizer fundamentalmente que teríamos que considerar o delírio na paranoia do seguinte modo: o delírio é uma forma ideativa — é uma ideia — que conduz a uma convicção inquebrantável, a uma convicção

---

1. As referências `a "Tirania do Um" são decorrentes dos sucessivos desdobramentos apontados por Hillman (1971) ao longo da sua obra em relação ao conflito monoteísmo / politeísmo nos seus diversos âmbitos. Saliento também derivações oriundas de J. Lacan (1963) sobre a questão do Um e suas repercussões na teoria das psicoses e na questão da criação do sujeito da exceção, ou seja, o menos Um em relação ao imperativo da castração simbólica.

não à dúvida, que sequer é modificável pela confrontação com a realidade.

Confrontar o paranoico com a realidade, tentar corrigir o delírio, tentar apontar para o paranoico que aquilo que ele interpreta é equivocado torna-se absolutamente inócuo, estéril, sem nenhuma função. A crítica à sua convicção é inquebrantável. Não é abalável.

Se o delírio de observação e o delírio de perseguição é aquilo que caracteriza a paranoia, o que iremos pensar é que, exatamente movido por essa fantasia — que na paranoia não é uma fantasia, mas se coloca como uma dimensão da realidade —, esse sujeito está sempre interpretando tudo o que acontece no mundo como alguma coisa voltada a ele, contra ele. Dizer isso implica dizer o seguinte: que o sujeito paranoico, sustentado pela sua convicção inquebrantável, torna-se um intérprete. Um intérprete que vê em tudo indícios, sinais, acenos, propostas, intenções — todos contra a sua pessoa.

Para o paranoico não há acaso, tudo é premeditado. Em tudo, há um sentido e esse sentido só o paranoico o possui. Há um sentido que só o paranoico consegue interpretar porque ele possui a chave da interpretação. A chave da interpretação é: me observam, me vigiam, me controlam, falam de mim.

Então, o que estamos querendo dizer aqui? Que, em última instância, todo paranoico é um sujeito narcísico por excelência. Tudo está sempre remetido diretamente a ele. É o narcisismo às avessas. O paranoico é um sujeito autorreferente e consequentemente elimina o acaso. É esse caráter narcísico que o sujeito paranoico possui que explicará o caráter megalomaníaco dos seus delírios.

Se esse sujeito é um sujeito essencialmente narcísico, o que podemos pensar como um desdobramento de uma dinâmica arquetípica da paranoia? Podemos pensar que, dessa forma, o paranoico é o sujeito que não confia. Ele vigia. Ele está sempre em alerta. O paranoico é um eterno vigilante. Logo, todo paranoico se considera sempre único. Ou seja, considerar-se único, acreditar-se único, é sempre paranoico. Ao se acreditar único, o paranoico é aquele que acredita ser o possuidor de uma verdade, de uma razão, de um saber sobre o outro.

E tem mais: toda a paranoia é, como Luigi Zoja, diz em seu fabuloso livro *Paranoia* (2013), um contágio coletivo. A paranoia não é tão somente um drama individual, mas a paranoia contagia grupos, nações e culturas. Podemos pensar que esse sujeito paranoico que se torna o líder da massa sempre se achará alvo de complôs, conspirações e golpes para derrubá-lo. Nós não precisamos ir tão longe para ver essa dinâmica atuando claramente no campo da política. Sujeitos políticos que se sentem ameaçados o tempo todo pelo fato de que alguém irá retirá-los do cargo que ocupam. A fantasia de complô, a fantasia de traição. Tipicamente um sintoma da paranoia.

Como entender essa persecutoriedade que é constelada? Acreditar-se único traz inevitavelmente o surgimento de sua dimensão sombria. Onde há uma posição excessivamente consolidada, essa posição consolidada constelará o seu oposto na sombra. E a sombra que aparece aqui é sempre a suspeita de ser traído. Todo paranoico considera que sempre será traído, que sempre existe um complô para derrotá-lo. Todo paranoico sempre suspeita de algo ou de alguém. Porque, para ele, todos os outros querem destituí-lo, retirá-lo do lugar que ele ocupa. Qual é o lugar que ele ocupa? O lugar do Um, o Um da verdade, o Um do saber, o Um do conhecimento. Então, o paranoico não confia. Ele *des*confia. Ele está sempre a duvidar daqueles que o cercam. Fenômeno absolutamente comum e rotineiro nas instituições. Um fenômeno que podemos dizer que é muito fácil de ser constelado em agrupamentos coletivos.

Por que a paranoia se faz tão presente? Mais ainda, por que a paranoia se revela tão sedutora? E essa é uma característica fundamental da paranoia. A paranoia é um discurso que seduz. Por que é um discurso que seduz? Porque o discurso paranoico apresenta *certeza, verdade* e *garantia*. Ou seja, o paranoico seduz pela convicção das suas interpretações. Ele seduz pela *convicção* das interpretações e pelas *conclusões delirantes* que obtém a partir disso.

Pensem nos fenômenos religiosos, pensem nas igrejas e na figura de um pastor ou de um político. Tanto na religião quanto na política, o pastor e o político — *alguns, não todos* — revelam-se como líderes paranoicos a ditar para seus rebanhos, para seus fiéis, para seus eleitores cartilhas do bem viver. No campo da religião: o que é ser homem, o que é ser mulher, o que é ser pai etc. No campo da política: o que é ser patriota, o que é ser um sujeito aliançado com os compromissos e tradições da família brasileira, quais são os lugares da mulher, das crianças, das minorias. O paranoico seduz pela certeza. Certeza essa que é justamente o elemento que falta dentro da estrutura neurótica.

O paranoico, então, é aquele que possui *o sentido*. É o império do sentido. A paranoia é a patologia da interpretação. Não é à toa que paranoicos *carregam, arrebanham, arregimentam multidões* a seu redor — *pela força de persuasão da sua convicção*. Essa adesão é uma adesão quase instantânea. Porque a interpretação paranoica seduz, convence, persuade. Na paranoia, o que há é o exercício infindável de atribuição de significações a tudo que ocorre. Significações essas que, como havia dito anteriormente, sempre irão recair sobre o sujeito paranoico.

James Hillman em seu livro *Paranoia* (1993) aponta para dois aspectos interessantes presentes na paranoia. A primeira é considerar que a paranoia é uma desordem do significado. Se a paranoia é o império do sentido, a patologia da interpretação e é a atribuição excessiva de significações, Hillman (1993) dirá que a paranoia é uma desordem do sentido. E, se o sentido é uma atribuição ou uma condição ou uma característica do arquétipo do *Self*, Hillman (1993) dirá que a paranoia é uma desordem do *Self*. Uma patologia do *Self*. Uma forma muito específica e particular de o *Self* funcionar.

Essa é uma primeira interpretação, mas Hillman (1993) segue adiante e apresenta uma segunda: a paranoia é o fracasso da metaforização, ou seja, há a ausência da partícula ficcional a que Jung se referiu: o "como se". Essa partícula funcional é o que permite que nós possamos estabelecer com as imagens uma relação ficcional, poética, simbólica, imaginativa, metafórica. A partir daí, desse jogo metafórico, uma criação de uma polissemia de sentidos, de uma pluralidade de significações. Se essa partícula ficcional não se apresenta na paranoia, se o "como se" fracassa, podemos pensar que a paranoia é a prevalência do literalismo. A paranoia é a prevalência do literalismo e o fracasso do metafórico.

Na paranoia, o congelamento das imagens não permite que se opere o jogo transformador da operação do fazer-alma. Impedido de deslizar na trama aberta provocada pelos efeitos da metáfora na e com a imagem, ao paranoico é recusada a atividade primária de uma clínica fundamentada nos princípios da Psicologia Arquetípica: o que Hillman (1993) nomeia como "ver através", ato que liberta todo e qualquer evento psíquico de ser reduzido ou capturado pelo seu sentido literal. Sendo assim, a atividade do coração imaginativo fracassa em sua tentativa de libertar as imagens de seu aprisionamento num sentido unívoco para adentrar no mundo ficcional da imaginação. Sem a ação da ficção imaginal, o paranoico se vê impedido de poder se abrir às múltiplas significações presentes nas imagens que o acometem, todo o campo polissêmico é comprometido e reduzido a um único sentido. Logo, concluímos que na paranoia todas as imagens são reduzidas ao seu valor de signo: finitas, unívocas, invariáveis, consolidadas. O coração imaginativo de um paranoico é um coração enfartado de imagens congeladas transformadas em signos de dor e perseguição. Paranoia como a desordem do *self* e como o fracasso do metaforizar, uma impossibilidade do fazer-alma, uma precarização do ficcional e uma prevalência do literalismo.

Vamos acrescentar um terceiro ponto ainda: a paranoia como a tirania da unificação. O sujeito paranoico é o sujeito que *não consegue* abrir-se para a pluralidade. Ao não conseguir abrir-se para o que é diverso de si mesmo, o paranoico estabelece um tipo de relação com o mundo que é binário e excludente: eu ou o outro. Nunca eu e o outro. Não há condição de alteridade. Uma condição de permissão de existência da diferença. O que podemos dizer, então, é que a paranoia é a aversão à multiplicidade porque essa multiplicidade é toda reduzida ao Um do idêntico.

Essa lógica *rivalística* — ou eu ou você — governa e domina completamente a lógica paranoica, por exemplo, da política ou de um determinado grupo político. Esse "ou eu ou o outro" significa que ou o outro converte-se em mim, torna-se idêntico a mim, adota a minha verdade, deixa-se ser persuadido pelo meu poder de convencimento ou esse outro deve ser destruído. Quer dizer, estamos aqui novamente na tirania do Um: só uma verdade, um ponto de vista, uma razão, uma possibilidade de existir, uma modalidade de produzir conhecimento. A paranoia, então, anda de mãos dadas com o fundamentalismo. Ou seja, o fundamentalismo é uma das formas de existir da paranoia.

A noção de crença é uma noção que se coloca totalmente tributária do discurso paranoico e o discurso fundamentalista também é o discurso *rivalístico*, do cancelamento da alteridade, do cancelamento da diferença. Nesse sentido, tudo aquilo que é diferença para o paranoico, para esse sujeito encapsulado nele próprio, ele empurra para as margens. Isso explicará porque a paranoia na política ou a paranoia como atividade política é xenófoba, racista, homofóbica, misógina. Porque ela não consegue encontrar um lugar onde essa diferença, uma diferença que encarna a multiplicidade - uma multiplicidade de estilos psíquicos - possa ganhar voz.

Não é exatamente esta dinâmica que estamos assistindo no Brasil e em vários outros países: uma espécie de recrudescimento de discursos populistas, extremistas de direita? Exatamente isso: uma lógica paranoica, que agora ganha um formato de dispositivo político, de atividade política e de uma duvidosa ética política em que esses líderes de extrema direita — Trump, Bolsonaro e outros, identificados com a ideia de uma verdade única, monoteístas nos seus corações e suas mentes, declaram-se avessos e aversivos a tudo o que não cabe na lógica da significação das identidades paranoicas e empurram todas essas diferenças para as margens.

Vivemos um momento muito perigoso politicamente porque, com o recrudescimento dessas práticas políticas e dos discursos ultranacionalistas, o que encontramos é um modo de funcionamento paranoico, em plena vigência e legitimado politicamente. O discurso paranoico é o discurso do Um, da tirania do Um, da maldição do Um. E é essa maldição do Um que vai apagando tudo que aparece aqui e acolá como elemento de diferença, de diferenciação, de contraste, de ambiguidade, de ambivalência.

Sabemos que para o paranoico existir, ele precisa eleger um adversário, ele precisa eleger um inimigo. Há aqui uma prática e uma estratégia paranoica, isto é, é necessário criar um adversário. Um adversário para quê? Porque esse adversário quer me destruir — constela-se o complô de traição. O paranoico não confia, vigia. E esse adversário justifica o meu discurso de ódio, a minha agressividade, as minhas ações para detê-lo.

O sujeito paranoico precisa de um outro, que ele transforma em adversário e deste modo, permite que o discurso paranoico possa agir de forma típica, que é sempre uma forma agressiva, é sempre uma forma violenta. A paranoia é violenta. A lógica da paranoia é uma lógica da violência. E é isso que estamos atravessando no Brasil.

A questão é como nós, junguianos, podemos nos articular e o que fazer diante desse fenômeno. Talvez a questão seja que, para a psicologia analítica, sendo uma prática inteiramente tributária de um direito à multiplicidade, pluralidade como condição fundante de um psiquismo —o inconsciente junguiano é um inconsciente plural, múltiplo, diverso — trata-se de uma tarefa ética que nós possamos, de alguma maneira e sem nenhum pudor de dizer isso, levantar bandeiras a favor do múltiplo, diante dos discursos homogêneos que tentam nos calar ou que tentam transformar tanto a realidade social, cultural quanto a realidade psíquica em uma terra devastada. Terra devastada em que apenas um sentido prevalece — o sentido do líder religioso-político. Nesse sentido, a prática clínica junguiana é uma prática do dissenso, daquilo que tenta fazer diferença a esse discurso homogêneo, que não se deixa capturar pela lógica paranoica e, desse modo, assume um compromisso ético, psíquico de enfatizar a liberdade que está embutida na multiplicidade como uma condição do viver psíquico, como uma condição da vida civilizatória, da vida civilizada.

Creio que esse é o ponto, é disso que se trata. De alguma maneira, há um grande desafio colocado à nossa frente, do qual nós, junguianos, não devemos recuar, nem na nossa clínica, nos nossos espaços particulares dos consultórios. Mas também não devemos recuar nas ruas, na pólis, no sentido de nós nos fazermos leais herdeiros de uma lição aprendida junto aos ensinamentos do próprio Jung — de um inconsciente plural, múltiplo, diversificado, do elogio da diferença, de uma espécie de convivência das diferenças, uma tensão entre os opostos. Parece-me que esses são predicados junguianos que podem nos servir como balizas e ferramentas absolutamente interessantes e úteis para enfrentar esse terrível desastre que se encontra à nossa frente, chamado a política da paranoia.

Referências

ADAMS, M. V. *The Fantasy Principle:* Psychoanalyses of the Imagination, New York: Routledg, 2004.

CALLIGARIS, C. *Introdução a uma clínica diferencial das psicoses.* Porto Alegre: Artes Médicas, 1989.

CORBIN, H. Mundus Imaginalis, or The Imaginary and the Imaginal, in *Working with Images*: The Theorical Base of Archetypal Psychology, Sells, Benjamin. Connecticut: Spring Publications, 2000.

FREUD, S. *Notas psicanalíticas sobre um relato autobiográfico de um caso de paranoia* – Caso Schreber, Vol.XII. Rio de Janeiro: Imago Editora, 1969.

HILLMAN, J. *Paranoia.* Petrópolis: Vozes, 1993.

___________. *The Thought of the Heart and the Soul of the World.* Connecticut: Spring Publications, 1995.

JUNG, C.G. *Psicogênese das doenças mentais*, Petrópólis: Vozes, 1986.

__________. *Nietzsche's Zarathustra*: Notes of the Seminar Given in 1934-1939 New Jersey: Princeton University Press, 1988.

McGUIRE, W. *Freud/Jung: Correspondência completa.* Rio de Janeiro: Imago Editora, 1974.

NASIO, J. D. *Os Grandes casos de Psicose*, Rio de Janeiro: Zahar Editor, 2001.

SAMUELS, A. *Psychopathology*: Contemporary Jungian Perspectives. London: The Guilford Press, 1991.

SOLOMIN, H. *Contemporary Jungian Clinical Practice*, London: Karnac, 2003.

QUINET, A. *Psicose e laço social*, Rio de Janeiro: Zahar Editor, 2006.

ZOJA, L. *Paranoia* - La locura que hace la historia. Fondo de cultura econômica, 2013.

Posfácio: uma escuta re-imaginada

Carmen Livia PARISE
Guilherme SCANDIUCCI

Depois de percorrermos esse longo caminho, que nos trouxe tantas informações, reflexões e mais inquietações ainda, sentimos a necessidade de revisitar alguns pontos que entendemos como fundamentais no sentido de re-imaginar um lugar de escuta frente à clínica psicológica da contemporaneidade.

A primeira questão que gostaríamos de destacar e que nos atravessou praticamente durante todo o curso foi essa: se queremos sofisticar nossa escuta, antes de olharmos para quem está ali para ser escutado, é necessário que lancemos um olhar crítico para quem escuta, para nós, analistas. É absolutamente imprescindível que entendamos que nossa escuta, norteada por nossas experiências e nossas teorias, seja entendida como territorializada e, consequentemente, como não universal. Nas palavras de Clarice Lispector (1984):

"Avisem-me quando eu começar a me tornar eu mesma demais."

Acreditamos que só a partir dessa premissa, daremos um passo além no sentindo de não enxergar aquele outro diante de mim como um exótico ou objeto de estudo. Diferente sim, pelas experiencias vividas a partir de racialização, orientação sexual e identidade de gênero, por exemplo; mas sempre sujeitos que podem falar de suas subjetividades e subjetividades que são possibilidades, tanto quanto as de quem ouve.

Complementando essa ideia, é importante lembrar que tanto analisandos como analistas estão imersos na consciência e na inconsciência coletiva e em seus complexos culturais, logo, nossas psiques estarão sempre povoadas pelas estruturas e estereótipos construídos e sedimentados ao longo da história.

Por falar em estruturas e história, um ponto importante que apareceu durante o curso foi a interlocução da psicologia com a antropologia no sentido de revermos a suposta universalidade do homem branco moderno e heterocentrado. Como colocado por Paulo Vitor Lisboa esse movimento já havia começado com o estruturalismo, quando Levi Strauss se propôs a estudar outras estruturas sociais possíveis e, com isso, alargou as possibilidades de estruturas existentes. No entanto, a filosofia e antropologia pós- estruturalistas vieram radicalizar ainda mais essa questão ao colocarem em xeque, inclusive, tais estruturas como constructos essenciais, atemporais e encerrados em si mesmos. Nesse modo de ver, faria mais sentido pensar na ideia de um corpo sem órgãos, que produziria modos subjetivantes ao ser atravessado por fluxos, conforme postularam Deleuze e Guattari, ideia essa apresentada ao longo do curso por Mauricio Santos. A noção aqui não é mais de um indivíduo aristotélico idêntico a si mesmo, ao contrário, estamos trabalhando com a ideia de um indivíduo individuante, tal como proposto por Maroni (2021), um indivíduo que vai se fazendo conforme caminha e se relaciona com o outro e com o mundo, via experiência.

Tendo em vista esse sujeito da pós-modernidade, nos perguntamos se não faria mais sentido uma escuta que pudesse apreender e deixar ir, uma escuta que por vezes funcionasse como compreensão/interpretação, mas que em outras se permitisse funcionar como testemunho do modo subjetivante que então se precipitou, mas sem apreendê-lo demais. Já dizia Clarice Lispector (1978):

> *Sinto que sou mais completa quando não entendo... Não entender, mas não como um simples de espírito. O bom é ser inteligente e não entender... Só que de vez em quando vem a inquietação: quero entender um pouco. Não demais: mas pelo menos entender que não entendo.*
>
> *Civilizar minha vida é expulsar-me de mim.*

Enfim, o que cabe ao analista após todo este debate? Como disse Marcus Quintaes em sua aula, "escutar é ativo", ou seja, a escuta não é um ato passivo, de simples receptividade diante do que o outro fala. É uma ação que deve contribuir para produzir diferença no outro. A clássica pergunta analítica inspirada na teoria dos complexos continua sendo uma ferramenta valiosa: quem está falandō? O branco? O periférico? O filho? O gay? A questão vale tanto para analista quanto para paciente – o primeiro deve também pensar em quem está ouvindo.

Nesta relação entre uns e outros, Eros tem papel central, como mostrou Luciana Ximenez. A chave da experiência estaria no ato de atravessar a ponte para gerar novas ideias e as novas ideias abrirem a escuta para as novas questões. A ideia de indivíduo moderno, fechado em si mesmo, carece de um antídoto: o envolvimento com o outro pode gerar um interessante des-envolvimento.

Certamente haverá uma dificuldade dada pelo artefato cultural moderno ao qual a maioria de nós pertence. O capitalismo, em sua infinita capacidade de transformar experiência em mercadoria, muitas vezes capta as novidades e as põe à venda, uma plasticidade que tende a retirar a potência do novo, corrompendo-o. Basta pensar, por exemplo, nos muitos produtos criados para o público LGBTQIA+: quando o outro é visto como potencial consumidor, parece não haver preconceito.

Um aspecto da história do Brasil bastante relevante para nosso contexto, é o projeto político de nação, no qual povos originários seriam assimilados, integrados na "identidade brasileira". Como aponta Trinidad (2011), em meados do século XX, a miscigenação – que, até então, condenava o país ao fracasso – transformou-se, repentinamente, em solução neste país. Defendendo a presença das três raças, o Brasil constituía-se em uma "democracia racial[1]". "Assim, a cultura mestiça foi,

1. Termo atribuído ao sociólogo Gilberto Freyre, que indica a ideia de uma nação onde há tolerância e boa convivência entre diferentes "raças".

naquele momento, a saída para o impasse racial" (p.39). Houve inclusive projetos de resgate do folclore, da arte e da história nacionais buscando reconhecer na mestiçagem a verdadeira nacionalidade. É como se não existissem etnias, e passa a se inventar um povo para o Brasil.

O modo de existência moderno ocidental vem sendo questionado por diversos autores. Na antropologia, temos a conhecida figura de Viveiros de Castro e sua ideia de perspectivismo ameríndio. Esta não seria uma ideia abstrata/conceitual, tampouco um projeto intelectual, mas sim uma ontologia, um modo de ver o mundo, de experimentá-lo, ou simplesmente um modo de existir e de diferir.

Nesse sentido, a integração pode ser perigosamente compreendida como assimilação e apagamento de diferenças. Não entendemos que Jung pensava desta forma, mas sim colocava a individuação como processo de diferenciação (o outro em mim, o eu no outro). A diferença entre ontologias gera atritos, e justamente disso surge algo novo, em direção a uma espécie de individuação da sociedade. Devemos evitar universalismos (somos todos iguais se temos os mesmos arquétipos) ou a primazia do um, geralmente associada ao branco como matriz sobre qualquer perspectiva do outro.

Como bem escreve Viveiros de Castro (2017, p.2):

> Ainda que tudo esteja conspirando para impossibilitar, ou fazer desexistir estes mundos, em nome de um mundo "comum" que se funda, em um paradoxo hipócrita, na enorme desigualdade de acesso a este comum, onde o "com-" é inteiramente esmagado pelo "-um": um mundo 100% comum, entenda-se, único, mas privatizado pelo 1%. O Um e o Único. O Estado como Mundo, o Mundo como Estado Comum. Mas um verdadeiro comum é precisamente o sem-Um.

Outro entrave importante que apareceu ao longo do curso no sentido da apreciação deste "outro" em toda sua autonomia e diferença foi o patriarcado e o estilo de consciência patriarcal. Tal consciência se caracterizará por modelos hierárquicos, que pressuporão padrões normativos e a ideia de superioridade e inferioridade. Ao contrário, a real inclusão do outro dependerá de uma lógica policêntrica, uma consciência plural que se caracterizará por movimentos de circulação e rotação, idas e vindas de fluxos. Estramos evocando aqui um padrão de consciência dionisíaco. Vale ainda lembrar que, como postulou Hillman (1984), a consciência dionisíaca compreende os conflitos em nossas histórias como tensões dramáticas e não como opostos conceituais, somos compostos de agonias e não de polaridades.

Neste ponto, nos perguntamos: como será que o "outro", o diferente, o estrangeiro tem sido visto nas diferentes mitologias e ontologias? E como tem sido descrita sua relação com o eu, com o instituído, o conhecido? Não pretendemos aqui trazer nenhuma pesquisa aprofundada sobre o tema, mas temos alguns achados interessantes nesse sentido.

O outro: diferente, inimigo, vizinho, estrangeiro

Na mitologia grega, a mais conhecida por nós, analistas junguianos brasileiros, alguns dos deuses e deusas trazem elementos interessantes para pensarmos esse tema. Dioniso, por exemplo, é chamado "o estranho estrangeiro" e podemos dizer que em seu culto um outro é tirado de mim, seja via transe ou através da embriaguez do vinho: "*Dioniso ensina ou obriga a ser outro, e não mais o que se é normalmente, a enfrentar, já nesta vida, aqui embaixo, a experiência da evasão para uma desconcertante estranheza*" (VERNANT, 1998, p.13).

A ideia aqui é que temos outros, potencialmente, dentro de nós mesmos. E talvez, ao aceitarmos esses outros dentro de nós, ao aprendermos a melhor nos relacionar com eles, lidaremos melhor com esses outros fora de nós. E mais: aceitar o outro dentro de mim é aceitar a mim mesmo, conforme postula Barcellos (2021).

Nesse sentido, podemos entender o Outro como continuidade, contiguidade e contingência própria do Eu, ou seria melhor dizer que podemos entender o Eu como uma contingência do Outro?

Para ampliar nossa discussão a esse respeito, podemos trazer para a discussão a deusa Ártemis. Um dos epítetos da deusa é "a estrangeira", xéne, Χηνια - a que está à margem, fora da pólis, sempre distante da vida e das coisas da cidade. Ártemis, eventualmente, ia à cidade para ajudar as meninas a virarem mulheres, e os meninos a se tornarem homens. Ou então para ajudar nos partos. Podemos dizer que é uma deusa das margens, fundamentalmente "estrangeira" à vida da pólis.

Barcellos (2021) mostra que Ártemis nos encaminha para o Outro que seremos nós mesmos, o outro que seremos futuramente, que está fora de nós, à nossa espera. Podemos pensar nessa ideia do outro como elemento fundamental de constituição do Eu tanto em nível individual, quanto cultural: tanto indivíduos quanto as cidades e as culturas têm a necessidade de receber o estrangeiro para continuar sendo.

Nesse sentido, Vernant (1998) trará a hospitalidade como uma ideia artemisiana. Para gregos antigos, o homem civilizado seria aquele que reserva um lugar para aquele que não é ele mesmo: abre a porta e recebe o estrangeiro junto à lareira, dá-lhe um prato de comida, um copo de vinho e um lugar para dormir.

A lição trazida por esse mito é retomada por Barcellos (2021): só consigo permanecer o mesmo se eu aceitar o outro. Se não aceitar o outro, deixo ser eu mesmo. Sem a alteridade, a arte de permanecer eu mesmo, de ter uma identidade, fica comprometida.

No entanto, diz o autor, não é isso que acontece em fenômenos tais como a homofobia, a transfobia, o racismo, a misoginia. Nesses casos, não há diálogo, troca ou comércio entre os diferentes. Ao contrário, o que se produz em tais grupos minorizados é a sensação de que são "estrangeiros" na própria comunidade em que vivem. Poderíamos entender toda rejeição imposta a esses grupos como literalismos do rechaço ao outro?

Tal ideia do outro como essencial na constituição do eu também estará presente em algumas ontologias africanas. Em outro trabalho mostramos (PARISE e SCANDIUCCI, 2021) como na ontologia iorubá nagô, por exemplo, o que é fixo, o que permanece é o corpo. Será esse corpo que abrigará as representações dos princípios cosmológicos – os orixás. O corpo é atravessado por variações de conteúdos e padrões do espírito. Para Ser no Mundo, é preciso que se seja como corpo vivo, que afeta e é afetado, via esses padrões "incorporados". Podemos dizer que a subjetividade não está, então, fundamentada no Eu, mas em uma unidade diferencial e pré-individual (Exu), que é investida de potência (axé). Nessa lógica, trabalhando com outra ideia de tempo: o tempo do acontecimento, onde o processo se dá na medida em que uma realidade afeta outra para além do espaço-tempo, realidade psíquica que forma realidade.

Também na ontologia banto, a encruzilhada, o cruzo, como diz Simas (2021), será o lugar do encontro, fundamental na constituição do ser, que é entendido como um vir a ser. Tudo pode acontecer na encruzilhada: ali é o lugar de disponibilidade para que a vida aconteça, seja como beleza, horror, encanto ou desassossego. Mas sempre a partir do encontro. Tal ideia está bem expressa na filosofia do Ubuntu – que se caracterizará por uma noção profunda de interdependência – cuja tradução seria algo parecido com "Uma pessoa é uma pessoa por meio de outras pessoas". No limite, nessa lógica, não há indivíduo fora da coletividade.

Esta noção de um eu em permanente devir, a partir do encontro com o estrangeiro, o que não pertence à minha tribo, ou mesmo com o inimigo, também aparece nas cosmovisões indígenas e nos foi apresentada por Amnéris Maroni e Paulo Vitor Lisboa, através da proposição de Pierre Clastres da ideia de "Sociedades contra o Estado", descrita nos capítulos anteriores. Tal proposição acaba por se constituir como um antídoto anti-indivíduo, aqui entendido como aquele encerrado em si mesmo.

Afinal, em que medida somos brancos e modernos? Se somos amputados dos pontos de vista não-brancos, por assim dizer, ficamos mais restritos em termos de possibilidades existenciais. Somos atravessados o tempo todo por aspectos culturais de um país multiétnico – ainda que a parte cultivada da alma, isto é, a educação, as instituições em geral, sejam orientados pelo padrão europeu tradicional. Se pensarmos numa identidade do brasileiro "médio", esta parece frágil, insegura, medrosa e por isso mesmo reativamente rígida, repressora, monoteísta em relação às múltiplas possibilidades de vida.

Temos de pensar numa concepção de identidade não identitária, isto é, não essencialista e acabada, mas sim produtora de diferenças e multiplicidades. Viveiros de Castro (2017) apontará para a diferença entre a mistura que gera identidade e a que "multiplica a multiplicidade". Falar de uma "alma brasileira" hoje, como colocou no curso Vera Valente, requer um pensamento plural e não hierárquico, em direção à validação de um amálgama vertiginoso de um sem-número de características se atravessando mutuamente ao longo do tempo.

Assim, dado que a mistura esteve e está em movimento, sempre se transformando e reinventando, parece-nos imprescindível pensar a partir da diversidade, em vez de buscarmos uma pretensa unidade. O fazer alma se dá de inúmeras formas e se alimenta das tensões prenhes do novo, com as diferenças em movimento, se estranhando e/ou se combinando.

No entanto, a questão que se coloca é que na cultura moderna e branca hegemônica, os outros não podem existir. Se, conforme foi dito anteriormente, nas guerras dos povos originários, o inimigo era essencial e tinha a função de afirmar a minha existência como um outro, o branco aniquila o diferente para poder se afirmar. Urge que deixemos de colocar as coisas em oposição, que achemos alternativas, que não o pensamento oposicionista. Para libertar as diferenças precisamos de um pensamento afirmativo, cujo instrumento seja a disjunção; um pensamento do múltiplo, da multiplicidade dispersa e nômade. Só assim poderemos experienciar um mundo policromático.

Um ponto importante que surgiu ao longo do curso - tendo como fundamento o pensamento da multiplicidade – foi a ideia de alianças para se pensar o encontro entre eu e outro ou entre culturas. Se a chave da integração parece, por vezes, apagar as diferenças, na chave das alianças as diferenças são imprescindíveis. Nesse sentido, ao ir ao encontro do outro – e para de fato experimentar esse encontro e suas consequentes afetações – é necessário que estejamos dispostos a desconstruir o que aprendemos como universal até então. Não podemos caminhar para esse encontro munidos da lógica branca heteronormativa burguesa. Isso é válido também para nossa clínica: o universalismo teórico não cabe mais se supusermos um mundo plural.

Não podemos olhar para a teoria junguiana como uma teoria universal, não datada e não territorializada. Nem como uma teoria acabada. Ao contrário, necessitamos entendê-la como uma teoria viva, em constante construção e individuação, já que nossas clínicas são atravessadas e afetadas o tempo todo pela vida das ruas, da pólis. E será essa vida pulsante que nos convocará a repensar e ampliar nosso arcabouço teórico, bem como sofisticar nosso entendimento sobre outras formas subjetivantes. Formas essas que, por vezes, nos convidam a romper com um imperativo capitalista hegemônico de funcionamento e entender que outras lógicas habitamos e que nos habitam. A clínica como uma célula revolucionária, tal como Hillman (1992) queria.

Nesta direção, talvez seja de grande valia remontarmos e atualizarmos a pluralidade de nossa ancestralidade fundante, bem como pensar nos devires negros, indígenas amarelos que nos convocam. A clínica como uma espécie de quilombo imaginal (PARISE e SCANDIUCCI, 2021).

Frequentemente recebemos pacientes desadaptados da realidade capitalista a que estão submetidos: o acúmulo de capital como objetivo de vida não lhes faz sentido, a competitividade corporativa não lhes é fator motivador. Experimentam sentimento de derrota e de abandono ao próprio destino, descrentes do estado e dos seus próximos, sendo massacrados pela imposição de ter que alimentar uma cadeia produtiva. Para além da adaptação à lógica de mercado, é claro, a ideia seria ajudar esses pacientes a ressignificarem suas vidas e suas trajetórias, dando uma importância a seus feitos no sentido do que podem ter significado para a comunidade, para a dignidade de alguém, para um destino comunitário.

Já nos ensinou Preciado (2019, p.18), que quando o universo todo é cortado em dois

> [...] tudo tem um direito e um avesso... Somos o humano ou o animal. O homem ou a mulher. O vivo ou o morto. Somos o colonizador ou o colonizado. O organismo ou a máquina. Fomos divididos pela norma. Cortados em dois e forçados em seguida a escolher uma de nossas partes. O que chamamos de subjetividade não é mais que a cicatriz deixada pelo corte na multiplicidade do que poderíamos ter sido.

É preciso que inventemos uma linguagem que dê conta dessa travessia enunciada por Preciado. É preciso afirmar nossas diferenças, alargar a norma. É preciso re-imaginar nossas teorias para que elas possam dialogar verdadeiramente com nossas mais genuínas experiências subjetivantes. Todas elas. É Preciso retomar a pluralidade constitutiva da qual somos feitos, dando escuta e lugar para as vozes silenciadas no nosso entorno e dentro de nós:

> *Perdoai*
> *Mas eu preciso ser Outros.*
> *Eu penso renovar o homem usando*
> *Borboletas.*
> (Manoel de Barros,1998)

Referências

BARCELLOS, G. *A* Loucura São Os Outros: Alteridade/Ipseidade e o Arquétipo Fraterno. In: *JAP Latin American Conference.* São Paulo, 2021.

BARROS, M. *Retrato do Artista Quando Coisa.* Rio de Janeiro: editora Record, 1998.

CASTRO, E. V. Os Involuntários da Pátria: elogio do subdesenvolvimento. Caderno de Leituras n.65. Chão da Feira, 2017 (disponível em https://chaodafeira.com/catalogo/caderno65/). Acesso em 15.12.2021.

HILLMAN, J. *O Mito da Análise:* Três Ensaios de Psicologia Arquetípica. Rio de Janeiros: Paz e Terra, 1984.

HILLMAN, J; VENTURA, M. *We've Had a Hundred Years of Psychoterapy* – And The World is Getting Worse. San Francisco: Harper Collins, 1992.

LISPECTOR, C. *A Descoberta do Mundo.* Rio de Janeiro: Rocco, 1984.

______________. *Um Sopro de Vida.* Rio de Janeiro: Rocco, 1978.

MARONI, A. Civilização em Transição: Confronto Entre Ontologias. In: *JAP Latin American Conference,* São Paulo, 2021.

PARISE, C. L; SCANDIUCCI, G. *Arkhés Africanas e a Descolonização da Psicologia:* a Clínica Como Quilombos Imaginais. Petrópolis: Vozes, 2021.

PRECIADO, P. *Um Apartamento em Urano* – Crônicas da Travessia. Rio de Janeiro: Zahar, 2019.

SIMAS, L. Tem Jung nesse cruzo In: *III Jornada Alma Brasileira.* 2021.

TRINIDAD, C. T. Identificação étnico-racial na voz de crianças em espaços de educação infantil. Doutorado em educação: psicologia da educação. Pontifícia Universidade Católica de São Paulo, 2011.

VERNANT, J. P. *A Morte Nos Olhos:* Figurações do Outro na Grécia Antiga – *Ártemis, Gorgó,* Rio de Janeiro: Zahar, 1998.

Organizadores

Carmen Livia Parise

Psicóloga e analista junguiana pela International Association for Analytical Psychology (IAAP), pela Associação Junguiana do Brasil (AJB) e pelo Instituto Junguiano de São Paulo (Ijusp). É também coordenadora do Arché – Núcleo de Psicologia Arquetípica do Ijusp, co-coordenadora do departamento de sexualidade e gênero da AJB e membro fundador do Coletivo Aisthesis.

Contato: carmenlivia@hotmail.com

Guilherme Scandiucci

Psicólogo, mestre e doutor em psicologia pela Universidade de São Paulo (USP). Master of Arts em estudos junguianos pela University of Essex (Reino Unido). Membro fundador do Coletivo Aisthesis.

Contato: guiscandi@gmail.com

Autores

Amnéris Maroni

Psicoterapeuta, professora-doutora no Departamento de Antroplogia da Universidade Estadual de Campinas (UNICAMP), autora de vários livros.

Contato: amneris@plugnet.com.br

Ana Luísa Teixeira de Menezes

Psicóloga e facilitadora de biodança. Analista junguiana pela International Association for Analytical Psychology (IAAP), pela Associação Junguiana do Brasil (AJB) e pelo Instituto Junguiano do Rio Grande do Sul. Doutora em educação pela Universidade

Federal do Rio Grande do Sul (UFRGS), leciona nos programas de pós-graduação em educação e psicologia da Universidade de Santa Cruz do Sul (UNISC). Vice-líder do grupo de pesquisa - CNPq PEABIRU: educação ameríndia e interculturalidade.

Contato: luisa@unisc.br

André Dantas

Psicólogo clínico de orientação junguiana. Autor dos *livros Psicologia Dialética: Uma Crítica Interna à Psicologia Junguiana, Dialética da Modernidade: O Logos Instrumental e o Eros Simpático, Da Vontade de Potência ao Eterno Retorno: Uma Releitura* Dialética *de Nietzsche* e *Da Antiguidade Arquetípica à Hipermodernidade Consumista.*

Contato: dantasandre2015@gmail.com

Clélia Prestes

Psicóloga do Instituto AMMA Psique e Negritude. Doutora em psicologia social pela Universidade de São Paulo (USP).

Foi pesquisadora visitante (2017) no Departamento de Estudos Africanos e Afro-Diaspóricos (University of Texas at Austin).

Contato: clelia.com@gmail.com

Cristiane Vianna Amaral

Psicoterapeuta e jornalista. Integrante do Centro de Estudos Junguianos, Análise e Arteterapia do Rio de Janeiro. Autora do projeto @JunguiAnes, que discute as possibilidades de uma clínica junguiana feminista. Cofundadora do coletivo Mapa das Mina, coletivo que visa promover, visibilizar e apoiar mulheres na política. Integrante da Partida, movimento feminista. Organizadora do livro *Olhar de Mulher: A fala das conselheiras do Orçamento Participativo de Porto Alegre* (2003).

Contato: crisvianna@yahoo.com.br

Cristina Maranzana da Silva

Psicóloga clínica e comunitária, especialista em pedagogias do corpo e da saúde, supervisora e coordenadora de estágio em psicologia junguiana no Instituto Junguiano do Rio Grande do Sul (IJRS). Analista em formação pelo Instituto Junguiano do Rio Grande do Sul (IJRS), pela Associação Junguiana do Brasil (AJB) e pela International Association for Analytical Psychology (IAAP). Colaboradora do Comitê de Relações Étnico-Raciais e do Comitê de Processos Clínicos e Psicossociais do Conselho Regional de Psicologia do Rio Grande do Sul (CRP- RS).

Contato: crismaranzana@gmail.com

Daniela Laskani

Psicóloga clínica e arteterapeuta. Candidata a analista pelo Instituto Junguiano de São Paulo (IJUSP), Associação Junguiana do Brasil (AJB) e International Association for Analytical Psychology (IAAP). Membro do Departamento de Ecopsicologia da AJB.

Contato: daniela.laskani@yahoo.com.br

Gustavo Pessoa

Psicólogo clínico, mestre em psicologia do desenvolvimento pela USP, analista em formação pela Sociedade Brasileira de Psicologia Analítica (SBPA) e pela International Association for Analytical Psychology (IAAP).

Contato: gustavompessoa@gmail.com

Júlia Kaddis El Khouri

Psicóloga clínica, analista didata pelo Instituto de Psicologia Analítica de Campinas (IPAC), pela Associação Junguiana do Brasil (AJB) e pela International Association for Analytical Psychology (IAAP). Doutora em psicologia clínica pela Pontifícia Universidade Católica de São Paulo (PUC – SP). Membro terapeuta do Instituto Brasileiro de Terapia Sandplay (IBT-SANDPLAY), filiada à International Society Therapy.

Contato: juliakaddis@gmail.com

Luciana Ximenez

Psicóloga clínica, mestre em Estudos Junguianos pela Pontifícia Universidade Católica de São Paulo (PUC- SP), analista em formação pelo Instituto Junguiano de São Paulo (IJUSP), Associação Junguiana do Brasil (AJB) e International Association for Analytical Psychology (IAAP). Membro do Laboratório de Psicologia Arquetípica (LAPA); coordenadora do Thiasos – Oficina de Imaginação Compartilhada e membro fundador do Coletivo Aisthesis.

Contato: luximenez72@gmail.com

Marcus Quintaes

Psicanalista junguiano, coordenador do Laboratório de Psicologia Arquetípica (LAPA) e do Thiasos – Oficina de Imaginação Compartilhada.

Contato: mvquintaes@gmail.com

Maurício Silveira dos Santos

Médico psiquiatra e candidato a analista pelo Instituto Junguiano do Rio Grande do Sul (IJRS), pela Associação Junguiana do Brasil (AJB) e pela International Association for Analytical Psychology (IAAP).

Contato: mauriciopsiq@gmail.com

Paulo Victor Albertoni Lisboa

Cientista social, mestre e doutor em etnologia pela Universidade Estadual de Campinas (UNICAMP). Desenvolveu pesquisas sobre literaturas indígenas, recepção e escuta dos povos guarani na zona sul de São Paulo. Professor, escritor na Revista Mundo Desejante e psicoterapeuta no projeto Escuta Solidária - psicanálise gratuita para pessoas de baixa renda.

Contato: pauloalbertonilisboa@gmail.com

Pedro Perússolo

Escritor, psicólogo clínico. Membro do Departamento de Psicologia Analítica e Literatura da Associação Junguiana do Brasil (AJB).

Contato: pedrohaperussolo@gmail.com

Rubens Bragarnich

Psicólogo clínico, analista junguiano pela International Association for Analytical Psychology (IAAP), pela Associação Junguiana do Brasil (AJB) e pela International Association of Junguian Studies (IAJS). Membro-fundador do coletivo Polis, Psique & política.

Contato: bragarnich@uol.com.br

Tom Singer

Psiquiatra pela Yale Medical School, Darthmouth Medical School. Analista junguiano pelo C.G Jung Institute of San Francisco.

Contato: tsinger42@gmail.com

Vera Lúcia Colson Valente

Psicóloga e professora de História, analista junguiana pela International Association for Analytical Psychology (IAAP) e pela Sociedade Brasileira de Psicologia Analítica (SBPA).

Contato: veracvalente@uol.com.br

Debatedores

Adriana Burani Venceslau

Psicóloga clínica. Analista em formação pela International Association for Analytical Psychology (IAAP), pela Associação Junguiana do Brasil (AJB) e pelo Instituto Junguiano de São Paulo (Ijusp). Coordenadora do Arché - núcleo de psicologia arquetípica do Ijusp e membro fundador do Coletivo Aisthesis.

Contato: adrisol8@hotmail.com

Marco Aurélio Bilibio Carvalho

Psicólogo clínico. Mestre em Psicologia Clínica e Cultura e Doutor em Desenvolvimento Sustentável pela Universidade de Brasília (UNB). Presidente da International Ecopsychology Society (IES) e diretor do Instituto Brasileiro de Ecopsicologia (IBE). Membro da Associação Junguiana do Brasil.

Contato: marcoecopsi@gmail.com

Mariana Laham

Psicóloga clínica. Analista em formação pela International Association for Analytical Psychology (IAAP), pela Associação Junguiana do Brasil (AJB) e pelo Instituto Junguiano de São Paulo (Ijusp). Membro fundador do Coletivo Aisthesis.

Contato: marianalaham@yahoo.com.br

Patrícia Eugênio

Psicóloga clínica, Analista didata pela International Association for Analytical Psychology (IAAP), pela Associação Junguiana do Brasil (AJB) e pelo Instituto Junguiano de São Paulo (Ijusp). Mestre em Ciências da Religião pela Pontifícia Universidade Católica de São Paulo (PUC-SP).

Contato: pateugenio@uol.com.br

Vherá Poty

Intelectual guarani.

Contato: poty5015@gmail.com

contato@sattvaeditora.com.br
www.sattvaeditora.com.br